贸易流程综合实训教程
(微课版)

黄　翼　高雅丽　胡三勤　沈建军　编著

清华大学出版社

北　京

内 容 简 介

随着我国进一步扩大对外开放，积极探索"一带一路"建设及自由贸易试验区制度的创新，外贸政策红利极大地提升了贸易便利化，控制了外贸成本及风险，培育了外贸增长新优势。本书旨在帮助外贸企业培育能熟练掌握外贸经营流程，熟悉最新的外贸政策，助力企业经济效益提升的外贸人才。本书结合现代化教学手段，以电子书、二维码等多种形式展现了包含微课视频、贸易新政、流程图、表单、案例、习题库在内的一整套全方位、立体化的教学资源。

本书不仅可用于国际经贸类专业开展国际贸易理论与实践教学使用，也可作为经管类专业开展跨专业综合实训教材使用。此外，本书还为高校创新创业教育，或外贸初创企业，乃至外贸企业新进职员开展外贸行业职业能力培训提供指南。

图书在版编目(CIP)数据

贸易流程综合实训教程：微课版/黄翼等编著. —北京：清华大学出版社，2020.10
ISBN 978-7-302-56442-3

Ⅰ. ①贸… Ⅱ. ①黄… Ⅲ. ①国际贸易—贸易实务—教材 Ⅳ. ①F740.4

中国版本图书馆 CIP 数据核字(2020)第 178268 号

责任编辑：梁媛媛
封面设计：李　坤
责任校对：周剑云
责任印制：吴佳雯
出版发行：清华大学出版社
    网　　址：http://www.tup.com.cn, http://www.wqbook.com
    地　　址：北京清华大学学研大厦 A 座　　邮　　编：100084
    社 总 机：010-62770175　　邮　　购：010-62786544
    投稿与读者服务：010-62776969, c-service@tup.tsinghua.edu.cn
    质量反馈：010-62772015, zhiliang@tup.tsinghua.edu.cn
    课件下载：http://www.tup.com.cn, 010-62791865
印 装 者：三河市少明印务有限公司
经　　销：全国新华书店
开　　本：185mm×260mm　　印　　张：18.5　　字　　数：450 千字
版　　次：2020 年 10 月第 1 版　　印　　次：2020 年 10 月第 1 次印刷
定　　价：56.00 元

产品编号：081872-01

前 言

自改革开放以来，在国家宏观政策的引导下，国内特别是沿海地区利用地理区位优势，大力发展外向型经济，取得了突出成就，外贸成为拉动国民经济增长的重要引擎。从国家统计局发布的 20 多年进出口数据可见，我国 1997 年进出口总额为 26967.2 亿元人民币，自 2001 年加入 WTO 后，进出口额持续高速增长，截至 2019 年增长了约 10.7 倍，达到 315504.8 亿元人民币，年增长率平均数达到 12.68%，其中以 2008 年以前增长较为显著。而因全球金融危机导致的 2009 年进出口额暴跌后，于 2010 年至 2011 年出现的 U 形反弹，不难看出我国进出口贸易难以抑制的猛烈增势。在增长过后，2015 年至 2016 年出口贸易增幅又呈现下跌趋势，随后于 2017 年外贸整体形势又出现回暖，但不稳定因素的存在使得外贸向高质量发展面临一定挑战。

新时代，国际环境变化过快，随着"一带一路"建设的提出，加上中国自 2013 年探索自贸区建设、2018 年探索自贸港建设的推动作用，贸易条件不断改善，贸易便利化大幅提升。国际贸易业务和对象的不断延伸，加上网络科技的飞速发展，跨境电商、无人新零售的兴起，国际贸易已迈向新发展阶段，外贸人员不仅需要对国际经济发展趋势、外贸形势，国际经济与贸易法律法规、行业惯例等理论全面了解，更需要对交易磋商技巧、进出口交易流程，特别是结合自贸区政策优惠的贸易流程及相关手续进行系统学习并全面掌握。

本书的主要内容为国际贸易概述，国际贸易基本规则，中国视野下的国际贸易现状，中国自贸区战略与上海自贸区的发展，基于自贸区的国际贸易业务，货物进入自贸区和离开自贸区的贸易流程。本书通过合理编排，适当地加入了一系列教学环节，使学习者能够熟练掌握所需的知识，同时，本书理论结合实际，注重应用。

本书的特点有以下五方面。

第一，具有时代性。本书加入了最新的有关国际贸易形势的新闻链接，提供最新的政策，让整本书处于时代的前沿，注重知识更新。

第二，侧重自贸区贸易特色。本书加入了上海自贸区的内容，随着中国自贸区建设的逐渐深入，自贸区制度创新带来国际贸易新利好，自贸区贸易流程的某些部分有别于传统贸易。本书将结合自贸区的优势，将自贸区的流程逐一说明，使学生了解自贸区贸易政策及操作方法。本书也是现有教材中第一本详细介绍自贸区国际贸易流程并可用于高校经管类专业实践教学的用书。

第三，结合仿真模拟的实训平台。本书加入了与实训有关的知识，提供图文结合的丰富素材和真实的流程表单，生动形象地指导学生开展国际贸易的实践操作(该实训平台为本书主要作者及西安纳学电子科技有限公司联合开发，并享有国家版权局出具的计算机软件著作权登记证书，非软件使用方亦可使用该书进行学习)。

第四，结合了二维码的方式。利用二维码技术，将纸质书与云数据库相连接，使书本上有限的知识得到无限的拓展，较传统文字呈现方法更灵活新颖。

第五，配套资源库丰富。本书随附流程图、外贸单证，并配有电子书及 20 个微课视频，便于教师或企业相关外贸人员开展教学或培训使用。本书每个章节配有小思考、小讨论、小练习、工作笔记，还加入了新闻事件、法条链接、案例、知识窗等，便于学习。

本书由黄翼、高雅丽、胡三勤、沈建军四位教师编著。黄翼负责本书的整体策划编撰，主要撰写第二篇第五、六、七章，并负责本书大纲、流程图等附件的编制与审核、本书的修改定稿以及配套资源设计制作等工作。高雅丽、胡三勤主要负责第一篇第三、四章的编写，以及进出口报关流程及报关单证的编制与审核。高雅丽、沈建军主要负责第一篇第一、二章的编写，以及结算流程、结算单证的编制与审核。

本书得以出版要特别感谢上海市教委对民办高校教学建设的扶持，本书中涉及的实训平台系上海市教育委员会项目"基于 BPO 的商科类专业综合实训平台"建设的重要成果，在此对项目负责人及项目团队教师的支持与帮助一并表示感谢。我们还要特别感谢西安纳学电子科技有限公司的工程师予以实训平台开发的技术支持。同时也感谢为本书配套资源制作提供技术支持的老师们，以及清华大学出版社的编审老师们。

针对本书存在的不妥之处，恳请读者批评指正，谢谢！

编　者

目录

Contents

第一篇　国际贸易理论知识储备

第二篇　基于自贸区的贸易流程综合实训

第一篇

国际贸易理论知识储备

国际贸易是不同国家之间货物、服务等要素之间的交换活动。通过国际贸易,各国的资本及劳务等生产要素进行跨国转移。通过这种转移,使各国都能各取所需、互通有无。对于国家与各经济体而言,这就是国际贸易的目的和意义。对于企业而言,通过这种国际上的货物、劳务或技术的往来,拓展海外潜在市场,扩大市场占有率,企业可提升国际竞争力,亦可获取经济收益,实现企业的主要经营目标。

本篇主要介绍国际贸易的含义,贸易方式,贸易政策、惯例和法律,国际经济一体化及区域贸易发展现状,区域贸易协定,以及自贸区的发展战略及自贸区政策。其目的是使学习者熟悉国际贸易的内涵及相关政策法规和惯例,了解当下经济贸易一体化发展现状,熟知自贸区的发展现状及战略规划。

在第一章中,学习者会了解到国际贸易的特点和基本概念,掌握国际贸易的基本方式,以及熟悉国际贸易和自贸区所涉及的政务及服务机构。

在第二章中,学习者会了解国际贸易政策和国际贸易控制手段对国际贸易的影响,熟悉与国际贸易以及自贸区相关的法律法规。

在第三章中,学习者会了解我国国际贸易的发展现状,中国参与世界贸易组织、区域经济一体化组织为国际贸易做出的贡献,中国所提出的"一带一路"发展战略的内涵,以及它对国际贸易格局产生的影响。

在第四章中,学习者会了解中国自贸区战略布局情况,上海自贸区在中国自贸区战略中所起到的作用和定位。并通过与国内外其他自贸区的比较,熟知上海自贸区的历史发展与发展现状。

第一章　国际贸易概述

国际贸易，狭义理解可为国内一般贸易的国际拓展，看似只是换了交易对象，但其实国际贸易与国内贸易差异巨大，国际贸易所要考虑的条件和问题更多，所面临的市场更复杂，同时，在国际贸易中，发生在自贸区的贸易更具有其特殊性。

主体学习

国际贸易，亦称进出口贸易，广义包含货物、劳务、技术等要素的国际流动，狭义特指货物贸易。在教材的伊始，有必要先对国际贸易的由来以及区别于国内贸易的特点有所了解。

知识点一　国际贸易的特点

一、国际贸易特征

1. 国内贸易与国际贸易

首先，我们来看国际贸易与国内贸易有何不同之处。

国内贸易就是将贸易限定在一个特定国家或地区范围内。国际贸易是相对于国内贸易而言的，是国家间进行商品或劳务的交换。可以说，在"世界市场"进行的贸易活动都能归纳为国际贸易。国际贸易不是突然出现的，而是在一定历史条件下产生的一种经济活动。

国际贸易的起因

国际贸易是在一定的历史条件下产生和发展起来的。从根本上说，社会生产力的发展，是国际贸易产生的根本原因。在原始社会末期、奴隶社会早期，由于社会分工的扩大，生产力有了进一步的发展，人们有了更多的剩余产品可供交换，这是国际贸易产生的第一个条件。国家的出现使这种交换在国与国之间发生，这是国际贸易产生的第二个条件。

在古代封建社会，社会生产力虽然有了一定的发展，但是自然经济还是占据统治地位，商品生产微不足道，因而进入流通领域的商品比较有限，加之当时生产技术和交通运输工具落后，使得国际贸易规模和范围受到了很大限制。基于此，古典时代主要交易的商品基本上都是王室和贵族所追求的奢侈品，如宝石、香料、各种装饰品等，当然，作为奴隶主的私有财产——奴隶也是一种贸易对象。奴隶社会的主要贸易国家有腓尼基、埃及、希腊、罗马、印度、中国等。

15世纪前的国际贸易主要局限于各洲之内和欧亚大陆之间，而15世纪的"地理大发现"以及由此产生的欧洲各国的殖民扩张则大大发展了各洲之间的贸易，从而开始了真正意义上的"国际贸易"。

从16世纪到18世纪，随着殖民扩张和各洲之间贸易的发展，西欧各国的经济发生了很大的变化。一方面，欧洲从海外获得了大量的金银财富，积聚了大量的商业资本和工业资本，从而基本完成了资本的原始积累，为资本主义生产方式的产生和发展奠定了基础。

第二次世界大战后，世界经济又一次发生了巨大变化，国际贸易再次出现了飞速发展，其速度和规模都远远超过之前的贸易预期。

2. 国际贸易具有的一般特征

国际贸易和国内贸易，均作为一种重要的经济活动，具有很多相似之处。然而，相比国内贸易，因为国际贸易涉及的市场范围更加广泛，因此也具有许多不同之处，主要概括为以下几点。

(1) 有利于资源更有效的配置。

世界各国由于其资源、生产力、科技、历史条件等原因的不同，其生产条件有天生或后天的优劣势，所以便有了国际分工，各国通过国际贸易提供自己国家的优势商品，弥补自己国家劣势的方面，这样就更利于国际上的资源进行有效配置。

简单地说，一件商品的生产不再受国内资源数量、质量以及价格的限制，可以在世界范围内选择价格更低廉、含量更丰富的国家(或地区)进行生产。

例如，英国建造的"伊丽莎白女王级航空母舰"，其所使用的龙门吊都是中国自主研发制造的。这代表着中国的制造不再是劳动密集型产品，而是高级的含有自主研发技术的"中国创造"的产品，这也是国际分工的转变，世界资源也会随着分工的改变而重新进行配置。

工作笔记

查阅资料，看看现在世界上不同国家之间的分工情况大致是怎样的？说说为何出现现在这种分工状况？

_____

_____

_____

_____

_____

(2) 通过合作交流促进技术发展。

现在，世界上的跨国企业越来越多，总部设在本国，厂家放在别的国家的企业也有许多。这种跨国的合作可以促进国家间的交流，能够使双方互相学习，尤其是通过海外投资方式，可以学习到对方先进的管理模式、高超的技术水平等。

2018年8月7日，中国—中东欧国家能源合作第一次技术交流会在北京召开，在"一带一路"倡议下，这种国际技术交流的机会会越来越多，在国际合作和中国的发展过程中也显得越来越重要，双方可以互相学习对方的先进技术、共同发展、同时还能使中国突破西方某些国家的技术封锁，成为一个真正的"智造"大国。

(3) 国际贸易更具有复杂性。

由于国际贸易面临更为广泛的市场，导致其相比国内贸易具有更多的复杂性，主要表现在以下几个方面：一是经济环境更复杂。国际贸易面临两大经济环境。首先是世界经济大环境，比如世界性经济周期、世界贸易保护主义思潮等都会影响国际贸易的顺利进行。其次是国别环境，即选择的东道国国内的经济环境。需要把握其特定的经济环境，选择合适的商品进行贸易。二是制度法规更繁杂。与国内贸易不同，贸易要走出国门，肯定会受到东道国制度法规不同程度的限制。如果不熟悉东道国相关贸易的法律法规，会加大贸易风险，甚至出现贸易纠纷。三是手续和操作更复杂。这一点主要表现在出入海关的手续上。以商品进入一国海关为例，一般要提交进口许可证、产地证明书、卫生检疫证书、海运提货单、进口报单、商业发票等票据。四是面临更大的风险。因为随着贸易的深化，国家之间的联系愈加密切，而正是由于这种紧密性加深了国际贸易的不稳定性，即一国的国际贸易受外界影响巨大。比如国际地缘政治关系已成为影响国际贸易的一个不可忽视的因素。

扫二维码，观看"国际贸易概述"视频

小讨论：和同学们一起讨论下，你认为国际贸易与国内贸易的区别还体现在什么地方？

_____

_____

_____

二、自贸区贸易

在国际贸易中，自由贸易区(简称自贸区)是一种特殊的存在类型，什么是自贸区呢？我们来认识一下。

1. 自贸区的概念

自由贸易区包含两个本质差异较大的概念，分别是 FTA(Free Trade Area)和 FTZ(Free Trade Zone)。

FTA 是基于多边谈判达成协议的困难性出发，为进一步促进贸易自由化而设立的一种区域组织形态。其定义来源于 1947 年发布的《关贸总协定》，是指两个以上的主权国家或单独关税区通过签署协定，在世界贸易组织最惠国待遇的基础上，相互进一步开放市场，分阶段取消绝大部分货物的关税和非关税壁垒，改善服务和投资的市场准入条件，从而形成的实现贸易和投资自由化的特定区域。FTA 这种区域组织形态具有两大特点：一是区域内的成员国之间的贸易要取消关税和其他限制性法规，具有互惠性；二是区域外的国家不能享受优惠待遇，即具有排他性。目前已形成的主要的 FTA 有欧盟、北美自由贸易区和中国—东盟自由贸易区。其中，中国—东盟自由贸易区是中国加入的第一个对外自由贸易区。

FTZ 最早的定义来源于世界海关组织的前身——海关合作理事会所解释的"自由区"。该组织于 1973 年 5 月 18 日在日本京都签署《关于简化和协调海关制度的国际公约》(简称《京都公约》)。该公约解释："自由区是指缔约方境内的一部分，进入这一部分的任何货物，就进口税费而言，通常视为在关境之外，并免于实施通常的海关监管措施。"即所谓的"境外关内"。1984 年联合国贸易发展会议报告也提出："自由贸易区是货物进出无须通过国家海关的区域，此类区域主要用于存储和贸易。此后，这类区域的内涵和外延不断拓展为可从事制造、加工和装配业务活动，货物进入自由贸易区可不缴纳关税或受配额的限制。"比如美国纽约港自贸区、德国汉堡自贸区、新加坡自由港和中国上海自贸区等。

小练习

你知道 FTA 与 FTZ 的主要异同点吗？试着完成下表。

	不同点	FTA	FTZ
区别	设立主体		
	区域范围		
	国际惯例依据		
	核心政策		
	法律依据		
	相同点		

2008 年 5 月，我国商务部和海关总署发文建议将 FTA 统一译为"自由贸易区"，将 FTZ 统一译为"自由贸易园区"。本书侧重 FTZ 的讨论，因此之后简称的自贸区、园区均指 FTZ。

2. 自贸区的一般特征

(1) 全方位的优惠政策。相比于一般贸易而言，在自贸区内设立的全方位优惠政策以促进贸易的自由化、便利化，减少贸易摩擦，借此可以吸引大量的外资进入自贸区。优惠政策一般包括三方面：税收、金融和其他。税收优惠包括一些税收减免或补贴等政策。金融优惠主要体现在放松外汇管制上。其他还包括允许外商 100%独资设立机构，开放国内市场，以

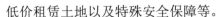

低价租赁土地以及特殊安全保障等。

(2) 有效便利的监管及运行模式。要打造自由的贸易环境，就需要尽可能地简化一切手续，对于进入自贸区的货物、船只和企业给予最大限度的自由。同时也要提供合理便利的管理以保障自贸区的顺利运行。海关对自由贸易区监管的核心思想可以概括为："一线放开，二线管住，区内不干预。"便捷的管理服务贯穿于从货物装卸、运输、再装运的整个过程中；以信任为前提实行备案制；以企业为监管单元，利用风险管理方式，实施分级监管和以对账目的监管代替对货物实物的监管以及利用现代化信息技术进行监管。

(3) 明确定位，功能突出。自贸区是在一个国境内的小范围区域，因此在不同的区域就会具有不同的地理、资源禀赋、产业结构及人才素质等优势。不同自贸区具有不同的特征，发挥其本身的优势，明确定位，形成特色贸易模式也是自贸区的设立目标之一。目前全球自贸区根据其功能主要划分为以下八类：自由港型、转口集散型、贸工型、出口加工型、保税仓储型、商业零售型、自由边境型和金融自由型。自贸区凭借更加专业化的发展模式能够推动国际贸易、加工装配、仓储等相关基础业务的转型升级。

知识点二　国际贸易中的基本概念

在国际贸易中，有许多术语及基本概念是在其他贸易中很少涉及的，下面我们来认识一下这些基本概念。

一、国际贸易与对外贸易

国际贸易(International Trade)与对外贸易(Foreign Trade)都是指贸易活动，只是角度不同。国际贸易是从全世界范围来看，是指国际的商品和劳务的交换活动。而对外贸易是从一个国家的角度来看，是指其与其他国家(或地区)之间的商品和劳务交换活动。

二、进口与出口

进口(Import)是指一个国家从国外购进商品或劳务的一种贸易活动；出口(Export)是指一个国家对外销售商品或劳务的一种贸易活动。将一定时期内一国全部用于进口的支出总额称为该时期的进口总额(Gross Import Value)；将一定时期内一国全部出口所得的收入总额称为该时期的出口总额(Gross Export Value)。一个国家一定时期的进口总额与出口总额之和称为该时期的对外贸易总额。

净出口与净进口：一个国家往往在同类商品上既会有进口也会有出口。一国在一定时期内比较其某种商品的进出口总额大小，如果出口额大于进口额，表明对此商品的出口大于进口，则称为净出口(Net Export)；如果进口额大于出口额，表明对此商品的进口大于出口，则称为净进口(Net Import)。(讨论：我国对哪种商品是净进口、净出口？)

复出口与复进口：复出口(Re-export)也称"再出口"，是指进口的外国商品未经加工又直接出口国外。对进口的海外商品稍作加工输出的都不能称为复出口。复出口往往和经营转口贸易有关。复进口(Re-import)也称"再进口"，是指出口到国外的本国商品未经加工又进口至国内。复进口往往是由于一些偶然因素造成商品退回，可能是由于不符合国外进口标准而出现出口退货，也可能是本国商品在海外拥有比国内更低的价格或更高的质量从而又购进该商品。

> **知识窗**
>
> ### 转口贸易
>
> 转口贸易又称中转贸易(Intermediary Trade)，是指国际贸易中进出口货品的生意，不是在生产国与消费国之间直接进行，而是通过第三国易手进行的买卖。这种贸易对中转国来说即是转口贸易。贸易的货品能够由出口国运往第三国，在第三国不通过加工(转换包装、分类、选择、收拾等不作为加工论)再销往消费国；也能够不通过第三国而直接由生产国运往消费国，但生产国与消费国之间并不发生贸易联系，而是由中转国分别同生产国和消费国发生贸易。
>
> 出现转口贸易的原因大致有以下两点：具有优越的地理位置；实行特殊的关税优惠政策和贸易政策，如自由港、自由贸易区等，使中转费用不致过高。

三、贸易额与贸易量

贸易额(Trade Value)也称贸易值，是通过货币来表示贸易规模的经济指标。一般各国内部都使用本币表示，在进行国际上的比较时，往往采用美元这一国际货币来衡量。贸易额往往划分为国际贸易额和对外贸易额。国际贸易额就是指一定时期世界各国的出口额或进口额的总和，需要换算成同一种货币进行计算，一般使用美元。对外贸易额是指一定时期一国对外进行贸易活动的进出口总额。

贸易量(Quantity of Trade)是指通过数量、重量、面积和体积等实物计量单位来表示的贸易规模的经济指标。贸易量的衡量不考虑价格变化，因此避免了以贸易额衡量时，出现由于价格波动、汇率波动而导致其并不能真实地反映国际贸易的实际规模这一问题。但一个国家进出口商品种类不同，且不同种类商品的计量单位难以统一。因此，通常各国采用将某一固定年份为基期计算的当期出口或进口价格指数去除当期的进口额或出口额的方法，即计算公式为

$$进(出)口贸易量 = \frac{进(出)口贸易额}{进(出)口价格指数} \times 100$$

这个公式中，进(出)口价格指数可分为进口商品价格指数与出口商品价格指数。其编制方法为：先计算出所编制指数商品的平均单价，然后再按一定的指数公式进行计算。所编制指数商品的平均单价，是以商品的进(出)口数量去除商品进(出)口金额求得的。其中，进口商品用到岸价格，出口商品用离岸价格。进(出)口价格指数反映的是一定时期内一个国家或地区的进口或出口商品价格的变动趋势及影响程度的动态相对数。

> **小思考：** 国际贸易额等于所有国家对外贸易额之和吗？

四、贸易差额

贸易差额就是指一个国家(或地区)在一定时期内进出口总额的差额。如果出口总额大于

进口总额，称为"贸易顺差"(Trade Surplus)或"贸易盈余"；如果进口总额大于出口总额，则称为"贸易逆差"(Trade Deficit)或"贸易赤字"。如果出口总额等于进口总额，则称为"贸易平衡"(Trade Balance)。通常认为，当出现贸易顺差时，表明该国在对外贸易中暂时处于有利地位；出现贸易逆差时，表明该国在对外贸易中暂时处于不利地位。但持续性的贸易顺差并不一定是有利的。首先，过高的贸易顺差说明我国的外汇资金没有得到充分利用；其次，高额顺差反映出我国内需不足。

同理，出现贸易逆差也并非不利。首先，适当的贸易逆差有利于缓解短期贸易纠纷，有助于贸易长期稳定增长；其次，贸易逆差实际上等于投资购买生产性的设备，只要投资项目选择得当，既可补充国内一些短缺的原材料，还能很快提高生产能力、增加就业以及增加经济总量；再次，贸易逆差能减少人民币升值的预期，减缓资本净流入的速度；最后，短期的贸易逆差有助于缓解我国通货膨胀的压力，加大我国货币政策的操作空间。

五、对外贸易依存度

对外贸易依存度(Ratio of Dependence on Foreign Trade)，也称对外贸易系数，是指一个国家在一定时期内的对外贸易总额占该国国民生产总值(或国内生产总值)的比重。其计算公式为

对外贸易依存度=(出口总额+进口总额)÷GDP×100%

一国的对外贸易依存度可以反映出一国经济发展对对外贸易的依赖程度，即对外贸易在一国国民经济发展中的地位。对外贸易依存度这一指标也可以衡量一国的开放程度，一般来说，对外贸易依存度越高，开放程度越高，反之亦然。

外贸依存度还可以细分为出口贸易依存度和进口贸易依存度。其计算公式分别为

出口贸易依存度=出口总额÷GDP×100%

进口贸易依存度=进口总额÷GDP×100%

出口贸易依存度(进口贸易依存度)就是指一国在一定时期的出口总额(进口总额)占其国内生产总值的比重。

对外贸易依存度可以按国别衡量，比如 2017 年美国与中国双边货物进出口额为 6359.7 亿美元，2017 年中国国内生产总值为 127 126.3 亿美元。试计算 2017 年中国对美国的贸易依存度。

_____

_____

_____

六、贸易条件

贸易条件(Terms of Trade，TOT)是指出口商品价格和进口商品价格之间的比例，又称"交换比价"或"进出口比价"。其计算公式如下：

贸易条件指数=出口商品价格指数÷进口商品价格指数

贸易条件可以表示出口一单位商品能够换回多少单位进口商品。此数值越大，则说明能够换回的进口产品越多，对该国贸易越有利；此数值越小，则说明能够换回的进口产品越少，对该国贸易越不利。

七、贸易地理方向

贸易地理方向(Direction of Trade)就是指贸易商品和劳务的流向和地区分布，可以反映不同国家(或地区)在国际贸易或一国对外贸易中所占的地位。因此，可将其划分为国际贸易地理方向(Direction of International Trade)和对外贸易地理方向(Direction of Foreign Trade)两大类。

国际贸易地理方向就是从整个世界的角度，考察世界各洲、各国或各区域在国际贸易中所占的地位，通过计算一定时期各自的进出口总额占国际贸易总额的比重，或仅从进口额(出口额)占国际贸易进口总额(出口总额)的比重来衡量。

对外贸易地理方向是指从一个国家的角度，在一定时期内一国对外贸易中与各国或各区域的贸易额占对外贸易总额的比重。它能够反映出一国与其他各国或各区域的联系程度。

八、贸易的商品结构

贸易的商品结构(Composition of Foreign Trade)是指一定时期一国各类商品占其对外贸易的比重。同样贸易的商品结构也可以从全世界和一个国家这两个角度来衡量。从全世界的角色度，国际贸易商品结构是通过计算各大类商品或某一类商品贸易额与世界贸易额来衡量的。从一个国家的角度，对外贸易商品结构可以通过计算某一类商品一定时期的进出口总额占该国对外贸易额的比重来衡量。贸易的商品结构能够反映出一国的产业结构、科技水平和经济发展状况等。

九、贸易保护

贸易保护(Protective Trade)是相对于自由贸易而言的。贸易保护就是指国家采取相应措施干预进出口贸易活动，为保护本国相关产业的发展或者保证一部分劳动者的就业，设立限制性措施阻挡外国商品进入。

主要是通过设立贸易壁垒(Trade Barriers)来实行贸易保护。贸易壁垒分为关税贸易壁垒和非关税贸易壁垒两大类。现今非关税贸易壁垒的应用越来越频繁，尤其是技术性贸易壁垒的应用。技术性贸易壁垒以其名义上的合理合法性、内容上的广泛多变性并大量涉及技术层面的内容，日益成为发达国家实施贸易保护主义的主要手段和高级工具。根据联合国贸易与发展会议《2016年贸易政策的主要指标与趋势》的规定，非关税措施种类繁多，技术性壁垒最普遍。在世界贸易中，70%受技术性壁垒影响。农产品行业受非关税措施影响相对较大。

 知识窗

技术性贸易壁垒

技术性贸易壁垒是指一国或一个区域以维护国家或区域基本安全、保障人类健康和安全、确保企业社会责任、保护生态环境、保证产品质量、保护知识产权等为由而采取的一些如技术法规、技术标准与合格评定程序等强制性或自愿性的技术性措施。

广义的技术性贸易壁垒包含WTO项下的《技术性贸易壁垒协定》(简称TBT)和《实施卫生与植物卫生措施协定》(简称 SPS)。

还记得这些国际贸易专用名词的意思吗？试着填写下表。

名　词	解　释
国际贸易	
对外贸易	
进口	
出口	
净出口	
净进口	
复出口	
复进口	
贸易额	
贸易量	
贸易差额	
国际收支	
对外贸易依存度	
贸易条件	
贸易地理方向	
贸易的商品结构	
贸易保护	

知识点三　国际贸易的基本方式

　　国际贸易的基本方式是指国际进行商品或劳务交换时采取的方式方法。除了常见的直销(即直接进出口)方式外，还包括以下几种贸易方式。

一、传统国际贸易的基本方式

1. 代理

　　代理(Agent)是指委托人委托代理人，代表其与第三方从事授权内的法律行为，而且由委托人承担由此产生的权利和义务。在国际贸易中就是出口商委托代理人，该代理人往往就是出口商在国外的代表，与进口商订立合同等。代理人与委托人之间只是委托代理关系，而非买卖关系。

　　按照委托人授权的大小，代理可分为总代理、独家代理和一般代理。其权力大小依次减小。总代理就是代理人作为委托人的全权代表，在指定区域和期限内不仅可以销售指定商品、签订买卖合同和进行其他商务活动，还可以进行一些非商业性的活动。独家代理是指委托人在一定区域和期限内只委托一位代理人。一般代理是指不具有专营权的代理，仅根据代理人代销商品的数量或金额按照一定比例计提佣金。

2. 展卖

　　展卖(Trade Fair)，顾名思义，就是通过展览而出售商品，商品展出和销售同时进行，往往规模比较大。一方面买主可直接观察到商品，另一方面也有利于卖主了解买主对商品的要求，从而进一步改良。展卖一般通过国际展览会 (Exhibition)和国际博览会 (Exposition) 两种形式开展，可以是卖方自行举办，也可以委托第三方。

扫二维码，观看"国际会展概述"视频

3. 拍卖

拍卖(Auction)是指由专营拍卖行接受卖方的委托，在一定时期和区域内按照一定的规则，进行公开竞拍，最后将商品出售给出价最高的买主。一般进行拍卖的商品是一些品质难以标准化衡量，具有拍卖习惯或者难以久存的商品。拍卖的形式一般有增价拍卖、减价拍卖和密封递价拍卖。

4. 招标与投标

招标(Invitation to Tender)是指招标人事先发出招标通告或招标单，提出在规定的时间、地点，准备买进的商品的名称、品种、数量和有关的交易条件，邀请投标人参与投标的行为。投标(Submission of Tender)就是投标人应招标人的邀请，根据招标人的规定向招标人定盘的行为。可以看出，招标是投标的前提，二者是达成贸易行为的两个方面。

招标方式包括竞争性招标、谈判招标和两段招标。竞争性招标可分为无限竞争性竞标和有限竞争性竞标。

招标和投标的基本程序包括：招标、投标、开标、评标、决标及中标和签约等环节。

案例思考

中国(上海)国际跨国采购大会

2019 年 11 月 7 日至 9 日，第十八届中国(上海)国际跨国采购大会在上海召开，本次展会论坛的主题是"扩大全球采购新活力，共享互利共赢新机遇"。

中国(上海)国际跨国采购大会(International Sourcing Forum，ISF)，是中华人民共和国商务部和上海市人民政府共同主办的、国内最大规模的逆向采购展会。ISF 坚持"采购商设摊，供应商参会洽谈"的逆向展会模式，提前发布买家采购清单、锁定优质供应商定向邀约，促成双方在展会洽谈，显著提升采购效率、降低寻货成本。凭借海量优质供应商资源，ISF 每年汇聚大量新老国际买家在现场集中采购，邀请行业领袖分享采购趋势，有效地促进了工业部件制造行业的跨国采购和国际交流。

2019 年 11 月，ISF 组委会设置了国际采购商展区、联合国采购商展区、金属加工及工业制造展区、外贸综合服务展区、各省市及地区供应商展区五大展区，吸引了来自 27 个国家和地区的 411 家设展采购商，共达成约 230 亿美元的采购总金额。

请问，这种跨国贸易的方式是什么呢？它有什么特点和优势呢？

我认为这种贸易是

_____

_____

_____

5. 对销贸易

对销贸易(Counter Trade)也称反向贸易、抵偿贸易或对等贸易等，是指交易双方均以自己出口的全部或部分抵偿从对方进口的贸易。对销贸易方式主要包括易货贸易、互购贸易和补偿贸易。

易货贸易(Barter Trade)是交易双方签订易货合同，在规定双方出口货物的时间内，各自以等值的商品或劳务进行交换，并不涉及第三方。在国际贸易中使用较多的是通过对开信用证的方式进行易货。

互购贸易(Counter Purchase)也称对购贸易或平行贸易，是指交易双方互相购买对方的产品。双方进行两笔独立的交易，并不是以物换物，也不要求等值交换。交易双方一般签订两份合同：第一份合同规定出口商品的质量、数量等内容；第二份合同主要规定出口方购买对等贸易商品的义务。

补偿贸易(Compensation on Trade)是指通过信贷方式进口生产要素、机器设备以及技术专利等，之后又以回销产品或劳务的所得偿还贷款及利息。补偿贸易将商品贸易、技术贸易和信贷相结合，并且贸易与生产也紧密地联系在一起。按补偿的标的物可将补偿贸易划分为直接补偿、间接补偿和劳务补偿。直接补偿就是指设备出口方向设备进口方定期购买由该设备生产出的商品，故也称产品返销。间接补偿就是不一定只回购由该设备生产出的商品，还可以包括规定的多种商品。劳务补偿是指设备出口方向进口方提供生产线、相关技术和原材料，进口方则按要求生产，并以加工费抵扣欠款。

6. 加工贸易

加工贸易是指进口生产某种商品所需的原材料、零部件、包装材料等在境内进行加工或装配后再出口的贸易方式。加工贸易主要包括进料加工、来料加工、装配业务和协作生产。

进料加工是指购进来自国外的原材料、零部件，利用本国内的生产线和劳务加工后销往国外。来料加工是指由国外一方主动提供原材料、零部件，由国内加工或装配成成品后交给对方，收取加工费。装配业务是指由一方提供装配所需设备、零部件和技术等，由另一方装配后交货。协作生产是指虽然还是由一方提供原材料或零部件，另一方利用生产线和劳务生产加工，但双方可以协商确定最后的商标用哪一方的，可以用加工方的，也可以用对方的。成品可以销回，也可以销往第三方。

新闻链接

　　天津市商务委发布消息，天津加工贸易"易网通"系统第一阶段(工单核销)2014年8月19日正式开通运行。这意味着上海自贸区的经验在天津成功落地。

　　据介绍，建设加工贸易"易网通"系统是海关总署和天津市政府签署《署市合作备忘录》的重点合作项目，由天津市商务委和天津海关共同组织落实。"易网通"系统一期建设项目是天津海关加工贸易联网工单核销系统。

　　所谓工单核销，是海关以企业实际生产耗用数据为基础的新型加工贸易监管模式，是对以生产单耗为依据的传统监管模式的突破。

　　记者从天津海关获悉，这种新型监管模式在全国除上海自贸区以外还没有被广泛采用，是天津海关复制推广上海自贸区措施的重要举措。

　　该模式的优势在于：一是更加符合当前企业的生产管理实际；二是通过与企业 ERP

系统的无缝对接,实现了企业向海关申报数据的实时传输,减少了人工干预,节省了人工成本,提高了效率和申报数据的准确性;三是工单核销采用企业 ERP 系统的原始数据,提高了海关监管的精确性和准确性。

据了解,随着加工贸易"易网通"系统建设项目的深入推进,商务、国税、外汇等多个管理部门将逐步实现信息互通、数据共享和无纸化运行。"易网通"系统必将为贸易便利化和促进贸易发展发挥巨大作用。

——中国证券网(2014.8)

二、新兴国际贸易方式

除了这些基本贸易方式之外,一些新兴的国际贸易方式也为我们所熟知,例如跨境电商和海淘等。

1. 跨境电商

随着计算机电子技术的发展,电子商务开始深刻地影响着我国的国际贸易。目前,我国主要的跨境电商平台是天猫国际、京东全球购、苏宁全球购、网易考拉海购、小红书、洋码头等综合型电商平台。根据中商产业研究院发布《2020 年中国跨境电商行业市场前景及投资研究报告》显示,2019 年,中国跨境电商零售进出口额达到 1862.1 亿元人民币,是 2015 年的 5 倍,年均增速 49.5%;随着跨境电商综试区增加,跨境电商市场规模将进一步扩大,2020年进出口交易额有望达到 2800 亿元,到 2025 年或将达到 4880 亿元。由此可见,跨境电商已经进入成熟且高速发展的阶段。

相比于传统国际贸易,跨境电商的特点可以概括为交易范围的全球性和信息交流的即时性。简单地说,跨境贸易电商化解了传统国际贸易所具有的地理因素限制,并实现了无国界贸易,使得企业直接面对全球消费者。在跨境贸易电子商务中,贸易双方可以即时进行信息交流,无论实际距离远近,一方传送信息另一方接收信息几乎是同时的,下单、付款都在瞬间完成。这些都是传统国际贸易中所不能达到的。

2. 海淘

海淘是生活中常见的海外代购方式之一,随着我国国民收入的不断提高,海淘也渐渐成为国际贸易中的一种流行且独特的形式。说起流行,是因为随着手机等移动电子设备及互联网技术的成熟与发展,各种海淘代购的应用程序、微信朋友圈及 QQ 空间中亲戚朋友的代购广告,已经侵入了我们的日常生活,成为一种日常现象。说其独特,是因为海外代购商品入境往往不以普通商品贸易的入境渠道报关入境,而是以物品形式依据《入境旅客行李物品和个人邮递物品进口税税率表》予以计核的。

但无论如何,网络海淘都是一种潮流和新兴的模式,在满足国内消费者对商品多样性需求的同时,也在促进国际资源整合。

扫二维码,观看"跨境电商与海淘"视频

小讨论：现在，国家对于网络海淘代购的监管比较困难，导致代购产品难辨真伪，售后服务难以保障等问题层出不穷，你有什么管理海淘代购的小建议吗？

_____

_____

_____

三、自贸区内贸易方式

在 1973 年海关合作理事会制定的《京都公约》中提到了将自贸区划分为商业型自贸区和加工型自贸区。但各国经济发展状况、产业结构和区位条件都不同，并且在不同时期也具有不同的特征，因此自贸区在现实中的类型多种多样。不同类型的自贸区定位、功能不同，因而参与贸易的方式也不同。但相比一般贸易而言，自贸区的设立能够大幅度促进贸易便利化、自由化。进入自贸区的企业也能够因享受到优惠政策而减少贸易成本。本节根据贸易方式差异，主要介绍以下四类。

1. 自由港

自由港就是将港口城市开放，外国的船只可自由进出。这种类型的自贸区主要是从事装卸、仓储、包装、买卖和加工制造等。从事此类贸易活动的企业在自由港内完全自由，基本没有贸易管制，没有国界限制，外汇自由兑换，运输自由等。中国香港就是其典型代表。

2. 出口加工型

出口加工型自贸区主要以加工贸易为主，以转口贸易、仓储运输服务为辅。出口加工型自贸区主要为许多发展中国家所采用，促进其经济发展。该类自贸区完全以发展制造业为主。区内企业可以利用低成本以及区内员工进行加工制造，最后将制成品出口至其他国家进一步加工或直接销售。其典型代表为中国台湾三个出口加工型自贸区。1991 年尼日利亚在卡拉巴尔市建立了第一个出口加工区，后改为自由贸易区，初期是我国台湾帮助其规划和兴建的。

3. 转口集散型

转口集散型自贸区主要进行转口贸易，利用其优越的自然地理环境优势从事港口装卸、货物转口即分拨、货物储存、商业性加工等。其典型代表是巴拿马的科隆自由贸易区。该区是连接太平洋和大西洋的重要枢纽，也是北美和南美的连接要点。科隆自贸区的货物主要来自亚洲地区，采购方则主要来自中南美地区。在自贸区进行交易，不仅节约时间、费用，还可以享受优惠政策，大大减少了交易双方的交易成本。

4. 贸工结合型

贸工结合型自贸区以进出口贸易为主，连带一些加工贸易和转口贸易。区内会配备系统的加工、销售渠道，促进贸易企业和生产企业的有效合作。其典型代表是美国的自由贸易区，国外商品的输入手续及关税缴纳均不受美国关税法约束，可自由运至贸易区内储存、改装分类、定价或加工后再销往国外。

<h2 style="text-align:center">工作笔记</h2>

你认为上海自贸区属于什么类型的自贸区呢？为什么？

_____

_____

_____

_____

_____

知识点四 国际贸易涉及的政务及服务机构

国际贸易不只是企业之间的事情，更是国家之间的事情，所以，作为国家事务，管理是必不可少的。对国际贸易的管理，可以分为行政机构监管和海关监管等。

一、行政机构监管

1. 对国际贸易监管

我国主要管理国内外贸易的行政机构为中华人民共和国商务部。其主要相关职能有：负责起草国内外贸易发展的相关法律法规草案及部门规章；为未来贸易发展、经济全球化、区域经济合作提出建议；负责对外贸易谈判并签署条约；负责制定进出口商品、加工贸易管理办法和进出口管理商品、技术目录；拟订并执行对外技术贸易、进出口管制以及鼓励技术和成套设备进出口的贸易政策，依法颁发防扩散等与国家安全相关的进出口许可证件；承担组织协调反倾销、反补贴、保障措施及其他与进出口公平贸易相关工作的责任，建立进出口公平贸易预警机制。

2. 对自贸区的监管

行政机构对自贸区的一般管理模式可以分为两大类：政府外部监管和自贸区内部监管。

政府外部监管主要是中央政府对自贸区的管理。它可以分为两大类：专管型和代管型。专管型是指中央政府为管理自由贸易区而设立专门从事自由贸易区事务管理的独立机构，负责自贸区的宏观决策，进行宏观调控。比如美国的对外贸易管理委员会就是美国全国对外贸易区的管理机构。代管型是指中央政府并没有专门设立独立的行政机构管理自贸区，而是将其管理权委托给一个特定的政府职能部门。

自贸区内部监管可以划分为：政府主导型和企业主导型。政府主导型的管理模式就是自贸区内管理机构一般由地方政府、所在地区的地方海关部门或港务局直接承担，参与自贸区内的建设和开发。企业主导型是指在自贸区内不设立专门的政府管理机构，而由政府授权一家专门从事区内建设开发的管理公司，而该公司并不从属于政府部门。

具体来看，比如中国上海自贸区是由上海市市政府的派出机构专门进行管理，名称为中国(上海)自由贸易试验区管理委员会(简称"管委会")。其主要职能为负责落实自由贸易试验区改革任务，统筹管理和协调自贸试验区有关行政事务。

自贸区与普通区域在管理外商投资方面，最为显著的差别就在于负面清单管理模式：在负面清单内的禁止进入园区；在清单外的，则在外资进入前就给予国民待遇。

知识窗

负面清单

负面清单就是列出企业所禁止投资的产业，相当于投资 "黑名单"。学术上的说法是，凡是针对外资的与国民待遇、最惠国待遇不符的管理措施，或业绩要求、高管要求等方面的管理限制措施，均以清单方式列明。负面清单管理办法就是指只要不在清单列举的范围内，则予以批准投资。

扫二维码，查看自由贸易试验区外商投资准入特别管理措施(负面清单)2020(p.16).pdf

二、海关监管

1. 海关总责

海关对贸易监管主要涉及以下六个方面：关税制度、进出口许可证制度、对外贸易经营者的资格管理制度、出入境检验检疫制度、进出口货物收付汇管理制度和对外贸易救济措施。按照货物类型又可以将海关监管分为：一般进出口货物监管、保税货物监管、特定减免税货物监管、暂时进出境货物监管、其他特殊进出境货物监管、进出境快件监管、进出境行邮物品监管、进出境运输工具监管等。

以保税货物监管为例。保税就是指暂时缓缴进口税收，故保税货物是指一种临时进出境的货物，与一般进出口商品不同，可经海关批准下未办理纳税手续入境，在境内经过存储、加工、装配后出境。它可划分为保税加工货物和保税仓储货物。海关保税监管就是海关依照法律、行政法规和部门规章，对保税货物进行实际监管的行政执法行为。保税货物的海关监管时间自货物进口申报单货物的储蓄、加工、装配、出境并办结海关核销手续为止。

我国是由国务院设立海关总署，统一管理全国海关。国家在对外开放的口岸和海关监管业务集中的地点设立海关。海关的隶属关系，不受行政区划的限制。海关依法独立行使职权，向海关总署负责。

工作笔记

缉查走私也是海关的重要工作之一。近年来，海关在缉私方面取得了重大的进展，你能想到什么方法能帮助海关缉查走私货物呢？

_____

_____

_____

_____

2. 对自贸区的管理

自贸区海关管理的核心是做到"一线放开，二线管住，区内不干预"。

"一线"就是指自由贸易区与国境外的通道口。那么"一线放开"就是指境外货物可以自由进入自由贸易区，不受海关监管。"二线"是指自由贸易区与关境内的通道口。"二线管住"就是指当货物从自贸区进入国内非自贸区或者从国内非自贸区进入自贸区时，应征收相应的税收。"区内不干预"是指货物在区内可以自由流动，自由地存储、加工、组装等，不必经海关批准，只需备案。

以上海自贸区为例，贸易便利措施下的贸易与传统贸易的区别最为显著的制度差异是"先进区，后报关"。一线进境货物企业可凭舱单信息申报后直接提货入区，在规定时限内再向海关正式申报备案。货物从港区到区内仓库的入区时间平均从 2～3 天缩至半天，物流成本平均降至 10%。"仓储企业联网监管"是指对使用仓储管理系统(Warehouse Management System，WMS)的企业，实施"系统联网+库位管理+实时核注"的管理模式，实现对货物进、出、转、存情况的实时掌控和动态核查，解决盘库周期长、工作量大的难题。

三、其他相关机构

除了最主要的海关和行政机构外，还有许多部门与国际贸易息息相关，例如单一窗口、自贸区仲裁院等，不一而足。

1. 单一窗口

设置"单一窗口"的目的是减少手续，使贸易更加便利。联合国贸易便利化与电子业务中心发布的《建立单一窗口建议和指南》明确表示："单一窗口"是一种设施，允许参与贸易和运输的相关各方在一个单一接入点提交标准化的信息和单证，以满足多个与进口、出口和转关相关的监管要求。贸易者可以通过一次性提交完成所有手续。该指南提供了三种基本模式：单一机构、单一自动系统和自动信息处理系统。"单一窗口"对于政府而言可以省去繁杂的步骤，减少不必要的管理成本；对于企业而言可以提高物流效率，节省成本。

"单一窗口"往往与互联网相结合，以高速便捷的电子信息服务推动"单一窗口"发展。

2018 年我国海关总署和国家税务局发布决定：自 2018 年 1 月 19 日起，在上海海关和南京海关进行《海关专用缴款书》打印改革试点。通过实现海关通关全部单证无纸化和全流程线上办理，加快推进国际贸易"单一窗口""互联网+政务服务"建设和实施。

小讨论：单一窗口给我国国际贸易带来的便利体现在哪些方面？大家来集思广益，讨论一下吧。

_____

_____

_____

 新闻链接

　　近年来，上海按照中央总体部署，以建设贸易投资最便利、行政效率最高、政府服务最规范、法治体系最完善的世界一流营商环境为目标，加大力度推进全市各领域营商环境改革。

　　2018 年，上海对标世界银行营商环境十大评估指标，推出了 56 项改革举措，全面完成两批共 198 项"证照分离"改革试点事项，开展工程建设项目审批制度改革试点，助力我国在世界银行营商环境报告中的排名从第 78 位提升到第 46 位。办事环节平均压缩了 30.5%，办事时间平均压缩了 52.8%。

　　在世界银行营商环境报告中，还向全球推荐了上海实施的国际贸易"单一窗口"、企业登记"一窗通"服务、电力在线服务应用、施工许可一体化审批平台、房地产登记信息数字化系统等改革举措。2019 年春节假期后的第一个工作日，上海再次召开全市营商环境改革推进大会，印发了《上海市进一步优化营商环境实施计划》。

　　同时，上海着力降低企业成本负担。2012—2017 年，上海在全国率先开展"营改增"试点，五年间累计为企业减税 3248 亿元；2016—2017 年累计为企业降费 319 亿元。2018年又为企业新增减税降费超过 500 亿元。2019 年将实施更大规模的减税、更加明显的降费举措，进一步减轻企业负担，激发微观主体活力，增强社会创造力。

——上观新闻(2019.4.10)

2. 中国(上海)自由贸易试验区仲裁院

　　2013 年 10 月 22 日，成立了中国(上海)自由贸易试验区仲裁院，为区内提供"零距离"仲裁咨询、立案、开庭审理等仲裁法律服务。2013 年 11 月 5 日，上海市浦东新区法院自由贸易区法庭挂牌成立，将集中受理、审理依法应当由浦东法院管辖的与中国(上海)自由贸易试验区相关联的商事(含金融)、知识产权和房地产案件，并根据自贸区建设和运行的实际，对受案范围作了必要调整。2013 年 11 月 20 日，由上海经贸商事调解中心成立自贸区国际商事联合调解庭，为国内外企业提供调解服务。

工作笔记

你还知道哪些与国际贸易有关的部门？写出它们的名称和作用。

_____

_____

_____

_____

本章回顾

国际贸易的特点

国际贸易相比于国内贸易，其更利于资源有效的配置，以及通过合作交流促进技术发展，但也正是由于国际贸易面临更广泛的市场，导致其相比国内贸易具有更多的复杂性。

在国际贸易中，自贸区是特殊的一部分，它的特殊性表现在全方位的优惠政策、有效便利的监管和运行模式，以及明确的定位和功能的突出。

国际贸易中的基本概念

国际贸易有着自己独特的学术领域与研究范围，所以也有许多独特的基本概念，包括进口、出口、净出口、净进口、复出口、复进口、贸易额、贸易量、贸易差额、国际收支、对外贸易依存度、贸易条件、贸易地理方向、贸易的商品结构、贸易保护等。

国际贸易的基本方式

国际贸易的基本方式是指国际进行商品或劳务交换时采取的方式方法。除了常见的直销(即直接进出口)方式外，还包括包销、代理、寄售、展卖、拍卖、招标与投标、对销贸易、加工贸易等贸易形式。

国际贸易涉及的政务及服务机构

我国主要管理国内外贸易的行政机构为中华人民共和国商务部。其他的主要管理机构包括中华人民共和国海关等。

对自贸区而言，管理分为政府外部监管和自贸区内部监管。中国上海自贸区由上海市市政府的派出机构专门进行管理，名称为中国(上海)自由贸易试验区管理委员会。

第二章　国际贸易基本规则

国际贸易相比于国内贸易更复杂，正因如此，就需要许多规则来对国际贸易做出限定，这种限定一方面涉及法律法规，另一方面则是国家的宏观调控政策。

内容概要

- 自由贸易政策与贸易保护主义
- 关税与非关税壁垒
- 国际贸易中的国内法规范

主体学习

自有国际贸易以来，国际贸易就在自由主义和保护主义之间摇摆，每个时代又有着适合自己时代的自由主义和保护主义的政策和研究理论。在学习国际贸易基本规则伊始，我们先来看看，贸易自由主义和贸易保护主义各代表着什么。

知识点一　自由贸易政策与贸易保护主义

一、自由贸易政策

自由贸易政策是指国家取消对进出口贸易和服务贸易的限制和障碍，取消对本国进出口贸易和服务贸易的各种特权和优待，使商品自由进出口、服务贸易自由经营，也就是说国家对贸易活动不加或少加干预，任凭商品、服务和有关要素在国内外市场公平、自由地竞争。自由贸易政策是自由放任经济政策的一个重要组成部分。

1. 自由贸易理论的演变

自由贸易理论的演变与发展大致可分为三个阶段：第一阶段是在 18 世纪 60 年代到 19 世纪 60 年代的资本主义自由竞争时期，第一次产业革命使得自由贸易理论开始出现，这一时期的自由贸易理论通常称为古典学派的自由贸易理论；第二阶段是在 19 世纪中叶到第二次世界大战结束，资本主义进入垄断时期，第二次产业革命的发生使自由贸易理论的发展出现了重大转折，这一时期的自由贸易理论可称为现代学派的自由贸易理论；第三阶段的自由贸易理论是指第二次世界大战以后的自由贸易理论，第三次科技革命的出现带来了自由贸易理论的创新和全面发展。

(1) 古典学派自由贸易理论。

古典学派的自由贸易理论以亚当·斯密(Adam Smith)的绝对成本论、大卫·李嘉图(David Ricardo)的比较成本论和约翰·穆勒(John Stuart Mill)的相互需求原理为发展主线。

亚当·斯密在其经典巨著《国富论》中特别强调指出，由于自然与社会因素的差异，各国在生产同种商品时会有不同的劳动生产率，因而形成各自绝对生产成本的差异，也就是各自绝对优势的不同。一国参与国际分工和国际贸易的原因在于该国在生产某种商品时存在绝对优势。绝对成本论的出现解释了一部分国际贸易发生的原因，但许多国家并不能生产具有绝对优势的产品，却能够参与到国际贸易中，并从中获利。

在绝对成本理论的基础上，李嘉图提出了相对成本论，回答了绝对成本理论所没有解决的问题。李嘉图指出：当一国同另一国相比，其在两种产品的生产中均处在绝对劣势(优势)时，只要它在两种产品上的比较成本同另一个国家相比是有差别的，则仍有资格(必要)参与自由贸易。比较成本理论的核心观点就是，每个国家都会有一种比较优势，或者说是相对优势，都能通过贸易获得比较利益。这里的比较优势，就是更大的绝对优势和更小的绝对劣势，即"两优相权取其重，两劣相权取其轻"之理。关于贸易利益的分配问题，英国经济学家约翰·穆勒(John Stuart Mill)运用相互需求原理做出了一定的解释。首先，他运用比较优势原理，说明实际贸易条件必定介于两国国内两种商品交换比例所确定的上下限之间，超出上限或下限，国际贸易不会发生。其次，他得出结论，实际的贸易条件取决于贸易国各自对对方商品的相对需求强度。外国对本国商品的需求强度大于本国对外国商品的需求强度，实际贸易条件就接近于外国国内这两种商品的交换比例，这个实际的贸易条件对本国就有利。反之，如本国对外国商品的需求强度大于外国对本国商品的需求强度，则实际贸易条件就接近于本国国内这两种商品的交换比例，这个实际的贸易条件对外国就有利。

(2) 现代学派自由贸易理论。

现代学派的自由贸易理论主要有赫克歇尔(ELI. Heckscher)和俄林(Bertil Ohlin)提出的生产要素禀赋学说，又被称为"H-O 定理"。

要素禀赋论以生产要素、要素密集度、要素密集型产品、要素禀赋、要素丰裕程度等概念表述和说明，掌握这些概念是理解要素禀赋论的关键。

① 生产要素。生产要素(factor of production)是指生产活动必须具备的主要因素或在生产中必须投入或使用的主要手段。生产要素通常指土地、劳动和资本这三要素，有人把技术知识、经济信息也当作生产要素。

② 密集类型。要素密集度(factor intensity)是指产品生产中某种要素投入比例的大小，如果某要素投入比例大，称为该要素密集程度高。根据产品生产所投入的生产要素中所占比例最大的生产要素种类不同，可把产品划分为不同种类的要素密集型产品(factor intensity commodity)。

③ 要素禀赋。要素禀赋(factor endowment)是指一国拥有各种生产要素的数量。要素丰裕(factor abundance)是指在一国的生产要素禀赋中，某要素供给所占比例大于别国同种要素

的供给比例，而相对价格低于别国同种要素的相对价格。

衡量要素的丰裕程度有两种方法：一是以生产要素供给总量衡量，若一国某要素的供给比例大于别国的同种要素供给比例，则该国相对于别国而言，该要素丰裕；二是以要素相对价格衡量，若一国某要素的相对价格——某要素的价格和别的要素价格的比例低于别国同种要素相对价格，则该国该要素相对于别国丰裕。以总量法衡量的要素丰裕程度只考虑要素的供给，而以价格法衡量的要素丰裕程度考虑了要素的供给和需求两方面，因而较为科学。

"H-O 定理"的主要内容是：不同商品的生产需要投入不同的生产要素比例，而不同国家所拥有的生产要素是不同的，因此，一国应生产那些能密集地利用其较充裕的生产要素的商品并出口，以换取那些需要密集地使用其较稀缺的生产要素的进口商品，各种要素的价格将会因商品和生产要素的移动以及进一步发展或因其中一种遇到较小阻力而趋于均等化。

(3) "二战"以后自由贸易理论。

"二战"以后的自由贸易理论根据其成因可以分成两大群：第一群是为解释里昂惕夫之谜而产生的，被称为新要素贸易论；第二群是为解释新的国际贸易格局而产生的，可称之为国际贸易新理论。新要素贸易论认为，在考虑国际贸易中商品的比较优势时，人力技能、技术进展在国际贸易中也起着重要作用。它是对生产要素禀赋学说的发展与补充，所不同的是赋予了生产要素新的内涵，突破了原来的局限，这一理论主要有人力资本论、人力技能论和技术差距论。国际贸易新理论，主要有：需求相似理论、规模经济理论、产品生命周期理论、产业内贸易理论等。

里昂惕夫之谜

"里昂惕夫"是西方经济学的名词，意思是如果 H-O 理论成立，尽管美国进口替代品比美国实际进口品资本更密集，但其密集程度仍将低于美国的出口商品。但使用美国1947 年的数据进行检验，结果表明，美国进口替代品的资本密集度比美国出口商品的资本密集度高出大约 30%。这意味着，美国进口的是资本密集型商品，出口的是劳动密集型商品。这与 H-O 理论的预测完全相反，这就是著名的里昂惕夫之谜。

2. 自由贸易政策演变历程

自由贸易政策随资本主义的建立而出现，随资本主义的发展而演变，时强时弱，没有绝对意义上的自由贸易政策。在国家存在和不平衡规律作用下，自由贸易政策占主导时期短于保护贸易政策，但自由贸易政策有利于资本扩张本性的追求。第二次世界大战以来，随着资本国际化和经济全球化的发展，自由贸易政策成为主流，但不稳定。

19 世纪产业革命以后，英国经济竞争力大大增强。为了扩大市场，追求高额利润，形成以英国为中心的国际分工，确立单方面的自由贸易政策，并通过各种渠道推行，甚至通过战争，强加给战败的国家。

在 20 世纪初期，随着英国经济竞争力的下降和经济大危机的降临，自由贸易政策被超保护贸易政策取代。第二次世界大战以后，美国成为经济强国。为了对外扩张，美国从"二战"前的贸易保护主义转向自由贸易政策，并推动关税与贸易总协定的建立，推行贸易自由化，把单边的自由贸易政策演变为多边的自由贸易政策。随着资本国际化和经济全球化的发展，1995 年建立世界贸易组织，取代 1948 年生效的关税与贸易总协定，使多边的自由贸易政策得到加强。

世界贸易组织自建立以来，贸易自由化成为世界贸易政策的主流。世界贸易组织的建立为世界范围内自由贸易政策的实施构建了组织基础和法律基础。与此同时，也出现了地区性的贸易自由化组织，如贸易优惠安排、自由贸易区、关税同盟、共同市场、经济同盟等。成员内部通过关税削减和非关税壁垒等的减少，实现贸易逐步自由化，但其内部贸易自由化领域、层次有所不同。其自由化程度可以高于对外自由化程度，但对外的自由化程度不能低于在世界贸易组织中承诺的自由化程度，并要接受世界贸易组织的审查。

工作笔记

自由贸易主义的政策对国际贸易有何优势呢？

_____

_____

_____

_____

二、贸易保护主义

贸易保护主义是一种为了保护本国制造业免受国外竞争压力而对进口产品设定极高关税、限定进口配额或其他减少进口额的经济政策。它与自由贸易模式正好相反，后者使进口产品免除关税，让外国的产品可以与国内市场接轨，而不使它们负担国内制造厂商背负的重税。

贸易保护主义在限制进口方面，主要采取关税壁垒和非关税壁垒两种措施。前者主要是通过征收高额进口关税阻止外国商品的大量进口；后者则包括采取进口许可证制、进口配额制等一系列非关税措施来限制外国商品自由进口。

1. 贸易保护主义的形成原因

它经常出现在这些时候：当一国经济比较落后或面临经济危机的时候；当一国原有的优势面临威胁或即将失去的时候；爆发战争期间。

贸易保护和自由贸易基本是交替进行的，而且自由主义的历史非常短暂。19 世纪 40 年代之前西方工业国都在实行贸易保护措施，1846 年英国废除《谷物法》以后到 19 世纪 70 年代各国主要实行自由贸易政策；19 世纪 70 年代各国又开始实行贸易保护政策，"二战"以后至 20 世纪 60 年代末实施自由贸易；20 世纪 70 年代以后新的贸易主义政策又被各国逐渐采用。

谁变成强国谁就率先打破贸易保护而提出自由贸易。19 世纪 40 年代的自由贸易政策由当时的强国英国率先提出和实施；20 世纪 40 年代自由贸易政策由当时强大的美国率先提出和实施。

世界经济处于增长和繁荣阶段易实施自由贸易政策，而世界经济面临或处于萧条阶段易实施贸易保护措施。

2. 保护贸易政策的类型

保护贸易政策是指国家对商品进出口积极加以干预，利用各种措施限制商品进口，保护国内市场和国内生产，使之免受国外商品竞争；对本国出口商品给予优待和补贴，鼓励扩大出口。保护贸易政策，在不同的历史阶段，由于其所保护的对象、目的和手段不同，可以分为以下几种。

1) 重商主义

重商主义是 16—17 世纪资本主义生产方式准备时期欧洲各国普遍实行的保护贸易政策。重商主义代表商业资本的利益，追求的目标是把金银财富集中在国内，实现资本积累。早期重商主义注重货币差额，主张扩大出口、减少进口或根本不进口，因为出口可以增加货币收入，而进口必须支出货币。规定本国商人外出贸易必须保证把一部分金银或外国货币带回国内；外国商人来本国贸易必须把销售所得全部用于购买本国商品。禁止货币和贵金属出口，由国家垄断全部货币贸易。晚期重商主义注重贸易差额，从管制货币进出口转为管制商品进出口。主张通过奖励出口，限制进口，保证出超，以达到金银货币流入的目的。

2) 幼稚工业保护政策

幼稚工业保护政策是 18—19 世纪资本主义自由竞争时期美国、德国等后起的资本主义国家实行的保护贸易政策。当时，这些国家的工业处于刚刚起步的幼稚阶段，缺乏竞争力，没有力量与英国的工业品竞争，这些国家的政府代表工业资产阶级利益，为发展本国工业，实行保护贸易政策。保护的方法主要是建立严格的保护关税制度，通过高关税削弱外国商品的竞争能力；同时也采取一些鼓励出口的措施，提高国内商品的竞争力，以达到保护民族幼稚工业发展的目的。

知识窗

幼稚产业

所谓幼稚产业，是指某一产业处于发展初期，基础薄弱但经过适度保护能够发展成为具有潜在比较优势的新兴产业。如何界定和选择幼稚产业是一个关键，选择不好就有可能导致保护落后，保护需要大量的投入、付出一定的代价。关于幼稚产业的选择标准国际上有三个。

穆勒标准。如果某个产业由于缺乏技术方面的经验，生产率低下，生产成本高于国际市场价格而无法与外国企业竞争，在一定时期的保护下，该产业能够提高效率，在自由贸易条件下存在下去，并取得利润，该产业即为幼稚产业。

巴斯塔布尔标准。受保护的产业在渡过一定的保护期后能够发展成熟，为保护、扶植幼稚产业所需要的社会成本不能超过该产业未来利润的现值总和，符合条件的即为幼稚产业。

肯普标准。除了前两个标准的内容外，应考虑产业在被保护时期的外部效应，如具有外部性，该技术可以为其他产业所获得，因而使得本产业的利润无法增加，将来的利润无法补偿投资成本，国家应该予以保护。

对这三个标准要正确理解，在选择幼稚产业时可用一个标准去衡量，也可以用两个或三个标准综合衡量。

3）超保护贸易政策

超保护贸易政策是 19 世纪末至第二次世界大战期间资本主义垄断时期各资本主义国家普遍实行的保护贸易政策。在这一时期，垄断代替了自由竞争，成为社会经济生活的基础。同时，资本主义社会的各种矛盾进一步暴露，世界市场的竞争开始变得激烈。于是，各国垄断资产阶级为了垄断国内市场和争夺国外市场，纷纷要求实行保护贸易政策。但是，这一时期的保护贸易政策与自由竞争时期的保护贸易政策有明显的区别，是一种侵略性的保护贸易政策，因此称其为超保护贸易政策。

超保护贸易政策具有以下特点：保护的对象不再是国内幼稚工业，而是国内高度发达或出现衰落的垄断工业；保护的目的不再是培植国内工业的自由竞争能力，而是垄断国内外市场；保护的手段不仅仅是关税壁垒，而且出现了各种各样的限进奖出的措施。

4）新贸易保护主义

新贸易保护主义是对第二次世界大战后贸易自由化倾向的反省，形成于 20 世纪 70 年代中期。期间，资本主义国家经历了两次经济危机，经济出现衰退，陷入滞胀的困境，就业压力增大，市场问题日趋严重。尤其是在战后贸易自由化中起领先作用的美国，在世界市场的竞争中，日益面临着日本和欧共体国家的挑战，从 20 世纪 70 年代开始，从贸易顺差转为逆差，且差额迅速上升。在这种情况下，美国率先转向贸易保护主义，并引起各国纷纷效尤，致使新贸易保护主义得以蔓延和扩张。

新贸易保护主义之所以"新"，是因为与传统的贸易保护主义相比，在保护手段上具有显著的特点：保护措施由过去以关税壁垒和直接贸易限制为主逐渐被间接的贸易限制所取代；政策重点从过去的限制进口转向鼓励出口，双边与多边谈判和协调成为扩展贸易的重要手段；从国家贸易壁垒转向区域贸易壁垒，实行区域内的共同开放和区域外的共同保护。

案例思考

2017 年 8 月 14 日，特朗普签署行政备忘录，授权贸易代表对中国开展"301 调查"。所谓 301 条款是美国《1974 年贸易法案》(*Trade Act of 1974*)中的第 301 条款，该条款授权美国政府调查涉嫌不当行为的贸易伙伴，并自行决定相关惩罚措施。

2018 年 3 月 1 日美方宣布，将在很长一段时期对钢铁和铝进口征收 25%和 10%的重税。但随后豁免盟友，最终被征收高关税的可能"只有中国"。

3 月 22 日，美国总统特朗普签署备忘录，基于美贸易代表办公室公布的对华"301调查"报告，指令有关部门对从中国进口约 600 亿美元的商品大规模加征关税，并限制中国企业对美投资并购。

3 月 23 日，中国商务部发布了针对美国进口钢铁和铝产品 232 措施的中止减让产品清单并征求公众意见，拟对自美进口部分产品加征关税，以平衡因美国对进口钢铁和铝产品加征关税给中方利益造成的损失。其中计划对价值 30 亿美元的美国产水果、猪肉、葡萄酒、无缝钢管和另外 100 多种商品征收关税。

4月2日起，中国对原产于美国的七类128项进口商品中止关税减让义务，在现行适用关税税率基础上加征关税。

4月4日，美国政府发布了加征关税的商品清单，覆盖航空航天、信息通信技术、机械等十多个部门，将对中国输美的1333项500亿美元的商品加征25%的关税。同时要求中方采取措施，今年减少1000亿美元逆差。

4月4日，经国务院批准，国务院关税税则委员会决定对原产于美国的大豆、汽车、化工品等14类106项商品加征25%的关税。

4月5日，美国总统特朗普要求美国贸易代表办公室依据"301调查"，额外对1000亿美元中国进口商品加征关税。这一做法严重违反了国际贸易规则。

2018年4月16日美国商务部宣布，未来7年将禁止美国公司向中兴通讯销售零部件、商品、软件和技术。中兴通讯在A股和H股市场随后宣布停牌，其部分美国供货商的股票，在美国市场价格一度急跌。(事件缘由：2016年中兴违反美国禁令出口伊朗，于2017年3月8日和美国司法部、财政部、商务部达成和解。中兴2018年触发禁令原因违反前期制裁为规定涉案35名员工奖金未扣。)

5月3日至4日，中美代表团就经贸问题进行了(第一轮)坦诚、高效、富有建设性的讨论。双方认识到，在一些问题上还存在较大分歧，需要继续加紧工作，取得更多进展。双方同意继续就有关问题保持密切沟通，并建立相应的工作机制。

5月13日，美国总统特朗普发推文表示，他和中国领导人正在为中国大型电话公司中兴通讯提供一种快速恢复业务的途径。(因中兴事件)中国有太多的工作岗位流失，他已告知商务部要尽快完成这项工作。

5月17日至18日，习近平主席特使、国务院副总理刘鹤率领的中方代表团和包括财政部长姆努钦、商务部长罗斯和贸易代表莱特希泽等成员的美方代表团就贸易问题进行了建设性磋商。19日，中美两国在华盛顿就双边经贸磋商发表联合声明。20日，美国财政部长姆努钦表示，美中两国已就框架问题达成协议，同意停打贸易战。双方同意，将采取有效措施实质性减少美对华货物贸易逆差。为满足中国人民不断增长的消费需求和促进高质量经济发展，中方将大量增加自美购买的商品和服务，这也有助于美国经济增长和就业。

本次美国重拾贸易保护主义的原因是什么呢？采用的是什么样的贸易保护政策呢？会对国际贸易格局产生什么样的影响呢？

我认为美国重拾贸易保护主义的原因是

_____

_____

_____

_____

_____

知识点二 关税与非关税壁垒

通常而言，国家对国际贸易进行调控的规则主要是关税，简单地说，对某些商品征收较少关税，便能够促进这类商品的进出口，而提高关税则会降低这类商品的进出口量。

一、关税

关税是指一国海关根据该国法律规定，对通过其关境的进出口货物课征的一种税收。关税在各国一般属于国家最高行政单位指定税率的高级税种，政府对进出口商品都可征收关税，但进口关税最为重要，是主要的贸易壁垒。

小思考：为什么要征收关税？

_____

_____

_____

_____

1. 关税分类

按照征税方法来分，关税可以分为以下五类。

(1) 从价关税：依照进出口货物的价格作为标准征收关税。从价税额=商品总价×从价税率，进口关税按 CIF 价征收，出口关税按 FOB 价征收。

(2) 从量关税：依照进出口货物数量的计量单位(如"吨""箱""百个"等)征收定量关税。从量税额=商品数量×每单位从量税。

(3) 混合关税：依各种需要对进出口货物进行从价、从量的混合征税。

(4) 选择关税：是指对同一种货物在税则中规定有从量、从价两种关税税率，在征税时选择其中征税额较多的一种关税，也可选择征税额较少的一种为计税标准计征。

(5) 滑动关税：是指关税税率随着进口商品价格由高到低而由低到高设置的关税，可以起到稳定进口商品价格的作用。

按照商品流向来划分，关税可以分为进口税、出口税和过境税三类。

(1) 进口税是指进口国家的海关在外国商品输入时，对本国进口商所征收的正常关税。

(2) 出口税是指对本国出口的货物在运出国境时征收的一种关税。征收出口关税会增加出口货物的成本，不利于本国货物在国际市场的竞争。

(3) 过境税，是指一国对于通过其关境的外国商品征收的关税。

按照征税目的来划分，关税可以分为财政关税和保护关税。

(1) 财政关税以增加国家财政收入为主,通常向外国生产、国内消费需求大的产品征收,税率适中。它多为发展中国家采用，对工业发达国家已经不再重要。

(2) 保护关税是指为保护国内经济行业、农业等而征收的关税，一般税率较高。其中税率高到了完全禁止进口的程度，就是禁止性关税。

知识窗

关税的一些特殊情况

最惠国税率：是某国的来自于其最惠国的进口产品享受的关税税率。根据最惠国待遇原则，最惠国税率一般不得高于现在或将来来自于第三国同类产品所享受的关税税率。所谓最惠国待遇原则，是指缔结经济贸易条约协定的一项法律原则，又称无歧视待遇原则，是指缔约一方在贸易、航海、关税、公民的法律地位等方面给予缔约国第一方的优惠待遇。一般来说，正常进口税是指最惠国税。

特惠税：是指对从某个国家或地区进口的全部商品或部分商品，给予特别优惠的低关税或免税待遇。使用特惠税的目的是增进与受惠国之间的友好贸易往来。特惠税有的是互惠的，有的是非互惠的。税率一般低于最惠国税率和协定税率。(最惠国待遇是国际经济贸易关系中常用的一项制度，是国与国之间贸易条约和协定的法律待遇条款，在进出口贸易、税收、通航等方面互相给予优惠利益、提供必要的方便、享受某些特权等方面的一项制度，又称"无歧视待遇"。它通常指的是缔约国双方在通商、航海、关税、公民法律地位等方面相互给予的不低于现时或将来给予任何第三国的优惠、特权或豁免待遇。条约中规定这种待遇的条文称为"最惠国条款"。)

进口附加税：主要包括差价税和反倾销税。差价税即差额税，是指当某种本国生产的产品的国内价格高于同类进口商品的价格时，为了保护国内生产和国内市场，按照国内价格与进口商品价格之间的差额征收的关税，也称滑动关税，是欧盟农产品"闸门价格"。反倾销税也是一种进口附加税，1979年"东京回合"规定，"凡是一国产品向另一国出口时，该产品出口价格低于正常贸易中用于国内消费的类似产品可比价格，就视为倾销"，对于该产品征收的进口附加税即反倾销税。

2. 关税特点

关税是一种间接税，虽然由进出口商垫付税款，但由于关税被计入货物成本，关税负担最后便转嫁给买方或消费者承担。关税具有强制性、无偿性和预定性的特点。所谓强制性，是指关税的缴纳不是自愿的，而是按照法律无条件地履行纳税义务，否则就违反了国家法律。关税的无偿性是指关税的取得国家不需要付出任何代价，不必把税款返还给纳税人。关税的预定性是指关税通常都是事先设计好的，一般不会随便更改和减免。

关税有税收主体和税收客体。关税的纳税人是进出口商人，关税的税收客体是进出口货物。关税的征收主体是海关，这一点与我国其他税收一般是由税务机关征收不同，海关代表国家负责征收管理。

关税的课征范围是以关境为界而不是以国境为界，关税的课税对象是"进出关境的货物和物品"，这里所指的是"关境"，而不是"国境"。国境和关境是两个既有联系又有区别的概念。

关税有较强的涉外性，关税税种的设置、税率的调整和征收办法的改变等，都会在不同程度上影响国际贸易往来，影响贸易各国的政治、外交和经济等方面的关系。

知识窗

国境和关境的区别与联系

两者的区别在于：国境是指主权国家行使行政权力的领域，也就是主权国家的领土范围；关境又称税境，是指一个国家的海关征收关税的领域，即主权国家的关税法令实施的领域，按海关合作理事会的界定，即"一个国家的海关法令完全实施的境域"。因此，只有在货物和物品进出关境时，才能对其实施征税。

两者的联系在于：如果一国既不与其他国家结成关税同盟，也不在本国设立自由港、保税区，则国境与关境的概念是重叠的，两者完全一致；如果一国与其他国家结成关税同盟，实施统一的关税法令和统一的对外税则，则关境就大于国境，关境内的跨国贸易就无须缴纳关税；如果一国政府在其境内设立自由港、保税区、自由贸易区等，则关境的概念就小于其国境，关境外而国境内的贸易同样必须缴纳关税。

3. 关税的作用

关税一般来说具有以下几个作用。

(1) 维护国家主权和经济利益。对进出口货物征收关税，表面上看似乎只是一个与对外贸易相联系的税收问题，其实一国采取什么样的关税政策直接关系到国与国之间的主权和经济利益。历史发展到今天，关税已成为各国政府维护本国政治、经济权益，乃至进行国际经济斗争的一个重要武器。我国根据平等互利和对等原则，通过关税复式税则的运用等方式，争取国际关税互惠并反对他国对我国进行关税歧视，促进对外经济技术交往，扩大对外经济合作。

(2) 保护和促进本国工农业生产的发展。一个国家采取什么样的关税政策，是实行自由贸易，还是采用保护关税政策，是由该国的经济发展水平、产业结构状况、国际贸易收支状况以及参与国际经济竞争的能力等多种因素决定的。国际上许多发展经济学家认为，自由贸易政策不适合发展中国家的情况。相反，这些国家为了顺利地发展民族经济，实现工业化，必须实行保护关税政策。我国作为发展中国家，一直十分重视利用关税保护本国的"幼稚工业"，促进进口替代工业发展，关税在保护和促进本国工农业生产的发展方面发挥了重要作用。

(3) 调节国民经济和对外贸易。关税是国家的重要经济杠杆，通过税率的高低和关税的减免，可以影响进出口规模，调节国民经济活动。如调节进出口商品价格和进出口企业利润，有意识地引导各类产品的生产，调节进出口商品数量和结构，可促进国内市场商品的供需平衡，保护国内市场的物价稳定等。

(4) 筹集国家财政收入。从世界大多数国家尤其是发达国家的税制结构分析，关税收入在整个财政收入中的比重不大，并呈下降趋势。但是，一些发展中国家，尤其是那些国内工业不发达、工商税源有限、国民经济主要依赖于某种或某几种初级资源产品出口，以及国内许多消费品主要依赖于进口的国家，征收进出口关税仍然是他们取得财政收入的重要渠道之一。我国关税收入是财政收入的重要组成部分，自中华人民共和国成立以来，关税为经济建设提供了可观的财政资金。

二、非关税壁垒

除关税以外，国家还会采取非关税的措施来管控国际贸易，而且通常非关税壁垒比关税更强硬，效果更显著。非关税壁垒 (Non-Tariff Barriers，NTB) 是指一国或地区在限制进口方面采取的除关税以外的所有措施，其中绝大多数是针对进口产品。它是相对于关税而言的，可以通过国家法律、法令以及各种行政措施的形式来实现。

小讨论：和同学们一起讨论下，你认为关税壁垒与非关税壁垒的区别有哪些？

_____

_____

_____

_____

1. 非关税壁垒的特点

与关税措施相比，非关税措施主要具有下列三个明显的特点。

首先，非关税措施比关税具有更大的灵活性和针对性。关税属于国家税收的一种，其制定、调整以及变更，往往要通过一定的立法程序由立法机关来批准，因此关税具有一定的延续性。同时，关税具有一般性，某一产品关税税率一旦确定，对本国以外的所有其他国家基本完全一样。而非关税措施的制定与实施，则通常采用行政程序，制定起来比较迅速，程序也较简单，能随时针对某国和某种商品采取或更换相应的限制进口措施，从而较快地达到限制进口的目的。

其次，非关税措施的保护作用比关税的作用更强烈和直接。关税措施是通过征收关税来提高商品的成本和价格，进而削弱其竞争能力的，因而其保护作用具有间接性，比如对于一些价格弹性小的商品，其价格的提高并不会导致其销售数量的大量减少，因此关税对其限制作用就较小。而一些非关税措施如进口配额，预先限定进口的数量和金额，超过限额就直接禁止进口，这样就能快速和直接地达到关税措施难以达到的目的。

最后，非关税措施比关税更具有隐蔽性和歧视性。关税措施，包括税率的确定和征收办法都是透明的，出口商可以比较容易地获得有关信息。另外，关税措施的歧视性也较低，它往往受到双边关系和国际多边贸易协定的制约，比如 WTO 不允许进口国针对某一具体国家制定特殊的关税税率。但一些非关税措施则往往透明度差、隐蔽性强，而且有较强的针对性，容易对别的国家实施差别待遇。比如，针对某些商品，可以在海关报关等环节设立繁多的手续，表面上看似乎没有限制该产品的进口，其实通过这种方式来延长其进口时间，提高了进口成本。

2. 配额制

配额是指一国政府在一定时期内对某些敏感商品的进口或出口进行数量或金额上的控制，是非关税壁垒措施之一。配额可以是出口配额，也可以是进口配额，一般指进口配额。同时，要限制产品的进口，需要有一定的凭证，因此，配额经常和进口许可证配合使用。

配额的方式多种多样，据统计，全球实施的配额有 2500 余种。根据不同的标准，配额有绝对配额与相对配额，关税配额与非关税配额，主动配额与被动配额等多种配额类型。

知识窗

进口许可证

进口许可证是有关进口许可证的申请、审查、颁发、使用、效力、撤销和废止方面的法律。通过对进口商品实行许可证管理，可以调节国家进口商品结构，稳定国内市场，但是，当进口许可程序透明度不强或签发过程产生不必要的延误时，它又成为贸易保护的工具。

1) 出口配额

出口配额(Export Quotas)是指一国政府在一定时期内对某些出口商品的出口数量或金额规定一个最高限额的制度。限额内商品可以出口，限额外商品不准出口或者予以处罚。

出口配额可以分为主动配额和被动配额(自动出口配额或自动限制出口)。其中被动配额(自动出口配额或自动限制出口)是指出口国家或地区在进口国家的要求或压力下，自动规定某一时期内(一般为 3 年)某些商品对该国出口的限制额。在限制的配额内自行控制出口，超过限制额即不准出口。例如，在美日汽车战中，美国采取这种方法迫使日本自动限制对美国出口汽车的数量。主动配额是指出口国家或地区根据境内外市场上的容量和其他一些情况而对部分出口商品实行的配额出口。

2) 进口配额

进口配额(Import Quotas System)，又称进口限额，是一国政府对一定时期内(通常为一年)进口的某些商品从数量或金额上所制定的限额。在规定的期限内，配额以内的货物可以进口，超过配额则不准进口，或者要征收较高的进口关税。它是资本主义国家实行进口数量限制的重要手段之一。进口配额按限制的严格程度可分为绝对配额(Absolute Quota)和关税配额(Tariff Quota)。前者是指某些商品进口数量或金额达到进口额度后，便不准继续进口的配额管理；后者是指在某些商品进口数量或金额达到规定的额度后，继续进口便需提高关税的配额管理。关税配额不是绝对限制商品的进口总量，而是在一定时期内对一定数量的进口商品，给予低税、减税或免税的待遇，对超过此配额的进口商品，则征收较高的关税或附加税和罚款。进口配额还可以按照实施方式不同，分为全球配额(Global Quota)、国别配额(Country Quota)和进口商配额(Importer Quota)三种形式。全球配额，适用于来自任何国家或地区的商品。主管当局按进口商申请先后或按过去某一时期的进口实绩，批给一定的额度，直至总配额发放完毕为止。国别配额，是在总配额中按国别和地区分配配额。不同国家和地区如超过所规定的配额，就不准进口。进口配额还可分为优惠性配额与非优惠性配额。前者是指在进口配额内的商品享受优惠关税，超过进口配额的商品征收原来的最惠国待遇税；后者是指在进口配额内的商品征收原来的进口税，超过进口配额的商品，征收惩罚性关税。

自限协定

目前，发达国家主要是通过"自限协定"来限制其他国家的商品出口。自限协定(Voluntary Restraint Agreement)，是进出口国家或地区为了缓和彼此间某种商品的竞争，通过谈判，达成该种商品出口在一定期限内由出口国自行限制的书面协议。自限协定的主要内容包括：配额以及配额水平，即在协定有效期内的第一年出口额度和其他各年的年增率；自动限制出口的商品分类和细目；限额的融通规定，即不同品种商品限额之间替换、预借和留用等权限的规定；保护条款的规定，即进口国有权通过一定程序，限制或停止某种"扰乱市场"的商品进口的规定。这实际上扩大了进口国限制进口的权限。

3. 其他贸易壁垒

1) 通关环节壁垒

通关环节壁垒通常表现在，进口国有关当局在进口商办理通关手续时，要求其提供非常复杂或难以获得的资料，甚至商业秘密资料，从而增加进口产品的成本，影响其顺利进入进口国市场。通关程序耗时冗长，容易使应季的进口产品(如应季服装、农产品等)失去贸易机会。

2) 进口许可证

进口许可证制度是有关进口许可证的申请、审查、颁发、使用、效力、撤销和废止方面的制度。通过对进口商品实行许可证管理，对进出口经营权、经营范围、贸易国别、进出口商品品种及数量等进行有效的管理，可以调节国家进口商品结构，稳定国内市场，但是，当进口许可程序透明度不强或签发过程产生不必要的延误时，它又成为贸易保护的工具。

进口许可分为自动许可和非自动许可两种。自动许可是指不需要通过审批程序就能获得的许可；非自动许可是指必须通过审批程序才能获得的许可，具体可分为含数量限制的许可(通常为进口配额管理)和不含数量限制的许可(通常为单一的进口许可证管理)。进口配额管理中的贸易壁垒经常表现为：配额量不合理；配额发放标准不合理或分配不公正。在单一的进口许可管理中，贸易壁垒主要表现为：管理程序不透明；审查及发放许可证的程序过于复杂或要求提供不必要的文件；审批时间过长等。

3) 技术性贸易壁垒

根据国际贸易组织《技术性贸易壁垒协议》的有关规定，国际贸易组织成员有权制定和实施旨在保护国家或地区安全利益，保障人类、动物或植物的生命或健康，保护环境，防止欺诈行为，保证出口产品质量等的技术法规、标准以及确定产品是否符合这些技术法规和标准的合格评定程序。技术性贸易壁垒主要包括技术标准、卫生检疫检验标准和产品外观和包装标准。

4) 歧视性政府采购

政府采购中对进口产品的歧视可分为以下两种情况。

(1) 国际贸易组织《政府采购协议》的签署方间所采取的对进口产品的歧视措施。《政府采购协议》是一个诸边协议，即只有签署了该协议的成员方受协议规则的约束。该协议规定，协议的签署方必须保持政府采购的透明度，并给其他成员在参与政府采购方面同等的待遇。实践中，一些国际贸易组织成员往往以不太透明的采购程序阻碍外国产品公平地参与本国政府采购。例如，某国有大量的法律规定在政府采购中实施国内优先原则；对采购该国产品予以某些特殊优惠；制定复杂的采购程序，使国外产品无法公平地参与采购竞标；以"国家安全"为由武断地剥夺外国产品参与采购的机会。

(2) 非国际贸易组织《政府采购协议》的签署方间采取的对进口产品的歧视措施。在各国自愿对外国开放该国政府采购的领域中，也会存在对进口产品的歧视。这些歧视措施在实践中主要表现为违反最惠国待遇，对不同国家的产品采取差别待遇，从而构成对特定国家产品的歧视。

知识点三　国际贸易中的国内法规范

任何国际贸易都要在一定规则下才能发生，而对每个国家而言，它们所认可的规则又不相同，这是因为每个国家都有不同的历史、经济、科技水平，我国也是如此。下面来认识一下我国管理国际贸易的法律法规。

一、我国对外贸易法律法规发展历程

从 1949 年至 1978 年，我国实行计划经济体制，对外贸易法律制度开始起步发展。当时的对外贸易立法主要以 1954 年宪法为基础，制定了《中华人民共和国对外贸易管理暂行条例》等法规。

从改革开放至中国加入世界贸易组织，我国的国民经济得到了巨大的增长，外贸事业得到了突飞猛进的发展。市场经济体制的实行大大促进了我国对外贸易法律制度的成型。这个阶段我国以《中华人民共和国对外贸易法》为核心，构建了主要由《宪法》《对外贸易法》及其他单行法律、行政法规、部门规章等组成的对外贸易法律体系。《对外贸易法》是我国对外贸易法律制度的基本法，是整个外贸制度的核心。它规定了我国对外贸易基本制度与基本原则，确立了我国处理外贸关系的基本准则；明确了外贸经营主体的资格条件及权利义务；规定了国家管理各类贸易，包括货物、技术进出口及国际服务贸易的基本方针、政策；规定了国家对外贸的促进措施和对外贸秩序的管理措施；对违反外贸法的法律责任也作了明确规定。同时国家及有关部门也制定了许多与对外贸易有关的其他法律，如《中华人民共和国海商法》《中华人民共和国商业银行法》《中华人民共和国保险法》《中华人民共和国民用航空法》《中华人民共和国反不正当竞争法》等。

从加入世界贸易组织的 2001 年开始，中国加入世界贸易组织的重大意义不仅使中国经济逐步融入全球经济，而且使我国的法制建设得到发展机会，对外贸易法律制度进入逐渐完善的阶段。这一阶段，对外贸易法律制度的构建主要是修改或者废止与 WTO 规则和我国承诺不符的法律、法规、规章及其他政策措施。修改、颁布的法律主要有：《中华人民共和国进出口商品检验法》《中华人民共和国保险法》《中华人民共和国对外贸易壁垒调查暂行规则》《中华人民共和国著作权法实施条例》《中华人民共和国外资金融机构管理条例》《中华人民共和国商业银行法》《中华人民共和国反倾销条例》《中华人民共和国反补贴条例》《中华人民共和国证券法》《中华人民共和国外资金融机构管理条例实施细则》等。同时，随着中国对外贸易规模的扩大，与各个国家、各个组织之间的贸易摩擦也越来越频繁。商务部成立以后，共修订发布了多个关于贸易救济措施的部门规章，内容涉及反倾销、反补贴、保障措施调查与裁决等各个方面。商务部还出台了一系列的配套法律法规，不断完善我国反倾销制度，同时也指导我国出口企业，避免贸易摩擦。以反倾销为例，先后制定了《中华人民共和国反倾销产业损害调查规定》《中华人民共和国反倾销产业损害调查与裁决规定》《中华人民共和国反倾销调查听证会暂行规则》《中华人民共和国反倾销调查实地核查暂行规则》等法规。对损害调查每一阶段的工作内容、对象、程序和要求都做了详细规定，为利害方主张权利和调查监督提供了法律依据，确保了产业损害调查裁决的公正、透明。

二、我国对外贸易法律制度的组成及其特点

我国的对外贸易法律制度是指国家对货物进出口、技术进出口和国际服务贸易进行管理和控制的一系列法律、法规和其他具有法律效力的规范性文件的总称。其主要包括以下几个部分。

(1) 《中华人民共和国宪法》。我国的宪法明确把我国实施改革开放的基本国策写进了序言，同时还明确规定了国务院负责管理外贸的权力。

(2) 《中华人民共和国对外贸易法》。经过十多年(始于 1983 年)的努力，1994 年 5 月12 日，我国对外贸易法由第八届人大常委会第七次会议正式通过，于同年 7 月 1 日正式生效。我国《对外贸易法》是我国对外贸易法律制度的基本法，是整个外贸制度的核心，它规定对外贸易经营许可证制度、配额关税和海关制度、关税壁垒、检验制度、两反一保制度、货物进出口制度等。

(3) 行政法规。我国外贸法制度中一个重要渊源，就是由国务院颁布的大量行政法规。我国对外贸易法律制度实施的主要依据，就是内容广泛的行政法规，其内容涉及工商、海关、商检、外汇、税收、原产地、运输等各方面。中国"入世"以后，根据世界贸易组织的规则以及我国"入世"时的承诺，国务院在货物贸易、技术贸易及服务贸易三个领域都颁布了行之有效的行政法规。

在货物贸易和技术贸易领域内，国务院先后颁布的主要行政法规有：《货物进出口管理条例》《技术进出口管理条例》《反倾销条例》《反补贴条例》《保障措施条例》。

在服务贸易领域，我国政府根据承诺颁布了一系列新的行政法规，主要有：《中华人民共和国外资金融机构管理条例》《中华人民共和国外贸保险公司管理条例》《中华人民共和国外商投资电信企业管理规定》《中华人民共和国国际海运条例》《中华人民共和国外国律师事务所驻华代表机构管理条例》《中华人民共和国电影管理条例》《中华人民共和国音像制品管理条例》。

所有这些行政法规，基本上涉及服务贸易的各主要领域，为逐步实施我国"入世"承诺，创造了良好的法律环境。

(4) 部门规章：与外贸有关的各部委，尤其是主管外经贸的原外经贸部，在处理外贸具体工作时，往往根据具体问题，颁布了专门的部门规章。

此规章的特点是：可操作性强；针对性明确；颁布和废除都较方便；与法律法规保持一致。

部门规章主要有：《外贸代理暂行规则》《关于进出口经营权管理规则》以及《对外贸易壁垒调查暂行规则》等。原对外经贸部会同其他相关部委制定关于对外经贸方面的部门规

章，对维护我国外贸正常秩序、促进对外贸易的发展起到了关键作用。

三、自贸区授权立法与《总体方案》

随着时代的发展，自贸区成为我国国际贸易新的"试验田"。当然，自贸区也不能脱离我国法规自由发展，自贸区也有着自己的法律与规则。

上海自贸区设立前，在保税区、保税港区、出口加工区、综合保税区等不同类型的特殊海关监管区域中已形成了相应的法律制度，但法律规范多是集中于位阶较低的地方政府规章、条例、决定、办法和措施之中，在权威性和有效性上存在些许不足。而在法律层面仅有《中华人民共和国海关法》第三十四条做出了概括性规定，但由于该项条款缺乏实质内容，因而并不具备现实可操作性，仅是为海关部门实施监管提供了一个法律层面的法理依据。其中"按照国家有关规定实施监管"的宽泛性表述并不能保证特殊海关监管区域内的各项工作真正做到有法可依，这种规范上的模糊性和不确定性无法在法律层面为中国特殊海关监管区域内的管理工作提供切实有效的法治保障。

在上海自贸区批准建立后，2013 年 8 月 30 日第十二届人大常委会第四次会议通过了《关于授权国务院在中国(上海)自由贸易试验区暂时调整有关法律规定的行政审批的决定》，其主要内容是：在上海自贸区内，对一般性外商投资，不包含国家明确规定需实施准入特别管理措施的投资。调整我国"外资三法"(于 2020 年 1 月 1 日实施《中华人民共和国外商投资法》，同时废止《中华人民共和国外资企业法》《中华人民共和国中外合资经营企业法》《中华人民共和国中外合作经营企业法》)，调整《中华人民共和国文物保护法》中的部分行政审批规定，并且规定试行期限为 3 年。虽然该项授权决定仅涉及自贸区行政审批事项，但却对中国自贸区法制建设起到了较大的推动作用，在此基础上，负面清单制度与国民待遇原则得以顺利开展实施。

2013 年 8 月 3 日，国务院常务会议审议通过《中国(上海)自由贸易试验区总体方案》(以下简称《总体方案》)。这是国家发布的对中国自贸区建设最重要的规范性文件，从宏观视角对上海自贸区的制度建设提出了整体要求，对中国自贸区法制建设有着方向性指引作用。《总体方案》包括四方面内容和一个附件，具体包含总体要求、主要任务和措施、税收监管制度、组织实施以及扩大服务业开放、加快政府职能转变、深化投资管理制度创新、推进贸易监管制度创新、深化金融制度改革、加强法治建设和保障、扎实做好组织工作等总计 25 项概括性条款。不过其内容多是形式意义条款，由于条文规定不具体且过于宽泛而在一定程度上缺乏现实可操作性。

扫二维码，查看《中国(上海)自由贸易试验区总体方案》.pdf

作为自贸区法律制度建立的基本依据和法理渊源，依据《总体方案》要求现已制定出台了一系列规范性文件，这些文件主要对自贸区建设运营起到服务管理作用。在《总体方案》的指引规划下，以上海自贸区为例现已制定出台如下规范性文件：《中国(上海)自由贸易试验区条例》从行政服务、投资开放、贸易便利、金融创新、税收管理，到综合监管、法治环境等方面对自贸区战略建设进行了具体规范，被上海市人大定位为上海自贸区管理综合性立法；《关于在中国(上海)自由贸易试验区暂时调整实施本市有关地方性法规规定的决定》；《中国(上海)自由贸易试验区管理办法》负责区内日常管理事务，主要包含上海自贸区区域功能定位、区内管理机构及其职责、本地企业与外商区内投资管理制度、人员与货物进出国境海关监管制度、金融制度创新与风险防范机制、简政放权的管理方式变革和政府职能转变六大方面内容。这些法律法规在功能和定位上互补适用，共同组建起上海自贸区法律制度的雏形，为初期的上海自贸区管理运营提供了有力的制度保障。

工作笔记

试选择一个与自贸区有关的法规，说说它的管辖内容及影响。

本章回顾

自由贸易政策与贸易保护主义

自由贸易政策是指国家取消对进出口贸易和服务贸易的限制和障碍，取消对本国进出口贸易和服务贸易的各种特权和优待，使商品自由进出口、服务贸易自由经营。

贸易保护主义是一种为了保护本国制造业免受国外竞争压力而对进口产品设定极高关税、限定进口配额或其他减少进口额的经济政策。它与自由贸易主义正好相反。

关税与非关税壁垒

关税是指一国海关根据该国法律规定，对通过其关境的进出口货物课征的一种税收。关税在各国一般属于国家最高行政单位指定税率的高级税种，对于对外贸易发达的国家而言，关税往往是国家税收乃至国家财政的主要收入。

非关税壁垒是指一国或地区在限制进口方面采取的除关税以外的所有措施，其中绝大多数是针对进口产品。它是相对于关税而言的，可以通过国家法律、法令以及各种行政措施的形式来实现。

国际贸易中的国内法规范

我国的对外贸易法律制度是指国家对货物进出口、技术进出口和国际服务贸易进行管理和控制的一系列法律、法规和其他具有法律效力的规范性文件的总称。

第三章　中国视野下的国际贸易现状

中国作为世界经济重要的组成部分，近年来为世界经济所做出的贡献有目共睹，随着区域经济一体化和"一带一路"战略的逐步开展，中国正以崭新的面貌融入国际贸易的大环境之中。

内容概要

- 我国国际贸易的发展概况
- 中国与世界贸易组织
- 中国参与的区域经济一体化组织
- 中国提出的"一带一路"发展战略

主体学习

在前两章的学习中，我们已经初步了解了什么是国际贸易，本章我们来说说中国视野下的国际贸易。

知识点一　我国国际贸易的发展概况

一、我国货物贸易进出口现状

2010 年到 2019 年间，我国货物进出口总额由 2 974 001 百万美元增长至 4 576 126.04 百万美元，增长了 53.87%，而近年来的贸易进出口额最高值则出现在 2018 年，达到了 4 622 444.13 百万美元。通过对比不难发现，在西方金融危机后，2009 年我国货物进出口总额出现了负增长，下滑明显，而后经过 4 万亿元的强刺激，2010 年货物进出口总额强力反弹，但在随后的几年间，我国货物进出口贸易增速仍逐年下滑，逐步退回到个位数的增长，在 2015 年和 2016 年连续出现负增长的态势。

知识窗

四万亿计划

2008 年 9 月，国际金融危机全面爆发后，中国经济增速快速回落，出口出现负增长，大批农民工返乡，经济面临硬着陆的风险。为了应对这种危局，中国政府于 2008 年 11 月推出了进一步扩大内需、促进经济平稳较快增长的十项措施。初步匡算，实施这十大措施，到 2010 年年底约需投资四万亿元。随着时间的推移，中国政府不断完善和充实应对国际金融危机的政策措施，逐步形成应对国际金融危机的一揽子计划。此后，一些媒体和经济界人士仍将其简单地解读为"四万亿计划"。

从整体来看，如表 3-1 所示，货物贸易的进出口值均保持了相同的变化趋势。2009 年是一大拐点，第一次出现负增长，随后虽然恢复了增长态势，但增速已经大不如前，从原来的高速增长转变为中低速增长，而近两年持续地出现负增长态势，表明我国对外贸易的整体状况在进一步恶化，将会面临更加严峻的挑战。这样的数据符合我国经济新常态的基本特征，也预示着我国外贸进入新常态，以往的高增长速度将一去不复返，增速进入中低速增长阶段。

表 3-1　2010—2019 年我国进出口商品总值

单位：百万美元

时　间	进出口总额	出口总额	进口总额	进出口差额
2019 年	4 576 126.04	2 499 028.93	2 077 097.11	421 932.00
2018 年	4 622 444.13	2 486 695.71	2 135 748.42	350 948.00
2017 年	4 107 138.00	2 263 344.92	1 843 792.94	419 552.00
2016 年	3 685 557.41	2 097 631.19	1 587 926.22	509 705.00
2015 年	3 953 032.72	2 273 468.22	1 679 564.50	593 903.73
2014 年	4 301 527.35	2 342 292.70	1 959 235.00	383 058.05
2013 年	4 158 993.00	2 209 004.00	1 949 989.00	259 015.00
2012 年	3 867 119.00	2 048 714.00	1 818 405.00	230 309.00
2011 年	3 641 864.00	1 898 381.00	1 743 484.00	154 897.00
2010 年	2 974 001.00	1 577 754.00	1 396 247.00	181 507.00

(资料来源：国家统计局)

 小练习

试通过分析以下两张图(见图 3-1、图 3-2)，说说中国近些年来的国际贸易现状。

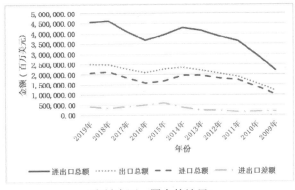

(资料来源：国家统计局)

图 3-1　2010—2019 年我国外贸进出口总额

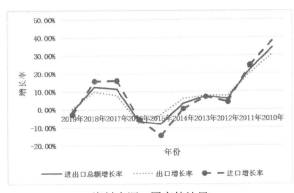

(资料来源：国家统计局)

图 3-2　2010—2019 年我国货物贸易进出口增长率

我认为

_____

_____

_____

二、我国服务贸易进出口现状

我国服务贸易起步较晚，进出口总额的体量较小。近十年间，我国货物进出口总体上持续保持增长态势，服务贸易进出口也同比持续上涨，期间受 2008 年美国次贷危机影响，在 2009 年出现负增长，但影响总体较小。根据最新统计数据，2019 年，我国服务贸易进出口总额为 7434 亿美元，排名世界第二，仅次于美国，我国已成为第二大服务进口国、第五大服务出口国。

"入世"后，我国服务进出口贸易表现出较强的周期性，次贷危机后虽有小幅下滑但很快恢复。我国服务贸易一直处于逆差，且逆差的缺口呈扩大趋势。总体而言，金融海啸后我国服务贸易相关指标出现明显下滑，但很快恢复正常，经济新常态下我国服务贸易进出口总额变化较小(见表 3-2)。这印证了在新常态环境下,服务贸易对比货物贸易,受到的冲击较小,大力发展现代服务业能够以更低的成本获取更多的价值与效益,扩大服务贸易在进出口中的比重,能够更加稳定、有效地提高我国对外贸易质量,减轻国际经济负面的影响。

表 3-2　2010—2017 年我国服务贸易进出口数据

金额单位:亿美元

时 间	中国进出口额		中国出口额		中国进口额		差 额
	金额	同比(%)	金额	同比(%)	金额	同比(%)	
2017 年	6957	5.1	2281	8.9	4676	3.4	-2395
2016 年	6616	1.1	2095	-4.2	4521	3.8	-2426
2015 年	6542	0.3	2186	-0.2	4355	0.6	-2169
2014 年	6520	21.3	2191	5.9	4329	30.9	-2137
2013 年	5376	11.3	2070	2.7	3306	17.5	-1236
2012 年	4829	7.6	2016	0.3	2813	13.5	-797
2011 年	4489	20.8	2010	12.7	2478	28.2	-468
2010 年	3717	22.9	1783	24.2	1934	21.7	-151

(资料来源:商务部商务数据中心)

小讨论:为了减缓国际上经济危机所带来的冲击,我们能采取什么措施呢?

_____

_____

_____

_____

三、外贸结构发展现状

如表 3-3 所示,我国货物出口贸易中初级产品出口额分别于 2015 年和 2019 年出现了两次负增长,第一次是受到了经济新常态的冲击,我国调整进出口商品结构所致。2015 年之后,我国的出口结构基本稳定,就目前来看,我国输出的货物主要以工业制品为主,初级产品每年也有所增长,但在体量规模上还不及工业制品。第二次是受贸易摩擦影响。此外,全球经济增长放缓对出口也有一定冲击。

表 3-3　2010—2019 年中国货物出口结构变化

时　间	出口商品总额 （百万美元）	出口商品总额 增长率(%)	初级产品出口额 （百万美元）	初级产品出口 额增长率(%)	工业制成品出 口额（百万美元）	工业制成品出口 额增长率(%)
2019 年	2 499 028.93	0.50	133 935.87	−0.78	2 365 093.06	0.57
2018 年	2 486 695.71	9.87	134 992.83	14.66	2 351 688.68	9.60
2017 年	2 263 344.92	7.90	117 733.19	11.93	2 145 638.14	7.69
2016 年	2 097 631.19	−7.73	105 186.79	1.21	1 992 444.40	−8.16
2015 年	2 273 468.22	−2.94	103 927.11	−7.78	2 169 541.11	−2.69
2014 年	2 342 292.70	6.03	112 692.13	5.06	2 229 600.57	6.08
2013 年	2 209 004.00	7.82	107 267.63	6.67	2 101 736.37	7.88
2012 年	2 048 714.00	7.92	100 558.21	0.01	1 948 156.13	8.36
2011 年	1 898 381.00	20.32	100 545.00	23.09	1 797 836.00	20.17
2010 年	1 577 754.00	31.30	81 685.76	29.43	1 496 068.56	31.41

（资料来源：国家统计局）

　　如表 3-4 所示，与出口结构不同，我国进口贸易结构中初级产品的比重在逐年递增。2010年为 4338 亿美元，2019 年则已经达到了 7289 亿美元。与此相对的，我国进口的工业制成品的进口额必然有所下降，工业制成品进口的下降一方面表明我国内需不足的问题，另一方面表明我国自身工业水平的发展与提高，进而对进口工业制成品有很强的替代效应。

表 3-4　2010—2019 年中国货物进口结构变化

时　间	进口商品总额 （百万美元）	进出口商品总 额增长率(%)	初级产品进口额 （百万美元）	初级产品进口 额增长率(%)	工业制成品进 口额（百万美元）	工业制成品进 口额增长率(%)
2019 年	2 077 097.11	−2.75	728 941.65	3.88	1 348 155.46	−5.99
2018 年	2 135 748.42	15.83	701 744.10	21.07	1 433 989.78	13.43
2017 年	1 843 792.94	16.11	579 638.43	31.42	1 264 154.51	10.23
2016 年	1 587 926.22	−5.46	441 054.92	−6.57	1 146 871.30	−5.02
2015 年	1 679 564.50	−14.27	472 057.17	−27.03	1 207 507.33	−7.99
2014 年	1 959 235.00	0.47	646 939.89	−1.69	1 312 294.76	1.58
2013 年	1 949 989.00	7.24	658 080.84	3.65	1 291 908.63	9.16
2012 年	1 818 405.00	4.30	634 934.18	5.07	1 183 470.82	3.88
2011 年	1 743 484.00	24.87	604 269.00	39.28	1 139 215.00	18.37
2010 年	1 396 247.00	38.80	433 849.92	49.70	962 394.08	34.39

（资料来源：国家统计局）

贸易投资现状

近年来，我国的对外投资都几乎处于飞速增长的态势。2008 年，我国的对外直接投资净额只有 559 亿美元，而到了 2013 年我国对外直接投资额突破 1000 亿美元。2014 年我国对外直接投资净额创下 1231.1 亿美元，首次超过外商直接投资实际使用金额。而我国对外直接投资的历史峰值出现在 2016 年，这一年，我国对外直接投资净额达到了 1961.4 亿美元。从 559 亿美元到 1961.4 亿美元，这种快速发展的背后有喜也有忧，这种爆炸式的增长不仅代表着我国国力的强盛，其背后可能有着我国企业盲目投资的隐忧。2017 年全年，中国对外非金融类直接投资累计为 1582.8 亿美元，同比有所下降，这说明我国的非理性对外投资得到切实有效的遏制。截至 2019 年，中国对外非金融类直接投资持续下降到 1106 亿美元。

从表 3-5 可以看出，我国对外直接投资净额基本呈逐年增长趋势。与此相同的是，我国实际使用外资金额也在逐年增长，我国外商直接投资与对外直接投资的差额呈逐年缩小趋势。我国由资本输入国逐渐转变为资本输出国。2014 年我国双向投资首次接近平衡，这符合当前的国际形势。欧美等发达经济体实施再工业化战略，使得资本大量回流，东南亚新兴市场的崛起也分流了国际资本。我国积极推动企业"走出去"战略，利用世界经济不景气的大背景加强对外投资力度，以较低的成本获取全球更多的资源，调整我国战略部署，为我国经济早日走出危机阴影创造了必要的条件，也使我们更有信心在危机中引领世界经济的发展。

表3-5　2008—2019 年我国外商投资及对外投资情况

单位：万美元

年　份	对外直接投资净额	实际利用外商直接投资金额
2019 年	11 060 000	13 813 500
2018 年	14 303 731	13 496 589
2017 年	15 828 830	13 103 500
2016 年	19 614 943	12 600 100
2015 年	14 566 715	12 626 700
2014 年	12 311 986	11 956 200
2013 年	10 784 371	11 758 600
2012 年	8 780 353	11 171 600
2011 年	7 465 404	11 601 100
2010 年	6 881 131	10 573 500
2009 年	5 652 899	9 003 300
2008 年	5 590 717	9 239 500

(资料来源：国家统计局)

工作笔记

贸易投资和进出口货物贸易的区别在哪里？各自有什么特点和优劣势？

_____

_____

_____

_____

_____

_____

_____

_____

_____

_____

扫二维码，观看"对外投资"视频

四、外贸可持续发展现状

外贸依存度又称外贸依存系数，是反映某国的国民经济对外贸的依赖程度，同时也反映着某国的经济开放程度。改革开放后我国外贸依存度一直处于较高水平，但这个指数逐渐回落，尤其是我国进入经济新常态后，外贸依存度逐步下降。

经济新常态下我国外贸依存度明显下降(见表 3-6),我国外贸对经济增长贡献度持续走低有四个方面的原因:其一,劳动密集型产品比较优势弱化。一直以来我国以人口红利和廉价的劳动力著称,随着刘易斯拐点的逼近、人均教育水平的提高以及国内生活成本的提高,我国外贸企业在人力资本方面的优势逐渐弱化。其二,新常态下外商资本回流导致加工贸易产值下滑。随着金融危机的持续蔓延,国际经贸环境持续恶化,我国 FDI 逐渐减少,"两头在外,大进大出"的加工贸易受到了较大的影响,从而降低了我国外贸依存度。其三,制造业水平的提高。随着国民经济的迅速发展,我国逐步形成了有一定知名度的自主品牌,像华为、海信、海尔、格力等民族企业逐渐获得了人们的认可,占有了更大的市场份额,在某种程度上对国外进口的商品产生了一定程度的替代,从而冲减了我国进口贸易。其四,人民币持续升值。随着我国贸易顺差逐渐扩大,在国际巨大舆论的压力下人民币逐渐升值,这极大地削弱了我国外贸企业的价格竞争优势和国际竞争力。

表 3-6　2010—2019 年我国对外贸易依存度

时　　间	进出口总额(亿元人民币)	GDP (亿元人民币)	外贸依存度(%)
2019 年	315 504.75	990 865.10	31.84
2018 年	305 010.09	919 281.10	33.18
2017 年	278 099.24	832 035.90	33.42
2016 年	243 386.46	746 395.10	32.61
2015 年	245 502.93	688 858.20	35.64
2014 年	264 241.77	643 563.10	41.06
2013 年	258 168.89	592 963.20	43.54
2012 年	244 160.21	538 580.00	45.33
2011 年	236 401.95	487 940.20	48.45
2010 年	201 722.34	412 119.30	48.95

(资料来源:国家统计局)

知识窗

　　国际贸易和可持续发展中心(the International Centre for Trade and Sustainable Development,ICTSD)总部设在瑞士日内瓦,于 1996 年成立,是一个独立的、非营利的国际组织。凭借其与国际组织、各国政府及学术和民间机构之间的合作关系网络,通过举办全球高级别的对话和会议,开展研究并出版专题政策报告等形式来增强利益相关方参与国际贸易政策过程的能力,进而影响国际贸易体系使之提升可持续发展的目的。目前,ICTSD 将中国视为主要的研究对象和合作伙伴之一,定期举办日内瓦中国论坛(Bridges China Dialogue)并出版中文版的《桥》系列期刊等。

知识点二　中国与世界贸易组织

　　中国加入世界贸易组织是中国参与到国际贸易的重要一步,是中国融入国际经济社会的重要一步,更是中华民族实现伟大复兴的重要一步。那世贸组织是什么呢?中国与世贸组织的渊源又是如何的呢？带着这个问题，我们来学习接下来的内容。

一、世界贸易组织

世界贸易组织(World Trade Organization，WTO)，简称世贸组织，是根据1994年4月15日在摩洛哥的马拉喀什市举行的乌拉圭回合谈判成果成立的全球性贸易组织，于1995年1月1日正式开始运作，总部设在瑞士日内瓦莱蒙湖畔。

世界贸易组织是一个独立于联合国并具有法人资格的永久性国际组织。该组织以市场经济机制和多边贸易规则为基础，以乌拉圭回合达成的《建立世界贸易组织协定》中各项协定为法律框架，通过实施市场开放、非歧视和公平贸易等原则，来达到推动实现世界贸易自由化的目标，其前身为关贸总协定(GATT)。

1. 宗旨和目标

《马拉喀什建立世界贸易组织协议》前言中提到，世贸组织的宗旨是：承认其贸易和经济关系的发展，应旨在提高生活水平，保证充分就业和大幅度稳步提高实际收入和有效需求，扩大货物与服务的生产和贸易，为持续发展之目的扩大对世界资源的充分利用，保护和维护环境，并以符合不同经济发展水平下各自需要的方式，加强采取各种相应的措施；进一步承认有必要做出积极的努力，以确保发展中国家，尤其是最不发达国家，在国际贸易增长中获得与其经济发展相应的份额；期望通过达成互惠互利的安排，切实降低关税和其他贸易壁垒，在国际贸易关系中消除歧视待遇，为实现上述目标做出贡献。

世界贸易组织的目标是：建立一个完整的、更有活力的和持久的多边贸易体系，以包括关税与贸易总协定、以往贸易自由化努力的成果和乌拉圭回合多边贸易谈判的所有成果。与关贸总协定的目标相比，世界贸易组织更加强调扩大服务贸易、保护和维持环境、确保各成员在国际贸易增长中得到与其经济发展相适应的份额。

为了实现上述目标和宗旨，世界贸易组织规定各成员应该通过达成互惠互利的贸易安排，大幅度削减关税及其他贸易壁垒，在国际经济竞争中，消除歧视性待遇，扩大市场准入程度和提高贸易政策和法规的透明度，以及实施贸易政策审议等规则协调各成员间的贸易政策。通过技术援助和培训项目帮助发展中国家制定贸易政策，并给予特殊和差别待遇，以便在可持续发展的基础上，最大程度扩大全球商品及服务的生产和交换。

2. 基本原则

世界贸易组织取代关贸总协定后，继承了关贸总协定的基本原则，并在所管辖的服务贸易、与贸易有关的知识产权以及与贸易有关的投资措施等新的领域中予以适用和发展。它由若干规则和一些规则的例外条款组成，归纳起来主要包括非歧视原则、公平竞争原则、透明度原则、自由贸易原则、市场准入原则、公平解决争端原则等。

1) 非歧视原则

非歧视原则(Non-Discrimination)也称无差别待遇原则，是指一缔约方在实施某种限制或禁止措施时，不得对其他缔约方实施歧视性待遇。任何一方不得给予另一方特别的贸易优惠或加以歧视。该原则涉及关税削减、非关税壁垒的消除、进口配额限制、许可证颁发、输出入手续、原产地标记、国内税负、出口补贴、与贸易有关的投资措施等领域。该原则是通过最惠国待遇条款和国民待遇条款来体现的，是世界贸易组织的基石。非歧视原则具体体现在最惠国待遇(Most-Favored-Nation Treatment, MFN)和国民待遇原则(National Treatment Principle,NT)上。

最惠国待遇原则是指 WTO 成员一方给予任何第三方的优惠和豁免,将自动给予各成员方。该原则涉及一切与进出口有关的关税削减,与进出口有关的规则和程序、国内税费及征收办法、数量限制、销售、储运、知识产权保护等领域。

国民待遇原则是指缔约方之间相互保证给予另一方的自然人、法人和商船在本国境内享有与本国自然人、法人和商船同等的待遇。该原则适用于与贸易有关的关税减让、国内税费征收、营销活动、政府采购、投资措施、知识产权保护、出入境以及公民法律地位等领域。

2) 公平竞争原则

WTO 是建立在市场经济基础上的多边贸易体制。公平竞争(Fair Competition)是市场经济顺利运行的重要保障。公平竞争原则是指成员方应避免采取扭曲市场竞争的措施,纠正不公平贸易行为,在货物贸易、服务贸易和与贸易有关的知识产权领域,创造和维护公开、公平、公正的市场环境。在 WTO 框架下,公平竞争原则是由反倾销和反补贴条款构成的。

反补贴与反倾销

反补贴是指一国政府或国际社会为了保护本国经济健康发展,维护公平竞争的秩序,或者为了国际贸易的自由发展,针对补贴行为而采取必要的限制性措施,包括临时措施、承诺征收反补贴税。

反倾销(Anti-Dumping)是指针对外国商品在本国市场上的倾销所采取的抵制措施。一般是对倾销的外国商品除征收一般进口税外,再增收附加税,使其不能廉价出售,这种附加税称为"反倾销税"。

3) 透明度原则

透明度原则(Transparency)是指 WTO 要求所有成员方的贸易政策(包括法律、法规、政策及司法裁决和行政裁决等)保持透明,未公布的不得实施,同时还应将这些贸易措施的变动情况及时通知 WTO 秘书处,以此来提供和维护一个稳定的、可预见的贸易环境。该原则适用于各成员方之间的货物贸易、技术贸易、服务贸易,与贸易有关的投资措施,知识产权保护,以及法律规范和贸易投资政策的公布程序等领域。

4) 自由贸易原则

自由贸易原则(Free Trade)是指通过多边贸易谈判等手段,要求各成员方尽可能地取消国际贸易开展与进行过程中的所有不必要的贸易障碍,包括法律、法规、政策和措施等,促进贸易的自由发展。该原则主要是通过关税减让、减少非关税壁垒、分阶段地逐步放宽服务贸易的市场准入条件等来实现的。

5) 市场准入原则

所谓市场准入,是指一国允许外国的货物、劳务与资本参与国内市场的程度。该原则旨在通过增强各国对外贸易体制的透明度,减少和取消关税、数量限制和其他各种强制性限制市场进入的非关税壁垒,以及通过各国对开放本国特定市场所做出的具体承诺,切实改善各缔约国市场准入的条件,使各国在一定的期限内逐步放宽市场开放的领域,加深开放市场的程度,从而达到促进世界贸易增长的目的。它主要涉及关税减让、纺织品和服装、农产品贸易、热带产品和自然资源产品、服务贸易以及非关税壁垒的消除等领域。

6) 公平解决争端原则

这是指在调解争端时，要以成员方之间在地位对等基础上的协议为前提。国际贸易争端是伴随着国家间经济交往的开始和发展所不可避免的一种现象。世界贸易组织的争端解决机制是在关贸总协定所规定的争端解决程序和对其修改、补充的基础上形成的。世界贸易组织争端解决机制体现了贸易争端处理的公正、平等原则。

7) 给予发展中国家和最不发达国家优惠待遇原则

这是 WTO 考虑到发展中国家经济发展水平和经济利益而给予的特殊的优惠待遇，是无差别待遇原则的一种例外。该原则允许发展中国家用较长时间履行义务，或享受一段较长的过渡期优惠，在履行义务时可以有较大的灵活性，并且规定发达国家向发展中国家提供技术援助和培训，以便发展中国家能够更好地履行义务。

8) 豁免和实施保障措施原则

世界贸易组织继承并发展了关贸总协定允许例外和实施保障措施的原则，即在特殊条件下，可以暂时不承担和履行已经做出承诺的义务，对进口产品实行紧急的保障措施，如提高关税、实施数量限制和特殊限制等，但加强了豁免和实施保障措施的约束条件。例如，保障措施原则规定，实施保障措施的期限一般不超过 4 年，特殊原因延长也不能超过 8 年。任何成员不得寻求、采取或维持任何自动出口限制、有秩序的贸易安排等灰色领域措施。

3. 世界贸易组织的职能

《建立世界贸易组织协定》规定 WTO 的职能包括以下五方面。

第一，管理监督职能。管理和监督各成员方达成的协议与安排的贯彻和实施，并为执行上述各项协议提供统一体制框架，以保证世界贸易组织的宗旨和目标的实现。

第二，谈判职能。作为多边谈判的场所和论坛，并为多边谈判的结果提供框架。

第三，解决贸易争端职能。按有关诉讼程序提起诉讼，解决贸易争端。

第四，监督和审议职能。监督和审议成员的贸易政策和规章，促进贸易体制一体化。

第五，协调职能。协调 WTO 与其他世界组织的关系，保证全球经济决策的一致性。

4. 世界贸易组织的机构

1) 部长会议(Ministerial Conference)

部长会议是世界贸易组织的最高决策机构(非常设机构)，由各成员方的部长组成，至少每两年举行一次会议，其职责是对国际贸易重大问题做出决策，在适当的时候发动多边贸易谈判。

2) 总理事会(General Council)

总理事会是部长会议下设机构，也是世贸组织的核心机构，它是由各成员方代表组成，负责对日常世贸组织的领导和管理，在部长会议休会期间代为执行各项职能。总理事会下设争端解决机构、贸易政策机制评审机构、其他附属机构(如货物贸易理事会、服务贸易理事会和知识产权理事会)。

3) 理事会

理事会是总理事会的附属机构，有货物贸易理事会、服务贸易理事会和知识产权理事会。货物贸易理事会(Goods Council)负责各项货物贸易协议的执行；服务贸易理事会(Service

Council)监督服务贸易协议的执行；知识产权理事会(TRIPS Council)监督与贸易有关的知识产权协议的执行。

4) 争端解决和上诉机构

争端解决机构具有司法裁决权。上诉机构是常设机构，由七位公认的、国际贸易和法律方面的专家组成，负责成员间的贸易争端解决。它有一整套处理的原则和规范的程序，主要原则有：多边原则；统一程序原则；协商解决原则；自愿调节和仲裁原则；授权救济原则；法定时限原则；权利与义务平衡原则；发展中国家优惠待遇原则。

其解决程序是：磋商与调解程序；斡旋、调节与调停程序；专家小组程序；上诉与复议程序。

5) 秘书处(The Secretariat)

秘书处是 WTO 常设的服务机构，负责处理日常工作，由部长会议任命的总干事(Director General)领导。总干事和秘书处的职责具有国际性，在履行职务中，不得寻求和接受任何政府或世贸组织以外组织的指示。

6) 专门委员会

部长会议下设四个专门委员会分别负责处理相关事宜。

贸易与发展委员会(Committee on Trade and Development)。其职责是定期审议多边贸易协定中对欠发达国家优惠条款的执行情况，并定期向总理事会报告，以便采取进一步行动。

贸易与环境委员会(Committee on Trade and Environment)。其职责是协调贸易与环境措施之间的矛盾，制定必要的规范，以促进贸易的持久发展。

国际收支调控委员会(Committee on BOP Restrictions)。该委员会负责监督审查有关协定中涉及国际收支条款以及依据这些条款而采取限制进口措施的执行情况。

财政和行政预算委员会(Committee On Budget，Finance and Administration)。该委员会负责确定并收缴成员方应缴的会费，提出世贸组织的年度财务报告及预算，负责世贸组织的财产及内部行政事务。

你能根据之前所学的知识，画出世界贸易组织的结构图吗？

二、加入世贸组织对中国的影响

1. 中国的"入世"历程

1995 年 7 月 11 日，中国正式提出加入世贸组织的申请。11 月，中国复关工作组更名为中国"入世"工作组。根据 WTO 的要求，中国与 WTO 的 37 个成员进行拉锯式的双边谈判。1997 年 5 月，中国与匈牙利最先达成协议；1999 年 11 月 15 日，中国完成了最艰难也是最重要的中美"入世"谈判；2001 年 5 月 19 日，中欧谈判几经周折也正式达成双边协议；2001 年 9 月 13 日，中国与墨西哥签署《入世双边协议》，从而完成了与 WTO 所有成员国的双边谈判。

2001 年 9 月 17 日，WTO 中国入世工作组第 18 次会议通过中国加入 WTO 法律文件，中国加入 WTO 多边谈判结束。2001 年 11 月 10 日，在卡塔尔首都多哈举行的 WTO 第四次部长会议上以全票通过接纳中国为 WTO 成员的决议。2001 年 11 月 10 日，中国代表与 WTO 总干事签署了中国加入 WTO 的一揽子法律文件；2001 年 12 月 11 日，中国正式成为 WTO 第 143 个成员。

工作笔记

中国为什么要加入世界贸易组织？这对中国和世界有什么好处？

2. 加入世界贸易组织为中国带来的机遇

有利于中国进一步对外开放，在更大的范围内参与经济全球化，更快、更好地融入国际经济社会，促进中国经济高速增长。

有利于维护中国的利益，更好地反映发展中国家的要求。通过参与多边贸易体制谈判，将大大增强中国在世界事务，尤其是在国际贸易方面的发言权和主动权，维护中国在世界贸易中的地位和合法权益，并在建立国际经济新秩序、维护发展中国家利益等方面发挥更大的作用。

有利于扩大出口贸易。通过享受其他 WTO 成员开放或扩大货物、服务市场准入的利益，将使中国的产品拥有比过去更为有利的竞争条件，促进中国出口贸易特别是中国具有优势产品的出口。

有利于公平、客观、合理地解决与其他国家的经贸摩擦，从而为中国对外经济贸易的发展营造良好的外部环境。

有利于发展与世界各国的经贸合作和技术交流，更多地利用外资拓宽中国接受世贸组织发达成员方的经济传递的渠道。这将有利于中国社会主义市场经济体制的尽快确立。

3. 加入世界贸易组织为中国带来的挑战

首先，中国的产品要到国外去参与国际竞争，同时中国必须向经济实力较强的发达国家开放国内市场，成本高于国外同类产品、非价格竞争因素劣于国外同类产品的行业将受到严重冲击。

其次，中国进入世贸组织需要承担相应的义务，如要向其他成员方提供最惠国待遇，降低关税，不得随意实行进口限制，增加外贸政策的透明度，公布实施的贸易限制措施，开放服务贸易，扩大对知识产权的保护范围，放宽对引进外资的限制等。这就把质量不同的经济实体——中国的企业与发达国家的企业放在相同的竞争环境里，使中国企业失去了赖以生存的保护环境，面临国际竞争的严峻挑战。

此外，进入世贸组织将使中国的国内市场成为世界统一大市场的有机组成部分，世界经济的波动将对中国的经济发展产生或多或少的直接和间接影响。其具体表现如下。

1) 对工业企业带来挑战

首先会受到冲击的是那些长期靠国家保护，产品成本高，市场竞争能力差的企业，如我国汽车制造业。其次，那些建设重复、规模小、专业化水平低、产品质量差、管理混乱的一些中小企业，例如，一些国有小化工、小煤炭、小水泥、小造纸等企业以及一些地方乡镇企业、个体私人企业，此类企业如不抓紧时间调整产业结构，进行技术改造和资产重组，被淘汰是不可避免的。

2) 对农业带来挑战

我国农业由于长期置于国家的保护之下，导致其产业化程度低，市场竞争能力差，加入WTO后将面临严峻的挑战：一是降低关税、开放市场带来的挑战；二是取消保护带来的挑战。

我国已做出承诺，加入WTO以后，要逐步取消非关税壁垒和政府对农业的补贴。近年来，农业生产成本不断上升，目前除去肉类、水果、水产品等农产品以外，许多农产品特别是小麦，玉米、大宗农产品的国内价格已高于国际市场价格20%～70%，使我国出口农产品在价格方面没有了优势，降低了在国际市场上的竞争力。取消政府保护以后，会进一步影响我国外贸农产品的竞争力，有可能进一步加重主要农产品如粮食、棉花等"卖难"的矛盾，影响农民收入的增加，挫伤农民的生产积极性。

3) 对我国劳动就业带来挑战

近几年，我国劳动就业形势严峻，失业人数不断增加。失业的原因有多个方面：一是存在着摩擦性失业和自愿性失业；二是有大量的非自愿性失业。其中主要原因是有效需求不足和产业结构调整，这在短期内难以解决。

加入WTO后，这种局面会更加严重。首先是某些工业企业因为受外国同类企业的冲击可能引起破产，从而造成新的失业。同时，许多企业在深化改革中也会继续造成新的结构性失业。

其次是我国人多地少，农业劳动力严重过剩，产业结构的变动将使上亿的农村剩余劳动力向非农业转移。再加上WTO的冲击，低价的外国农产品大量涌入国内，不但挤掉了中国的市场，而且将使本来就过剩的农村劳动力更加过剩。由此可见，加入WTO以后，在一定时期内对我国的劳动就业将形成全面的压力。

4) 对高科技产业带来挑战

我国高新技术产业起步晚、技术含量低、质量差、价格高，属于新生产业，应该受到保护，但是这种保护在我国加入 WTO 之后，时间是有限的。我国已做出承诺，加入 WTO 以后将执行国际性的信息技术协定，即实现美国所推行的技术产品零关税原则，我国对信息业产品的关税将由 13.3% 降低为零。外国高科技产品的进口和投资，势必加剧我国高科技市场的竞争，进入中国市场的是那些深加工、精加工、高附加值的高新技术机电产品，如计算机、录像机、复印机、汽车、摩托车、彩电、彩管广播电视设备、通信设备、数控机床、自动化仪表、精密加工机械等，对我国同类产品产生猛烈冲击。

5) 对金融业带来挑战

改革开放以来，我国金融组织体系初步形成了以中央银行为核心、以国有商业银行为主体的金融体系，并成立了数家政策性银行。尽管如此，由于体制上的障碍和其他方面的多种原因，加入 WTO 后，我国金融业，尤其是银行面对更大的挑战。

新闻链接

2018 年 7 月 11 日至 13 日，总部位于日内瓦的世界贸易组织根据有关规则对中国进行第七次贸易政策审议。世界贸易组织总干事阿泽维多在本次审议期间接受中国记者采访时表示，自从 2001 年中国加入世贸组织以来，中国在世贸组织的作用与日俱增，本次贸易政策审议很好地展现了这一点。

阿泽维多说，2001 年以来，中国的出口增长了 7 倍，进口增长了 6 倍，国际贸易经历了大幅的增长。同时，在这一期间，中国有 5 亿多人走出贫困，这些都是非常重大的成就。他说，中国在世贸组织的各个方面都是积极的参与者。目前世贸组织机制面临压力，特别是近期全球范围内出现贸易关系紧张的局面，这是一个不容忽视的问题，而审视和回应这个问题的办法就是采取必要的措施，使得这一机制变得更加有效和强大。

阿泽维多表示，对世贸组织来说，当下最紧迫的问题是让所有人"清楚地认识到这些限制和制裁措施不会对任何人有帮助"。他说，那些认为会从这种措施中获胜的人最终并不会取得胜利，世贸组织正在尽力去帮助人们清楚地认识到这一点。

——新华社(2018.7.16)

4. 中国加入 WTO 后的成就和对世界的贡献

1) 完善社会主义市场经济体制和法律体系

加快完善社会主义市场经济体制，健全市场体系，使市场在资源配置中起决定性作用，更好地发挥政府作用。广泛开展世贸组织规则宣传教育，使市场意识、竞争意识、规则意识、法治观念深入人心。加入世贸组织后，大规模开展法律法规清理修订工作，中央政府清理法律法规和部门规章 2300 多件，地方政府清理地方性政策法规 19 万多件，覆盖贸易、投资和知识产权保护等各个方面。

2014 年，政府制定了进一步加强贸易政策合规工作的政策文件，要求各级政府在拟定贸易政策的过程中，对照世贸组织协定及中国加入世贸组织时的承诺进行合规性评估。

2016 年，建立了规范性文件合法性审查机制，进一步清理规范性文件，增强公共政策制定透明度和公众参与度。

2) 全面扩大货物贸易领域开放程度

大幅降低进口关税。减少进口成本,促进贸易发展,让世界各国更多地分享中国经济增长、消费繁荣带来的红利。在货物贸易方面,中国关税总水平由"入世"时的 15.3%降至 2017年的 7.5%,实现了对世贸组织所有成员的承诺,达到并超过了世贸组织对发展中成员的要求。

新闻链接

据《日本经济新闻》报道称,中国政府宣布自 2019 年 1 月 1 日起下调一部分商品的进口关税。对杂粮和部分药品生产原料实施零关税,适当降低棉花滑准税和部分毛皮进口暂定税率。着眼于中美贸易磋商,中国意在显示扩大进口的积极姿态。

约 700 项商品将适用暂定税率。据悉,很多商品将持续适用低于本来关税的暂定关税率。锂离子电池等商品此前被征收高于本来税率的暂定关税,此次将恢复本来税率。

自 2017 年 12 月以来,这是中国第 4 次大规模降低关税率。2018 年 11 月中国举行了首届中国国际进出口博览会,对于削减贸易顺差显示出积极姿态。

——环球网(2018.12)

显著削减非关税壁垒。减少不必要的贸易限制,促进贸易透明畅通。截至 2005 年 1 月,中国已按加入承诺全部取消了进口配额、进口许可证和特定招标等非关税措施,涉及汽车、机电产品、天然橡胶等 424 个税号产品;对小麦、玉米、大米、食糖、棉花、羊毛、毛条和化肥等关系国计民生的大宗商品实行关税配额管理。2018 年公布了货物自动进口许可措施调整有关事项,进一步取消对 118 个海关商品编号项下货物实施的自动进口许可措施。

全面放开外贸经营权。自 2004 年 7 月起,中国对企业的外贸经营权由审批制改为备案登记制,极大地释放了民营企业的外贸活力,民营企业进出口发展迅速,份额持续扩大,成为对外贸易的重要经营主体。

3) 履行服务贸易领域开放承诺

广泛开放服务市场。大力推动服务业各领域快速发展,提高服务业对国民经济的贡献。在世贸组织分类的 12 大类服务部门的 160 个分部门中,中国承诺开放 9 大类的 100 个分部门,接近发达成员平均承诺开放 108 个分部门的水平。

持续减少限制措施。逐步降低服务领域外资准入门槛,按期取消服务领域的地域和数量限制,不断扩大允许外资从事服务领域的业务范围。其中,在快递、银行、财产保险等 54个服务分部门允许设立外商独资企业,在计算机、环境等 23 个分部门允许外资控股,在电信、铁路运输、旅游等 80 个分部门给予外资国民待遇。

4) 加强知识产权保护程度

构建完备的知识产权保护法律体系。加入世贸组织后,中国建立健全知识产权法律法规,与多个国家建立知识产权工作机制,积极吸收借鉴国际先进立法经验,构建符合世贸组织规则和中国国情的知识产权法律体系。自 2008 年《国家知识产权战略纲要的通知》颁布之后,我国陆续出台了《商标法》《专利法》《技术合同法》《著作权法》和《反不正当竞争法》等法律法规文件。为企业在企业知识产权权益保护方面提供了较强的依据。近年来,我国持续加强知识产权保护,卓有成效。2018 年 11 月,中国在首届进口博览会上宣布,坚决依法惩处侵犯外商合法权益特别是侵犯知识产权行为,提高知识产权审查质量和审查效率,引入惩罚性赔偿制度,显著提高违法成本。2019 年 11 月,中共中央办公厅、国务院办公厅印发了《关于强化知识产权保护的意见》(以下简称《意见》),提出了具体目标:力争到 2022 年,侵权易发多发现象得到有效遏制,权利人维权"举证难、周期长、成本高、赔偿低"的局面明显改观。到 2025 年,知识产权保护社会满意度达到并保持较高水平,保护能力有效提升,保护体系更加完善,尊重知识价值的营商环境更加优化,知识产权制度激励创新的基本保障作用得到更加有效发挥。

持续加强知识产权保护执法力度。强化知识产权保护司法主导作用,把违法成本显著提上去,把法律威慑作用充分发挥出来。重新组建国家知识产权局,完善执法力量,加大执法力度。在北京、上海、广州设立三家知识产权法院,在南京、苏州、武汉、西安等 15 个中级人民法院内设立专门审判机构,跨区域管辖专利等知识产权案件。加大行政执法力度,针对重点违法领域,开展专利"护航"行动、打击网络侵权盗版"剑网"行动、出版物版权"扫黄打非"和"秋风"行动、打击侵权假冒的"网剑行动""质检利剑"打假行动等专项行动,有效保护了知识产权。

5) 完善立法,履行透明度义务

明确提供法律制度保障。《中华人民共和国立法法》《中华人民共和国行政法规制定程序条例》《中华人民共和国规章制定程序条例》明确要求法律、行政法规和规章草案须按有关规定公开征求公众意见。全国人大常委会法工委定期出版《中华人民共和国法律》(英文版),国务院法制机构定期出版《中华人民共和国涉外法规汇编》(中英文对照),商务部在《中国对外经济贸易文告》中定期发布贸易政策。

全面履行世贸组织通报义务。中国按照要求定期向世贸组织通报国内相关法律、法规和具体措施的修订调整和实施情况。截至 2018 年 1 月,中国提交的通报已达上千份,涉及中央和地方补贴政策、农业、技术法规、标准、合格评定程序、国际贸易、服务贸易、知识产权法律法规等诸多领域。

扫二维码,观看"中国与世界贸易组织"视频

三、世贸组织的未来

2018 年 7 月 6 日,美国对华 340 亿美元商品加征 25% 的关税政策正式落地。这意味着中美之间的贸易战正式打响,世界上最大的两个经济体的国际贸易战争对世界既有的贸易体系产生了巨大的撕裂性影响。同时,美国也对欧洲的产品增收了关税,展开了贸易战。但是,在 2018 年 7 月 17 日,一项足以加载人类史册的自由贸易协议在日本东京签署。该协议确认欧盟和日本互相承诺将取消双方贸易中几乎所有商品的海关关税。当时,这项协议被认为是为了孤立重拾贸易保护主义的美国而采取的措施,但事实上,这份协议的签订促成了世界上最大的双边自由贸易体系的构成,也就意味着全球贸易从以 WTO 为基础的简单多边贸易体系,转变为多个双边贸易体系重叠交叉后的复杂多边贸易体系。同时,美国其实并没有把贸易保护主义当成自己的标签,而是强调现有的 WTO 框架下的贸易规则对美国经济不"公平"。所以与所有贸易伙伴一个一个地单独拟订双边贸易规则是一个很好的解决方式。换言之,由

美国一手缔造的 WTO 正在被一步步推向名存实亡的边缘。对全球贸易而言，复杂的重叠的双边贸易协议取代简单的平面的多边贸易协议已经是不可逆转的发展趋势。2018 年 7 月 25 日，特朗普和欧盟委员会主席容克在白宫发表了一份联合声明，容克表示，美国和欧盟正在进行零关税自由贸易协定的签署。这不光意味着美国与欧洲之间共释前嫌，更表明原本的世界贸易体系正式崩塌。

然而此时，中国还在充分利用 WTO 的贸易争端解决机制，对美国的贸易战展开申诉。国际贸易不同于国内贸易，随着条件的变化，世界贸易的规则也会进行相应的变化，一味追寻所谓的公理或过时的规则并不能扭转国际贸易局势的变化，虽然 WTO 不会在短期内宣布死亡，但它终究会被新的贸易规则取代，或许中国把双边自由贸易协定作为今后贸易领域的工作重点，才是中国国际贸易发展真正有效的出路。

小讨论：中国用什么方式应对来自西方国家的贸易战呢？

_____

_____

_____

_____

知识点三　中国参与的区域经济一体化组织

除参与世界性的多边贸易组织之外，积极参加区域性的经贸合作，更是中国提高对外开放水平的重要途径，也是实现睦邻、安邻、富邻的方针，实现与其他国家共同发展目标的重要手段。21 世纪初，中国明确提出积极推动区域和双边经济合作。在区域和双边经济合作方面，中国的方针是：第一，以全面规划、积极行动、渐次推进、先易后难为基本方针。第二，尽早推动中国大陆与港澳台地区形成(Free Trade Area)，迅速推动合作方式深化发展。第三，周边与非周边地区、发达和发展中经济体协同推进，相互支持。本节介绍中国参与的几个主要的区域经济一体化组织。

一、亚太经济合作组织

亚太经济合作组织(Asia-Pacific Economic Cooperation，APEC)是亚太地区最具影响的经济合作官方论坛，也是当前世界上规模最大的多边区域经济集团化组织，始设于 1989 年，现有 21 个正式成员和 3 个观察员。1991 年 11 月，中国以主权国家身份正式加入亚太经济合作组织，并分别于 2001 年和 2014 年举办了两次 APEC 会议。

亚太经济合作组织在全球经济活动中具有举足轻重的地位。作为一个经济合作论坛，APEC 的运作是通过非约束性的承诺与成员的自愿强调开放对话及平等尊重各成员意见而不同于其他经由条约确立的政府间组织。亚太经济合作组织的组织机构包括领导人非正式会议、部长级会议、高官会、委员会和专题工作组等。其中领导人非正式会议是亚太经济合作组织最高级别的会议。

亚太经济合作组织的宗旨是保持经济的增长和发展，促进成员间经济的相互依存，加强开放的多边贸易体制，减少区域贸易壁垒和投资壁垒，维护本地区人民的共同利益。APEC 主要讨论与全球和区域经济有关的议题，如贸易和投资自由化、便利化，区域经济一体化，全球多边贸易体系，经济技术合作和能力建设，经济结构改革等。该组织自成立以来，特别是在领导人非正式会议成为固定机制之后，亚太经济合作组织在促进区域贸易和投资自由化、便利化方面不断取得进展，在推动全球和地区经济增长方面发挥了积极作用。

二、中国—东盟自由贸易区

中国政府十分重视与东盟之间的合作。1997 年 12 月 16 日，中国与东盟国家领导人在吉隆坡首次举行了"9+1"首脑非正式会晤，双方签署并发表《中华人民共和国与东盟国家首脑会晤联合声明》，在联合声明中共同承诺"将发展彼此之间的睦邻互信伙伴关系作为中国与东盟在 21 世纪关系的重要政策目标"。

中国—东盟自贸区是中国对外建立的第一个自贸区，是中国与东盟十国组建的自由贸易区。2000 年 10 月，我国时任总理朱镕基提出建立中国—东盟自贸区(China-ASEAN Free Trade Area，CAFTA)的设想，得到了东盟各国领导人的积极响应。经过双方的共同努力，2002 年 11 月 4 日，我国与东盟签署了《中国—东盟全面经济合作框架协议》，决定在 2010 年建成中国—东盟自贸区，并正式启动了自贸区建设的进程。

三、上海合作组织

上海合作组织(Shanghai Cooperation Organization，SCO)，简称上合组织，是中华人民共和国、哈萨克斯坦共和国、吉尔吉斯斯坦共和国、俄罗斯联邦、塔吉克斯坦共和国、乌兹别克斯坦共和国于 2001 年 6 月 15 日在中国上海宣布成立的永久性政府间国际组织。SCO 的前身是上海五国会晤机制，发展至今已有 8 个成员国、4 个观察员国和 6 个对话伙伴国。

上海合作组织的宗旨是：加强成员之间的互相信任与睦邻友好；鼓励成员在政治、安全、经济、科技、文化、教育、司法、能源、交通、环保和其他领域的有效合作；联合致力于维护和保障地区的和平、安全与稳定；建立民主、公正、合理的国际政治经济新秩序。

上海合作组织每年举行一次成员国国家元首正式会谈，定期举行政府首脑会谈，轮流在成员国举行。为扩大和加强各领域合作，除了已形成的相应部门领导人会谈机制外，可视情况组建新的会谈机制，并建立常设和临时专家工作组研究进一步开展合作的方案和建议。

四、亚欧会议

亚欧会议(Asia Europe Meeting，ASEM)成立于 1996 年 3 月，是在世界政治多极化、经济全球化和区域一体化趋势迅猛发展的背景下，亚欧两洲为加强相对薄弱的政经联系而设立的论坛性对话合作机制。亚欧会议共有 53 个成员和国际机构。

首届亚欧会议于 1996 年 3 月 1 日至 3 月 2 日在泰国首都曼谷举行。中国作为创始国积极参与了亚欧会议的各项后续活动：首脑会议、亚欧外长会议、经济部长会议、财长会议、高官会议、海关署长会议等。

中国利用亚欧首脑会议、经济部长会议和贸易投资高官会议等各种场合，与亚欧各国就经贸发展问题充分交换了意见，并协调国内各部门推动《贸易便利行动计划》和《投资促进行动计划》的执行，在海关程序、标准和一致化、动植物检验程序、知识产权、政府采购、人员流动、电子商务以及提高投资政策透明度、减少投资障碍等方面与各国开展合作。

在 2019 年的亚欧外长会议上，王毅国务委员在会上围绕"有效多边主义"这一会议主题，系统阐述了中方对于多边主义的立场主张，呼吁亚欧各国做捍卫多边主义的表率，认为多边主义的时代内涵应以合作共赢为目标，以公平正义为要旨，以有效行动为导向，坚定维护以联合国为核心的国际体系，以国际法为基础的国际秩序，以世贸组织为基石的多边贸易体制，反对滥用"长臂管辖"和单边制裁，反对搞技术封锁和数字霸权，反对制造科技鸿沟和发展脱钩。中方的立场得到与会各方的广泛认同与支持。亚欧外长们强调，当前，基于国际法的国际秩序正受到挑战，亚欧伙伴致力于维护多边主义和多极化，维护以世贸组织为核心的多边贸易体制，反对一切形式的保护主义，并呼吁尽快恢复世贸组织上诉机构的正常运作。这充分反映了亚欧国家的共同决心和共同意志。

2020 年，柬埔寨首相洪森宣布，第 13 届亚欧峰会(ASEM13)将于 11 月 16 日及 17 日在首都金边举行，届时将有来自 51 个国家和 2 个国际机构的领导人参会。

五、亚太贸易协定

《亚太贸易协定》前身为《曼谷协定》，是在联合国亚太经济社会委员会(以下简称"亚太经社会")主持下，在发展中国家之间达成的一项优惠贸易安排，协定的核心内容和目标是通过相互提供优惠关税和非关税减让来扩大共赢的贸易，促进成员国经济发展。2001 年 5 月 23 日起，中国正式成为《曼谷协定》的成员国，这是中国加入的第一个具有实质性优惠贸易安排的区域贸易组织。

2005 年 11 月 2 日，在北京举行的《曼谷协定》第一届部长级理事会上，各成员国代表通过新协定文本，决定将《曼谷协定》更名为《亚太贸易协定》，各成员国在全部完成国内法律审批程序后，自 2006 年 9 月 1 日起，中国将向其他成员国的 1717 项 8 位税目产品提供优惠关税，平均减让幅度达 27%。此外，还将向最不发达成员国孟加拉国和老挝的 162 项 8 位税目产品提供特别优惠，平均减让幅度达 77%。同时，根据 2005 年税则计算，中国可享受印度 570 项 6 位税目、韩国 1367 项 10 位税目、斯里兰卡 427 项 6 位税目和孟加拉 209 项 8 位税目产品的优惠关税。

2018 年 7 月 1 日，《亚太贸易协定》(以下简称《协定》)第四轮关税减让成果文件——《亚太贸易协定第二修正案》(以下简称《修正案》)正式生效实施。《协定》6 个成员国中国、印度、韩国、斯里兰卡、孟加拉国和老挝将对共计 10 312 个税目的产品削减关税，平均降税幅度为 33%。此外，中、韩、印、斯四国还给予协定内最不发达国家孟加拉国共 1259 个产品特惠税率安排，给予老挝 1251 个产品特惠税率安排，平均降税幅度均为 86%。《修正案》

是《协定》各成员国历经9年谈判完成的重要成果，是对《协定》的丰富、完善、补充和提升，体现了各成员进一步深化经贸合作、实现互利共赢的现实需求与美好愿景。《修正案》的正式生效，将为《协定》各成员国经济发展提供新助力，促进各成员国之间贸易继续增长，进一步推动亚洲区域经济一体化和"一带一路"建设进程。

小讨论：你还知道哪些中国所参与的区域性国际贸易组织？说说它们各自的特点和作用。

_____

_____

_____

_____

扫二维码，观看"中国已加入的区域贸易协定"视频

 知识窗

欧　盟

相对于东方的中国，西方世界最重要的贸易组织就莫过于欧洲联盟了。

欧洲联盟，简称欧盟(EU)，总部设在比利时首都布鲁塞尔(Brussel)，是由欧洲共同体发展而来的，创始成员国有六个，分别为德国、法国、意大利、荷兰、比利时和卢森堡。该联盟现拥有28个会员国，正式官方语言有24种。

1991年12月，欧洲共同体马斯特里赫特首脑会议通过《欧洲联盟条约》，通称《马斯特里赫特条约》。1993年11月1日，《马斯特里赫特条约》正式生效，欧盟正式诞生。2012年，欧盟获得诺贝尔和平奖。

欧洲理事会主席为图斯克，欧洲议会议长为安东尼奥·塔亚尼。卢森堡前首相容克为欧盟委员会主席。

欧盟的条约经过多次修订，运作方式依照《里斯本条约》，政治上所有成员国均为民主国家，经济上为世界上第一大经济实体，军事上绝大多数欧盟成员国为北大西洋公约组织成员。

知识点四 中国提出的"一带一路"倡议

除了世界贸易组织和区域经济一体化组织以外，中国还为发展国际贸易和国际关系积极寻找其他出路，其中"一带一路"倡议便是极具创造性的重要战略。

一、"一带一路"建设的内涵

"一带一路"建设是在古代丝绸之路的基础上重塑一个新的经济发展区域，不是单方行动，是涉及亚欧非65个国家44亿人口，以经济走廊和自由贸易区建设为依托，贯穿欧亚大陆，东连亚太经济圈、西接欧洲经济圈，涵盖政治、经济、外交、安全等诸多领域的区域合作框架与双边合作框架结合的综合性新型国际合作构想。

其坚持的四个原则是：坚持开放合作，坚持和谐包容，坚持市场运作，坚持互利共赢。也就是说，"一带一路"建设是基于但不限于古代丝绸之路的范围，追求兼容并蓄、共生共荣，遵循市场规律和国际通行规则，企业发挥主体作用，也发挥政府作用，通过兼顾各方利益和关切，来寻求利益契合点和合作最大公约数。

1."一带一路"建设的基本理念

"一带一路"建设的基本理念是通过中国企业、社会组织和人民"走出去"，促进沿线各国经济繁荣与区域经济发展，推动沿线各国实现经济政策协调，开展更大范围、更高水平、更深层次的区域合作；致力于亚欧非大陆及附近海洋的互联互通，构建全方位、多层次、复合型的互联互通网络，维护全球自由贸易体系和开放型世界经济；旨在促进经济要素有序自由流动、资源高效配置和市场深度融合，实现沿线各国多元、自主、平衡、可持续发展；推动沿线各国发展战略的对接与耦合，发掘区域内市场潜力，促进投资和消费，创造需求和就业；增进沿线各国人民的人文交流与文明互鉴，让各国人民相逢相知、互信互敬，共享和谐、安宁、富裕的生活，促进世界和平发展。

2."一带一路"建设的战略方向

"一带一路"建设进行陆海统筹，贯穿亚欧非大陆，一头是活跃的东亚经济圈，一头是发达的欧洲经济圈，中间广大腹地国家经济发展潜力巨大。它是一个陆海并进、依托亚洲、辐射周边的国际区域合作机制，重点涉及三条陆上线路，两条海上线路，六条经济走廊。其中陆上依托国际大通道，以沿线中心城市为支撑，以重点经贸产业园区为合作平台，共同打造新亚欧大陆桥、中蒙俄、中国—中亚—西亚、中国—中南半岛等国际经济合作走廊。基于此，丝绸之路经济带重点贯通三个战略方向，分别是北线自中国经中亚、俄罗斯至欧洲(波罗的海)；中线自中国经中亚、西亚至欧洲及北非地区；南线自中国经东南亚、南亚至印度洋。海上以重点港口为节点，共同建设通畅、安全、高效的运输大通道。推动中巴、孟中印缅两个经济走廊合作与"一带一路"的对接。基于此，21世纪海上丝绸之路的两大重点战略方向是从中国沿海港口过南海到印度洋，延伸至欧洲和从中国沿海港口过南海到南太平洋。

工作笔记

中国的"一带一路"倡议涉及了哪些国家呢？写下来，看看你能列全吗？

_____

_____

_____

_____

_____

_____

_____

3. "一带一路"建设的主要内容

"一带一路"建设在不同区域与双边合作中有不同的内容，但共性的是优先推进"五通"来谋求合作共赢之道。"五通"即政策沟通、基础设施互联互通、投资贸易合作、资金融通以及民心相通。具体来说，政策沟通即深化政治互信，共同制定推进区域合作的规划和措施，寻求各国经济发展战略的契合点。

基础设施互联互通是"一带一路"建设的优先领域，是要加强公路、铁路以及港口等交通基础设施建设，共同维护输油、输气管道等运输通道安全，推进跨境电力与输电通道建设，积极开展区域电网升级改造合作。

投资贸易合作是"一带一路"建设的重点内容，着力研究解决投资贸易便利化问题，消除投资和贸易壁垒，构建区域内各国良好的营商环境。

资金融通是"一带一路"建设的重要支撑，但不是只考虑人民币国际化，主要包括通过深化金融合作，推进亚洲货币稳定体系、投融资体系和信用体系建设；强化沿线国家间的货币互换机制。

民心相通是通过人文合作的发展来实现经济合作的进步，包括文化交流、学术往来、人才交流合作、媒体合作、青年和妇女交往。

"一带一路"建设力求实施务实、民主的合作机制，建立完善双边联合工作机制，强化多边合作机制作用，发挥上海合作组织(SCO)、中国—东盟"10+1"、亚太经济合作组织(APEC)等现有多边合作机制作用。继续发挥沿线各国区域、次区域相关国际论坛、展会以及博鳌亚洲论坛、中国—东盟博览会等平台的建设性作用。支持沿线国家地方、民间挖掘"一带一路"历史文化遗产，联合举办专项投资、贸易、文化交流活动，办好丝绸之路(敦煌)国际文化博览会、丝绸之路国际电影节和图书展。建立"一带一路"国际高峰论坛。通过以上方式来共同打造开放、包容、均衡、普惠的区域经济合作架构,是国际合作以及全球治理新模式的积极探索。

4. "一带一路"建设的国内愿景

"一带一路"建设必然引起全国积极响应,这既是一个愿景,也是我国扩大对外开放的必然。"一带一路"建设强调充分发挥国内各地比较优势的作用,统筹西北、东北、西南、沿海和港澳台、内陆地区的具有覆盖全国的愿景目标,因此需要有重点、有步骤地推进国内区域建设和合作。具体来说,对于西北、东北地区主要是实现西安开放新高地、兰州西宁开发开放、宁夏内陆开放型经济试验区建设;内蒙古连通俄蒙、黑吉辽与俄远东陆海联运合作;对于西南地区主要是加快建设北部湾经济区、珠江—西江经济带,大湄公河次区域经济合作,西藏和尼泊尔。

对于沿海和港澳台地区的建设,主要包括福建 21 世纪海上丝绸之路核心区、浙江海洋经济示范区、福建海峡蓝色经济试验区和舟山群岛新区,以及海南国际旅游岛。海外侨胞和港澳积极参与和助力,为台湾地区参与建设做出了妥善安排。

而我国内陆要实现开放新高地,包括长江中游城市群、成渝城市群、中原城市群、呼包鄂榆城市群、哈长城市群;重庆、成都、郑州、武汉、长沙、南昌、合肥内陆开放新高地;支持郑州、西安等内陆城市建设航空港、国际陆港,加强内陆口岸与沿海、沿边口岸通关合作。同时打造"中欧班列"品牌,建设沟通境内外、连接东中西的运输通道。

总之,"一带一路"建设以政策协调为基础、经济合作为主轴、人文交流为纽带,致力于全方位推进务实合作的长期综合战略。它既是我国对内谋求经济转型,对外输出产业资本技术、获取战略资源保障的主要抓手,也是我国在国际上争取话语权,扩大影响力的关键平台。

小讨论:你的家乡在哪个城市? "一带一路"战略对你家乡所在的城市产生了什么样的影响呢?

_____

_____

_____

_____

二、"一带一路"建设与我国对外开放的总体思路

党的十八大以来,我国对外开放形成了一套新的思路并推出一系列重大举措,如加快自由贸易区建设步伐,设立并推广上海自由贸易试验区经验,在广东、天津、福建特定区域再设三个自由贸易试验园区;2013 年 11 月 12 日,中国共产党第十八届中央委员会第三次全体会议通过的《中共中央关于全面深化改革若干重大问题的决定》(以下简称《决定》)提出构

建开放型经济新体制及培育参与和引领国际经济合作竞争新优势等。"一带一路"建设是在以上我国新一轮对外开放的大背景下提出的，是党中央在经济新常态下构建开放型经济新体制、打造全方位对外开放格局的重大战略部署。因此应当结合我国扩大开放的大思路和大棋局来加深对"一带一路"建设的理解。

1. 我国对外开放的三大总体目标

首先是完善开放型经济体系。党的十八大报告提出了建设完善互利共赢、多元平衡、安全高效的开放型经济体系。这个开放型经济新体系覆盖的范围是全方位的，它包括开放的部门和领域、空间配置、开放方式、边境上和边境内的改革内容以及参与全球经济治理的要求。这个体系具有三个特殊的政策含义：第一是互利共赢，要求中国进一步扩大从贸易伙伴进口商品与服务、让世界分享中国市场的红利，并增加中国企业对外投资的东道国福利。第二是多元平衡，即要求进出口贸易平衡、国际收支平衡、沿海与内地开放平衡、深化国内改革与扩大对外开放平衡、双边与多边及其他合作方式的平衡、在参与全球经济治理中权利与义务的平衡。第三是安全高效，要求在扩大开放的同时提高抵御国际经济金融风险的能力，保障国家能源、粮食、食品安全；促进生产要素内外流动，在全球范围整合资源，优化资源配置水平。

其次是构建开放型经济新体制。党的十八届三中全会《决定》提出构建开放型经济新体制。这个新体制主要包括六方面特征：第一是建立与服务业扩大开放相适应的新体制和新机制；第二是逐步建立与国际贸易新规则相接近、相适应的新体制和机制；第三是建设具有支撑新体制的战略纵深和更优化的空间布局；第四是逐步培育具有与海洋战略意义相适应的新体制、新机制；第五是具有法治化、国际化、便利化的营商环境；第六是政府管理方式从事前审批向事中事后监管转变。

再次是培育竞争新优势。党的十八届三中全会《决定》提出培育参与和引领国际经济合作竞争新优势。新优势的培育包括三个方面，第一是市场优势，即培育国内产品和产业(价值链、供应链)的国际竞争新优势；第二是体制优势，以开放促改革，使社会主义市场经济体制成为我国参与国际经济合作与竞争的优势要素；第三是规则优势，培育参与制定国际规则的能力，发起新倡议、新议题和新行动，从而更有能力提供全球公共品，履行大国责任。

2. 完善和继续推进企业"走出去"战略

以往我们认为"走出去"战略只是为了开拓国内国外两个市场，利用国内国外两种资源促进国际收支平衡。在新的开放形势下，中国企业"走出去"战略不仅要追求以往的目标，还要有更多的追求和目的。这包括：要体现互利共赢，增加中国企业对外投资的东道国福利；同时为保障国家能源、粮食、食品安全做出贡献；构建自主的跨国生产经营价值链、整合全球资源。

3. 加快推进自由贸易区战略

自由贸易区是中国参与国际竞争的新战略支点。目前我国已经建立了两类自由贸易区，一类是过去已经有的双边或多边的自由贸易区，主要功能是推进贸易便利化改革，相互提供关税的最惠国待遇；在原有贸易规则基础上有选择地扩大少数领域的开放。另一类是中国上海自由贸易试验区这种单方面向世界给予开放优惠的自贸区，则有更多的开放内容和政策，倒逼改革并提供可复制、可推广的经验；其中还包括准备接受国际新规则压力测试的政策含义。

第一类自由贸易区的建设，近年来取得了不少新进展，截至 2020 年 7 月，中国已经和 25 个国家或地区签署 17 个自由贸易协定。分别是中国—马尔代夫自由贸易区、中国—澳大利亚自由贸易区、中国—瑞士自由贸易区、中国—哥斯达黎加自由贸易区、中国—新加坡自由贸易区、中国—智利自由贸易区、中国—东盟自由贸易区、中国—格鲁吉亚自由贸易区、中国—韩国自由贸易区、中国—冰岛自由贸易区、中国—秘鲁自由贸易区、中国—新西兰自由贸易区、中国—巴基斯坦自由贸易区、中国—毛里求斯自由贸易区以及大陆与港澳地区的经贸关系安排等。

此外，中国与斯里兰卡、以色列、摩尔多瓦、巴拿马等国的自贸区谈判也在进行中。

更具有历史标志性意义的事件还包括《亚太贸易协定》的签署。2014 年亚太经济合作组织(APEC)领导人非正式会议上，国家主席习近平出席并在会场讲话，汇总表示启动亚太自由贸易区进程。这是首次由中国首倡、中国设置议题、中国提出行动计划和时间表的国际经济治理新方案，因此必然在制定规则中占据主导地位。

第二类自贸区近些年来也有极大进展，现在中国已经建成了 18 个自由贸易区，其中包括示范和榜样作用的上海自贸区，第二批的广东、天津、福建 3 家自贸区，第三批的辽宁、浙江、河南、湖北、重庆、四川、陕西自贸区，以及最新建成的海南自贸区、山东自贸区、江苏自贸区、广西自贸区、河北自贸区、云南自贸区和黑龙江自贸区。

以上种种，体现了中国对外开放的重大战略，而"一带一路"建设是通过新一轮对外开放实现中国经济转型升级和引领经济新常态的重大举措，对进一步推进我国新一轮对外开放和沿线国家共同发展意义重大。推进"一带一路"建设既是中国扩大和深化对外开放的需要，也是加强和亚欧非及世界各国互利合作的需要。当前，中国经济和世界经济高度关联，中国愿意在力所能及的范围内承担更多责任义务，将一以贯之坚持对外开放基本国策，构建全方位开放新格局，深度融入世界经济体系。

扫二维码，观看"一带一路战略与中国对外贸易发展"视频

　　小思考：英国《金融时报》刊文称，"一带一路"项目在全球范围内遭遇困难，这主要是因为中国发展融资不透明，项目推进过程中不顾及当地实际情况。请问这种观点正确吗？为什么？

_____

_____

_____

三、推进"一带一路"建设的政策措施

"一带一路"建设是以共商、共建、共享的理念来引领国际经济合作,以五通的方法形成多层次、多领域、多形式的区域经济合作新模式。"一带一路"建设顺应了全球化趋势和各国共同合作的愿望,有着良好的发展前景。亚投行等各种金融体系设立的总体目标是服务于实体经济,推进产业、贸易、投资合作的便利性和安全性,因此在建立国际金融合作和金融服务的基础上,还应采取其他措施来推进"一带一路"建设。

并且在"一带一路"建设的实际推进过程中,可能遇到涉及经济、政治、安全等方面的风险挑战,根据这些风险因素需要从贸易、投资、企业、服务、人员、外交等多方面采取应对措施,推动"一带一路"建设的实施,全面深化提升"一带一路"建设的发展水平。

1. 深化经贸合作

无论是古代丝路经济还是新丝路经济,其发展离不开各国之间的贸易与分工合作。沿线各国市场规模和潜力很大,我国与沿线国家贸易尽管呈现较快发展势头,但因受制于诸多发展瓶颈,如贸易往来存在较多壁垒和障碍等,贸易不平衡、结构不合理等问题较为突出,双边贸易水平的进一步提升存在较大难度。这需要进一步挖掘区域贸易新增长点。需要进一步扩大市场开放,推进区域自贸区的建设和升级,大力发展跨境电子商务,提高沿线国家贸易自由化及便利化水平;调整进出口贸易结构,促进贸易平衡发展,扩大服务贸易,推进旅游、金融、文化等领域的合作机制建设,发展现代服务贸易;减少并消除贸易壁垒,深化海关、质检等合作,降低交易成本,加强政府采购、知识产权领域的信息交流与合作;简化通关手续,提高通关及监管效率,推进海关信息化建设和区域信息一体化。

2. 加强国际投资合作

"一带一路"建设将突出投资引领合作并带动贸易发展的作用。随着"走出去"的不断深化以及各类重大投资项目的逐步实施,我国对"一带一路"沿线国家投资和利用外资都取得了较为丰硕的成果。

但"一带一路"涵盖的国家多为发展中国家和新兴经济体,其管理体制差异较大,经营环境相对不稳定,投资风险比较高,不利于开展投资活动。因此我国应扩大对沿线国家投资,鼓励国内企业到沿线国家开展投资合作,建立区域投资促进与保护机制,改善区域投资环境,为投资者提供更好的制度保障,提升自贸区框架下投资自由化与便利化水平;扩大双向投资合作,引导传统优势产业和装备制造业走出去投资设厂,优先发展农业合作,加强能源资源开发合作;企业应认真分析,采取针对性的举措,加强对当地规则及标准的了解,减低投资成本,保证投资效率;同时改善投资环境,吸引沿线国家的企业来华投资兴业。

 知识窗

亚洲基础设施投资银行

亚洲基础设施投资银行(简称亚投行)(Asian Infrastructure Investment Bank,AIIB)。其是一个政府间性质的亚洲区域多边开发机构,重点支持基础设施建设,成立宗旨是为了促进亚洲区域的建设互联互通化和经济一体化的进程,并且加强中国及其他亚洲国家和地区的合作,是首个由中国倡议设立的多边金融机构,总部设在北京,法定资本1000亿

美元。截至 2020 年 7 月，亚投行有 102 个成员国及组织。

2013 年 10 月 2 日，习近平主席提出筹建倡议。2014 年 10 月 24 日，包括中国、印度、新加坡等在内的 21 个首批意向创始成员国的财长和授权代表在北京签约，共同决定成立亚投行。2015 年 12 月 25 日，亚洲基础设施投资银行正式成立。2016 年 1 月 16 日至 18 日，亚投行开业仪式暨理事会和董事会成立大会在北京举行。

亚投行的治理结构分理事会、董事会、管理层三层。理事会是最高决策机构，每个成员在亚投行有正副理事各一名。董事会有 12 名董事，其中域内 9 名，域外 3 名。管理层由行长和 5 位副行长组成。

从一开始的 57 个成员国，到现在的 102 个成员国，距今为止投资额已经达到了 196 亿美元，从这些成绩中我们都可以看到，现在的亚投行的确对亚洲的经济发展有着很好的帮助。

继"一带一路"、亚投行等倡议之后，在全球经济舞台上，中国亮出一张新牌——国际产能合作。坦桑尼亚是第一批加入中国国际产能合作进程的非洲国家。目前，中坦产能合作工作机制已经建立。坦桑尼亚为其他广大非洲国家抓住中国产能转移的历史机遇，加快工业化进程，提供了绝好的样本。坦桑尼亚正在制定的五年规划的核心就是工业化，这与中国提出的国际产能合作正好相符。2015 年 4 月 3 日，李克强总理主持召开中国装备走出去和推进国际产能合作座谈会。5 月，国务院发布了《关于推进国际产能和装备制造合作的指导意见》。2011 年，中坦贸易额不足 20 亿美元，投资额仅 7 亿美元；2014 年分别提升到 43 亿美元和 40 亿美元。另外，中国还为坦桑尼亚急需发展的基础设施建设和重大民生项目提供了 20 多亿美元的优惠贷款。目前，中国已成为坦桑尼亚第一大贸易伙伴和第二大投资国，中资企业中的坦桑尼亚员工人数超过 15 万，有超过 35 万坦桑尼亚人从事与中国贸易相关的工作。中资企业在坦桑尼亚投资的各行业中，基建是最大的一块。中国对外承包工程商会会长刁春和 2015 年表示，中资当时几乎占据了整个坦桑尼亚基建市场的 70%。此外，电信、制造业、矿产也成为中资企业的优势产业。根据坦桑尼亚投资中心公布数据，1990—2017 年间，中国在坦桑尼亚点投资达 56 亿美元，共 670 个项目是坦桑尼亚最大投资国。

国际产能合作是一个新经验，包括轨道交通、钢铁、有色、建材等将成为区域产能合作的先导行业。此外，"丝绸之路经济带"部分国家能源资源丰富，但开发能力较为有限，比较优势难以发挥，不利于经济发展。中国一方面在石油、电力等行业生产能力建设领域取得了长足进展，技术水平、装备能力优良，另一方面能源对外依存度过高，能源安全受到挑战。因此，能源领域产能合作符合中国与部分国家双方安全、经济、发展的需求。总之，中国推进产能合作应具有国别针对性，要根据不同国家的国力、意愿、市场前景等，选择重点国家，与之建立合作机制、签署合作文件、形成产能合作示范区。

3. 推进企业外交

以国企作为战略外交的主力，同时鼓励民企"走出去"，鼓励民营资本参与。大型海外工程应交给企业、专业组织来完成。企业在境外投资经营的过程中，要熟悉并掌握投资经营对象国的会计准则、管理体制等，要按照市场规则去守法诚信经营，具有责任意识和可持续发展意识。要鼓励国内企业在境外合作建立产业园区和合作区等，鼓励企业到沿线国家扩大对外工程承包业务，积极参与沿线国家基础设施建设，利用好各种国际博览会、论坛等平台，加强沿线国家间的企业合作。

无论国企还是民企的"走出去"都需要一定的制度保障和市场资源,因此需要各国政府、企业、智库、中介组织等多方面发挥协调作用,为其提供信贷、保险和信息服务体系以及当地的经济、文化、法律、税收、治安等多方面的信息,完善信贷、保险、信息服务等方面的机制。同时鼓励民企尤其是中小型民企以民间商会等形式来保障自身权益。

新闻链接

截至 2018 年 6 月底,中欧班列累计开行已突破 9000 列,运送货物近 80 万标箱,国内开行城市 48 个,到达欧洲 14 个国家 42 个城市,运输网络覆盖亚欧大陆主要区域。

中欧班列什么样?给百姓生活带来了什么变化?在 7 月 9 日的国新办中外媒体记者见面会上,5 位与中欧班列密切相关的铁路一线员工分享了他们的故事。

中欧班列是金名片、新纽带、惠民车

在中国铁路集装箱公司成都分公司重庆营业部工程师张伟眼中,中欧班列创造财富,带来实惠,是"一带一路"的金名片。"如果说高铁是国家的名片,它改变了人们的旅行生活,那么同样作为'一带一路'名片的中欧班列,改变的是物流的方式。"张伟说。

从 2011 年重庆地区试验开行中欧班列,到目前覆盖俄罗斯、波兰、德国的常态化开行,张伟作为一名长期从事铁路集装箱运输服务的一线工作人员,深切感受到中欧班列的开行为企业货主带来的便利。"现在重庆地区的国际集装箱发送量占了总发送量的80%,重庆地区的中欧班列 2011 年单项开行 17 列到 2017 年双向开行 629 列,2018 年我们预计双向开行能达到 1500 列。可以说,这些都是我国改革开放特别是扩大开放的成果。"

在中国铁路乌鲁木齐局集团公司阿拉山口站货运车间副主任郭三眼中,中欧班列则是联通各国的新纽带。

"中欧班列架起了中国与欧洲、世界联系的桥梁,古有丝绸之路,今有新亚欧大陆桥,在这条'新丝路'上,中欧班列往复驰骋,道路畅通了,中国和世界各国联系更紧密了。"郭三说,得益于中欧班列,阿拉山口从戈壁风口变成了黄金通道,现在口岸通关时间由 12 小时压缩至 6 小时以内,运输时间由原来的 25 天缩短至 13~14 天,中欧班列开行越来越顺畅。

在中国铁路武汉局集团公司江岸车辆段检车员李超杰眼中,中欧班列则是惠民车。

"中欧班列带给我们最大的变化体现在餐桌上。自从中欧班列开行以来,越来越多的国外优质食品被运回国内,像法国的奶酪、德国的啤酒、白俄罗斯的牛奶、俄罗斯的食用油等,都可以在超市买到,而且物美价廉,一箱 6 瓶装的正宗法国红酒,仅需不到200 元。"李超杰说,也有很多中国食品被运到国外,"就在前不久,湖北 10 万只小龙虾通过中欧班列运送到俄罗斯,让各国的球迷在观看世界杯的同时,享受啤酒加小龙虾的美味。这些都是老百姓能够切切实实感受得到的变化。"

——人民日报(2018.7.10)

4. 充分发挥广大海外华侨华人华商的重要作用

我国海外华侨华人华商具有人数众多、经济实力雄厚、政商人脉广泛等多方面优势,是推动"一带一路"建设的重要力量。要充分发挥海外华侨华人华商在当地政治、经济、文化等领域的资源和影响力，调动其积极性，使其成为"一带一路"建设的重要参与者和建设者，从而加快"一带一路"建设的战略实施。我国约有三分之二的海外华侨华人华商分布在"一带一路"沿线各国，并且这些华侨华人华商都受过良好教育，活跃在高新技术、教育、金融等领域，经济实力雄厚，并且社团规模不断壮大。因此可以通过海外华侨华人华商的力量，加强产业投资与合作，转移国内过剩产能，推进沿线欠发达国家的工业化进程；加大对沿线各国市场的开拓力度，推动我国的货物、服务、资本、技术的输出；推动民间外交，加强政治互信，营造"一带一路"建设的良好政治环境。

5. 构建"一带一路"沿线国家政治风险评估体系

第一，将政治风险评估纳入"一带一路"的顶层设计。要从保障"一带一路"顺利实施、保护中国海外利益安全的高度来认识和理解加快构建"一带一路"沿线国家政治风险评估体系的重要意义，将相关内容纳入"一带一路"顶层设计，为有关工作的开展提供人、财、物等方面的基本保障，抓紧制定沿线国家政治风险评估体系建设的总体要求和指导意见。

第二，委托专业机构进行政治风险评估。对沿线国家进行政治风险评估不仅任务繁重，而且要求熟练掌握相关国家的国情和科学的评价方法，因此这项工作必须依托有较强研究基础的专业机构开展。选定专业机构后，要抓紧制定沿线国家政治风险评估实施细则，健全评估考核指标体系，并定期更新测评结果，力求评估结果科学、公正、管用。

第三，建立评估结果使用和管理制度。作为共建"一带一路"国际倡议的发起国和主导国，我国政府对于沿线国家的任何官方表态或评价都可能影响相关国家参与"一带一路"的积极性。为了保护相关国家的积极性，需要强化评估结果的非官方立场特性，努力探索一种既能满足决策咨询需要，又能兼顾保密性、权威性、非官方等多层次要求的评估结果管理制度。

6. 强化国际合作力度，加强国际战略协调

对于沿线地区的安全威胁、不稳定局势，需要建立高层对话机制，加强政治互信，在国际事务中，积极沟通与协作，加强国际的情报、边检合作等。在战略推进过程中，与沿线国家加强战略协调和政策沟通，利用自贸区、上海合作组织以及国际博览会等合作平台，进一步提升贸易经济便利化与自由化水平，尤其是涉及重大战略性的合作项目，尽可能发掘国家之间的利益契合点，比如优先从各国普遍需要的电力、通信等涉及民生的基础设施建设入手，促进基础设施建设的互联互通。加强各国之间交通规划、技术标准体系的对接，推进建立统一的全程运输协调机制，提高运输效率。

"一带一路"建设涉及多个国家，各个国家经济发展阶段不同，国情不同，具体情况差异很大，但各国发展经贸合作、政治合作、文化交流的意愿共识在增加。因此在推进"一带一路"建设过程中要根据各国供给和需求特点采取针对性策略，从而使得"一带一路"建设这一新时期的重大发展战略顺利实施，发挥其应有的作用。

新闻链接

第二届"一带一路"国际合作高峰论坛召开在即，经推进"一带一路"建设工作领导小组批准，领导小组办公室 22 日发表《共建"一带一路"倡议：进展、贡献与展望》报告。

报告全文约 1.8 万字，除前言外，共包括进展、贡献和展望三个部分。

2013 年 9 月和 10 月,中国国家主席习近平在出访哈萨克斯坦和印度尼西亚时先后提出共建"丝绸之路经济带"和"21 世纪海上丝绸之路"的重大倡议。多年来,共建"一带一路"倡议得到了越来越多国家和国际组织的积极响应,受到国际社会广泛关注,影响力日益扩大。

报告指出,自 2013 年以来,共建"一带一路"倡议以政策沟通、设施联通、贸易畅通、资金融通和民心相通为主要内容扎实推进,取得明显成效,一批具有标志性的早期成果开始显现,参与各国得到了实实在在的好处,对共建"一带一路"的认同感和参与度不断增强。2013 年至 2018 年,中国与沿线国家货物贸易进出口总额超过 6 万亿美元,年均增长率高于同期中国对外贸易增速,占中国货物贸易总额的比重达到 27.4%;中国企业对沿线国家直接投资超过 900 亿美元,在沿线国家完成对外承包工程营业额超过 4000 亿美元。

报告指出,共建"一带一路"倡议着眼于构建人类命运共同体,坚持共商共建共享原则,中国为推动全球治理体系变革和经济全球化做出了贡献。2017 年 5 月,首届"一带一路"国际合作高峰论坛在北京成功召开,论坛形成了 5 大类、76 大项、279 项具体成果,这些成果已全部得到落实。

报告说,当今世界正处于大发展大变革大调整时期,和平、发展、合作仍是时代潮流。展望未来,共建"一带一路"既面临诸多问题和挑战,更充满前所未有的机遇和发展前景。随着时间的推移和各方共同努力,相信共建"一带一路"一定会走深走实,行稳致远,成为和平之路、繁荣之路、开放之路、绿色之路、创新之路、文明之路、廉洁之路,推动经济全球化朝着更加开放、包容、普惠、平衡、共赢的方向发展。

——新华网(2019.4.22)

本章回顾

我国国际贸易的基本情况

由于国际环境和我国的外贸策略,近年来,我国的货物进出口状况进入新常态,以往的高增长速度将一去不复返,增速进入中低速增长阶段。但我国的服务贸易对比货物贸易,受到的冲击较小,大力发展现代服务业能够以更低的成本获取更多的价值与效益,扩大服务贸易在进出口中的比重,能够更加稳定、有效地提高我国对外贸易质量,减轻国际经济负面的影响。

中国与世界贸易组织

中国加入世界贸易组织,不仅为中国的国际贸易带来了机遇,同时也带来了挑战,在中国加入世界贸易组织后,中国履行服务贸易领域开放承诺,全面扩大货物贸易领域开放程度,加强知识产权保护程度,完善社会主义市场经济体制和法律体系,完善立法,履行透明度义务,为世界各国做出了榜样,为国际贸易作出了不可磨灭的贡献。

中国参与的区域经济一体化组织

积极参加区域性的经贸合作,是中国提高对外开放水平的重要途径,也是实现睦邻、安邻、富邻的方针,实现与其他国家共同发展方针的重要手段。21 世纪初,中国明确提出积极推动区域和双边经济合作。在区域和双边经济合作方面，中国的方针是：第一，以全面规划、积极行动、渐次推进、先易后难为基本方针；第二，尽早推动中国大陆与港澳台地区形成 FTA，迅速推动合作方式深化发展；第三，周边与非周边地区、发达和发展中经济体协同推进，相互支持。为实现此承诺，中国参与了亚太经济合作组织、中国—东盟自贸区、上海合作组织等区域经济一体化组织。

中国提出的"一带一路"发展战略

"一带一路"建设在不同区域与双边合作中有不同的内容，但共性的是优先推进"五通"来谋求合作共赢之道。"五通"即政策沟通、基础设施互联互通、投资贸易合作、资金融通以及民心相通。具体来说，政策沟通即深化政治互信，共同制定推进区域合作的规划和措施，寻求各国经济发展战略的契合点。基础设施互联互通是"一带一路"建设的优先领域，要加强公路、铁路以及港口等交通基础设施建设，共同维护输油、输气管道等运输通道安全，推进跨境电力与输电通道建设，积极开展区域电网升级改造合作。

第四章　中国自贸区战略与上海自贸区的发展

　　随着国际政治格局和国家间分工的变化，国际贸易方式也发生了变迁，曾经强势的多边贸易体系日渐衰微，双边贸易体系逐渐成为新的国际贸易体系的主舞台。在此背景下，自贸区的设立就顺应了这种潮流，将为我国的国际贸易带来新的机遇。

内容概要

- 中国自贸区战略
- 自贸区比较分析
- 上海自贸区的总体概况
- 上海自贸区的发展现状

主体学习

知识点一　中国自贸区战略

　　自贸区战略是我国新一轮对外开放的重要内容。国际金融危机后，世界经济进入深度调整期。国际力量对比发生深刻变化，大国博弈加剧，发展竞争日益激烈。面对国际经贸规则重构和中国经济发展进入新常态的客观形势，党中央顺应大势、结合国情，从战略思维和全球视野审视中国与世界的发展，坚定不移地扩大对外开放，做出"加快实施自由贸易区战略"的重大决策，制定和实施了一系列重大规划和政策举措。

　　实施自由贸易区战略是中国对外开放战略的重要组成部分。实施自贸区战略将为中国对外经贸发展营造更加稳定、便利、具有制度化保障的外部环境，推动中国由自贸区建设的跟随者向更加主动的参与者和建设者的角色转变。党的十八大以来，中国正加快自贸区建设的步伐，逐步构筑起与世界其他国家和地区实现互利共赢的自贸合作平台，形成货物贸易更加自由、服务贸易更加开放、相互投资更加便利、商业规则更加协调的自由贸易区网络。这一时期，在维护多边贸易体制有效性和权威性的同时，中国实施了更加主动的自由贸易区战略，推动建设开放透明的区域自由贸易安排，不断进行实践创新，实现了新突破，形成了新格局。

本节从以下几个方面概括中国自贸区战略的特点。

一、国际贸易特征

加快实施自由贸易区战略是一项复杂的系统工程。加强顶层设计，就是要突出整体战略和理性思维。2015 年 12 月，国务院出台了《关于加快实施自由贸易区战略的若干意见》(以下简称《若干意见》)。这是中国开启自贸区建设进程以来的首个战略性、综合性文件。《若干意见》就加快实施自贸区战略提出总体要求、基本原则、建设布局、建设高水平自贸区的举措，并就健全保障体系、完善支持机制以及加强组织实施做出具体部署。例如，《若干意见》提出，要进一步优化自由贸易区建设布局和加快建设高水平自由贸易区，明确了"逐步构筑起立足周边、辐射'一带一路'、面向全球的高标准自由贸易区网络"的目标。此外，《若干意见》还明确提出了建设高水平自由贸易区的八个方面要求和措施，包括提高货物贸易开放水平、扩大服务业对外开放、放宽投资准入、推进规则谈判、提升贸易便利化水平、推进规制合作、推动自然人移动便利化和加强经济技术合作。

扫二维码，查看《关于加快实施自由贸易区战略的若干意见》.pdf

二、优化整体布局，打造面向全球的自贸区网络

自 2002 年与东盟签署第一个自贸协定以来，经过十余年发展，中国自贸区建设进展显著。党的十八大以来，面对国内外新形势、新挑战，中国加快了自贸区建设步伐，全面深入参与双边、区域和多边经贸合作，推动开创亚太区域经济一体化新局面。通过谈判新协定和整合已有协定，突出重点，注重实效，优化和完善自贸区的整体布局，实现了自贸协定"量"的积累，初步形成面向全球的自贸区网络。

1. 自贸区建设实现阶段性突破

截至 2020 年 7 月，中国已经和 25 个国家或地区签署了 17 个自由贸易协定。立足周边、辐射"一带一路"、面向全球，自贸区成员既包括发达国家(如澳大利亚)，也包括发展中国家，既有我们周边国家(包括东盟的成员)，也有"一带一路"沿线(如巴基斯坦、格鲁吉亚)，还有世界上其他国家(如拉美的秘鲁、智利)。自贸区建设为我们投资合作提供了广阔空间，为我们对外贸易发展提供了重要推动作用。从 2020 上半年进出口贸易总额看，中国对东盟进出口就延续了增长态势，总额达到 2978 亿美元，同比增长了 5.6%。

近年来新签署并实施的协定有中国—马尔代夫(2017 年)、中国—格鲁吉亚(2017 年)和中国—毛里求斯(2019 年)。这些协定都加大了谈判高标准协定的探索，使开放内涵更加丰富，开放水平不断提高，为中国在新阶段的对外谈判提供了模板和示范。例如，2017 年完成的中国—格鲁吉亚自贸协定谈判，实现了中国在欧亚地区自贸区网络布局的零突破。

2. 推进自贸区升级进展显著

对已有自贸协定升级是世界许多国家的普遍做法。近年来中国加大了与相关国家自贸协定升级或升级联合研究力度。通过自贸协定升级，扩展已签自贸协定内涵，提高自贸协定质量，进一步畅通自贸伙伴在深入合作过程中遇到的一些不便利阻碍，扩大相互合作领域，深化相互经贸关系。2015 年完成了中国—东盟升级协定；2017 年，中国与智利结束自贸区升级谈判并签署升级《议定书》；2018 年 11 月，中国与新加坡签署《自由贸易协定升级议定书》；2019 年，中国与巴基斯坦结束自贸协定第二阶段谈判并签署议定书。

3. 其他面向全球的自贸协定谈判平稳推进

区域全面经济伙伴关系协定(RCEP)(东盟、日本、韩国、澳大利亚、新西兰、印度)、中国—海湾阿拉伯国家合作委员会协定(阿联酋、阿曼、巴林、卡塔尔、科威特、沙特)、中国—以色列自贸协定等谈判正在全面铺开。与哥伦比亚、尼泊尔、孟加拉国、蒙古国、太平洋岛国巴布亚新几内亚和斐济等一系列自贸协定可行性研究也在进行中。2017 年启动了中国—加拿大自贸区联合可行性研究暨探索性讨论，就双方关注的问题及对未来自贸协定的预期交换意见，为两国未来启动自贸区谈判提供依据。

小讨论：至今为止，中国已经开放了数个自贸区，介绍一个你所熟知的自贸区，它的特色是什么？和你的同伴交流一下。

_____

_____

_____

_____

三、推进周边自贸区建设向纵深发展

亚太地区成为当今世界最具发展活力和潜力的地区，也是中国经济开放的重点区域。中国自贸区起步阶段就以周边国家为基础，通过与周边国家建立更紧密的经济联系，提高中国在亚太经济区域中的话语权。

1. 完成中国—东盟自贸协定升级谈判

2015 年 11 月，中国—东盟自贸区升级《议定书》正式签署。这是中国完成的首个升级版协定，内容涵盖货物贸易、服务贸易、投资、海关合作与贸易便利化、经济技术合作等领域，是对原有中国—东盟自贸协定的丰富、完善和补充，体现了中国与东盟深化和拓展双方经贸合作的共同愿望。

2. 推动 RCEP 谈判取得实质性进展

区域全面经济伙伴关系(Regional Comprehensive Economic Partnership，RCEP)谈判是亚太

区域合作的重要支柱和实现路径,也是中国立足周边、加快实施自贸区战略的重要举措。在RCEP 谈判中,中国在充分尊重东盟核心地位的基础上,积极倡导开放、包容和利益平衡的区域合作理念,充分发挥地区大国的作用,弥合各方分歧,力促谈判破局。2019 年 11 月,谈判整体结束,世界最大自贸区建设目标取得重大突破。作为 RCEP 的坚定支持者和推动者,中国提出三点建议:一是支持东盟主导,努力扩大共识;二是把握机会窗口,尽早结束谈判;三是兼顾各方诉求,务实推进谈判。

3. 努力加快中日韩自贸区谈判

中日韩同为全球重要经济体,国内生产总值和对外贸易额合计均占世界总量的20%以上。建立中日韩自贸区有助于充分发挥三国间的产业互补性,挖掘提升三国贸易投资水平的潜力,促进区域价值链进一步融合。三方对谈判均高度重视,致力于尽早达成一份全面、高水平、互惠、具有独特价值的自贸协定。

4. 在 APEC 框架下推进和引领亚太自贸区建设

亚太自贸区(Free Trade Area of the Asia-Pacific,FTAAP)建设方案为推动高水平、广覆盖和包容性区域多边贸易投资制度性合作提供了重要载体。2010 年 11 月 13 日至 14 日,亚太经合组织 21 个成员的代表在日本港口城市横滨举行会议,围绕"变革与行动"主题深入讨论,联合发表"横滨宣言"。

2014 年,作为亚太经济合作组织(APEC)会议东道主,中国推动达成"北京共识",引导领导人会议通过了《亚太经济合作组织推动实现亚太自贸区北京线路图》,就亚太自贸区的实现路径、建设原则和具体行动形成了全面系统的方案,历史性地启动亚太自贸区进程。

2017 年 11 月 11 日,亚太经合组织 21 个成员领导人发表岘港宣言表示,各成员会联手合作,令贸易更加包容,支持改善市场准入机制,以及正视不公平的贸易做法。

2018 年 11 月 18 日,习近平主席在 APEC 第二十六次领导人非正式会议上发表重要讲话,坚持推进亚太自由贸易区建设,是中国方案的一个关键词。中国倡导,亚太自贸区应该是亚太地区经济一体化的最终方向。在中国推动和各方共同努力下,亚太自贸区建设已步入新阶段。

> 新闻链接
>
> 在 2018 年 11 月 22 日举行的商务部新闻发布会上,新闻发言人高峰介绍,中方将坚持推进亚太自贸区建设,持续推进亚太地区贸易和投资自由化便利化。
>
> 早在 1994 年,亚太经济合作组织在印度尼西亚茂物就确立了"茂物目标",主要内容是实现贸易投资自由化便利化。"茂物目标"于 2020 年到期。在今天的发布会上,高峰表示,中国将着眼 2020 年后的合作愿景,持续推进本地区贸易和投资自由化便利化。
>
> 高峰介绍,中国坚持推进亚太自贸区建设,按照《北京路线图》和《利马宣言》的要求,在已有共识领域继续深入探讨,为最终实现亚太自贸区凝聚各种积极因素。
>
> 在贸易保护主义抬头的背景下,中国提出,坚定维护以规则为基础的多边贸易体制,坚持其核心价值和基本原则,反对保护主义、单边主义,引导亚太区域经济一体化朝着更加开放、包容、普惠、平衡、共赢的方向发展。
>
> 在刚刚结束的首届中国国际进口博览会上,来自所有 APEC 经济体的近两千家企业参展,占参展商总数的 55.6%,意向成交金额占到总意向成交金额的近一半。

"中国欢迎其他 APEC 成员积极参加第二届中国国际进口博览会，愿与 APEC 各成员一道，共享发展机遇，共同推动亚太区域贸易投资的增长，为推进区域经济一体化和经济全球化、共同构建开放型的亚太经济贡献积极的力量。"高峰说。

目前，APEC 成员国人口总数占全球近 40%，GDP 总量占全球逾 60%，商品和服务贸易总额占全球贸易总量的一半左右。

——央广网(2018.11)

四、发挥协同效应，积极对接"一带一路"建设

2013 年，习近平主席提出了共建丝绸之路经济带和 21 世纪海上丝绸之路的重大合作倡议。这是在当前世界经济低迷背景下促进世界经济复苏的中国倡议，也是推动全球治理体系变革的中国担当。2015 年 3 月，国家发展改革委、外交部、商务部联合发布《推动共建丝绸之路经济带和 21 世纪海上丝绸之路的愿景与行动》(以下简称《愿景与行动》)。《愿景与行动》明确提出，投资贸易合作是"一带一路"建设的重点内容，要积极同沿线国家和地区共同商建自由贸易区。2015 年 12 月，《国务院关于加快实施自由贸易区战略的若干意见》进一步提出，结合周边自贸区建设与推进国际产能合作，积极同"一带一路"沿线国家商建自由贸易区，形成"一带一路"大市场。

一方面，推进自贸区建设对接"一带一路"倡议，是新时期中国实施自贸区战略的一个重要定位和目标要求。其既能推进与沿线国家发展新的贸易投资关系，加强"一带一路"区域经贸合作的制度化建设，完善贸易与投资的促进政策和便利化措施，也有助于与沿线国家不断深化务实合作，提升经贸合作水平，扩大相互市场开放，挖掘贸易投资新增长点。随着"一带一路"建设的推进，更多沿线国家愿意与中国商建自贸区。2017 年 5 月，在北京"一带一路"国际合作高峰论坛期间，中国与格鲁吉亚政府正式签署中国—格鲁吉亚自贸协定。格鲁吉亚经济和可持续发展部部长乔治·加哈利亚表示，"一带一路"建设在一定程度上促成了中国—格鲁吉亚自贸协定落地。

另一方面，深化自贸区建设与"一带一路"建设的衔接，构建辐射"一带一路"的自贸区网络将成为推进"一带一路"建设的重要抓手。中国加快实施自贸区战略的一个重要推进方向即以"一带一路"为引领，秉持开放透明原则，深耕重点地区，与有意愿的国家和地区共同商建自由贸易区，使中国与沿线国家合作更加紧密、往来更加便利、利益更加融合。

工作笔记

中国自贸区的建设对自身和国际贸易有何益处？试分析。

_____

_____

_____

五、创新自贸区建设实践模式，为全球自由贸易协定注入新内涵

1. 创立了以"负面清单"对"正面清单"的开放模式

负面清单管理模式是当前发达经济体推动投资自由化、便利化的主要模式。在中国—澳大利亚自贸协定的服务贸易谈判中，经过双方努力，最终澳方承诺以负面清单方式开放服务部门，除少数部门外，给予中方全面最惠国待遇。中方则以正面清单方式向澳方开放服务部门，并在特定领域给予澳方最惠国待遇。这种"负面对正面"的开放模式，不仅是中国对外签署自贸协定的一个首创，也为世界其他自贸协定谈判提供了一种新模板和新途径。

2. 以中国自贸区实践丰富了全球自贸协定内涵

在自贸区建设中，中国在总结以往经验的基础上，从自身优势及自贸伙伴的经济水平出发，提出要不断丰富自贸区建设内涵，并得到自贸伙伴的认同和支持。在中国签订的一些协定中，增加了加强经济技术合作的内容，纳入了兼顾灵活性与务实性的经济合作章节或相关内容，涉及产业合作、发展合作、全球价值链等议题。这一创新有助于满足发展中国家的实际需求，推动中国与自由贸易伙伴的务实合作。在一些协定中还开创性地提出合作新模式。例如，中国—韩国自贸协定首次引入了地方经济合作内容。这些都是中国自贸区建设实践对世界的重要贡献。

六、内外联动，积极创造国内基础和环境

加快实施自贸区战略与推进国内改革开放是相辅相成、相互促进的。在推进自贸区建设中，练好内功，完善机制建设，加强能力建设，把自己的事情做好做扎实，是重要的基础和保障。

为在新形势下全面深化改革和扩大开放，党中央提出了建设自贸试验区的战略举措，率先对接国际高标准贸易和投资规则体系。从 2013 年 9 月成立上海自贸试验区，到 2015 年 4 月成立广东、天津、福建三家自贸试验区，到 2017 年 4 月成立湖北、辽宁、浙江、河南、重庆、四川、陕西自贸试验区，再到 2018 年海南自贸试验区的成立，中国自贸试验区形成了"1+3+7+1"雁阵引领的开放新格局，覆盖区域从东部沿海扩展到中西部地区。自由贸易试验区坚持以制度创新为核心，对标高标准国际经贸规则，全力推进外商投资负面清单管理、贸易便利化、服务业开放、金融开放和创新、事中事后监管等各项试点任务，创造积累可复制、可推广的经验，为全面扩大开放进行压力测试。建设自贸试验区发挥了对外开放先行一步的改革创新作用和试验田作用。

七、上海自贸区与中国自贸区战略

2013 年 7 月 3 日，国务院常务会议原则上通过了《中国(上海)自由贸易试验区总体方案》。计划以上海外高桥保税区为核心，辅之以机场保税区和洋山港临港新城，作为中国大陆境内第一个自由贸易区，作为中国经济新的试验田，将大力推动并促进上海市转口、离岸业务的发展，也将促进中国的国际贸易与国际合作。

上海自贸区对中国自贸区的意义在于，它是中国大陆境内的"第一个"自由贸易区。它肩负着我国在新时期加快政府职能转变、积极探索管理模式创新、促进贸易和投资便利化，为全面深化改革和扩大开放探索新途径、积累新经验的重要使命，是国家战略需要。

之所以选择上海作为大陆境内的第一个自由贸易区，其优势的地理环境是主要因素。首先，上海是一个沿海城市，位于太平洋西岸，也是长江进入东海的入海口，无论是海运还是内陆航运都十分便捷。其次，上海的港口条件优秀，上海是世界集装箱吞吐量最大的港口之一，可停泊万吨以上的巨型货轮和超级油轮。此外，上海的交通环境也具备优势条件，除了海运以外，上海的陆地与空中交通也具有优势。上海在交通运输方面已经形成了以公路为主，连接各种交通工具的物流网络。在空运方面，浦东与虹桥两个机场在货运方面的能力在中国，甚至在世界上都是首屈一指的，并且有完善的国内及国际航线的网络。可以说，无论是对内还是对外，上海的区位优势都是首屈一指的。

作为大陆境内的第一个自由贸易区，也是中国经济的试验田与新政策的排头兵，上海自贸区的政策与经验强调的是复制性和推广性。

在金融服务方面，允许符合条件的外资金融机构设立外资银行，符合条件的民营资本与外资金融机构共同设立中外合资银行。在条件具备时，适时在试验区内试点设立有限牌照银行。在完善相关管理办法，加强有效监管的前提下，允许试验区内符合条件的中资银行开办离岸业务等。

在航运服务方面，放宽中外合资、中外合作国际船舶运输企业的外资股比限制，允许中资公司拥有或控股拥有非五星旗船，并允许设立外商独资国际船舶管理企业等。

以上这些措施，不但对上海自贸区自身的发展有着巨大的作用，还对中国其他自贸区起到了引领和借鉴的作用。

新闻链接

2020 年 7 月 7 日，国务院发布《关于做好自由贸易试验区第六批改革试点经验复制推广工作的通知》，集中推广复制 37 项改革事项，涉及投资管理、贸易便利化、金融开放创新、事中事后监管、人力资源等五个领域。

对此，中国银行研究院分析认为，这表明，自贸区试点经验集中复制推广实现常态化，探索改革开放新途径的试点作用日益凸显。

自 2013 年上海自贸区设立以来，自贸区数量扩大到 18 个，以制度创新为核心，以可复制可推广为基本要求，为全面深化改革和扩大开放做好试验。2014 年以来，国务院先后六次集中复制推广共 138 项改革试点经验，特别是"十三五"期间(2016—2020 年)每年集中复制推广一批自贸区试点经验，已经形成常态化，有力地推动新时代深化改革和扩大开放。

对于此次集中复制推广力度空前，中行专家表示，这体现了我国在全球疫情防控形势严峻、经济面临前所未有挑战的形势下，坚定推动深化改革和扩大开放的决心。其具体体现在三个方面：第一，此次集中复制推广的改革事项达 37 项，为历次集中复制推广之最；第二，涉及的领域进一步扩大，第一次增加了人力资源领域的改革事项，反映出自贸区已经在劳动力要素市场的开放创新中取得普适性的经验；第三，涉及的部门进一步增加，有 16 个部委局第一次成为自贸区试点经验集中推广复制事项的责任单位，包括中宣部、外交部、工信部、自然资源部、住建部、人社部、科技部、林业和草原局、民航局、台办、港澳办、银保监会、证监会、药监局、知识产权局、版权局等。

与此同时，多个部委局共同负责复制推广的改革事项大大增加，则体现了改革更加深化，更加协同，更加注重制度的集成创新。

此次集中复制推广中，跨部门的改革事项为 13 项，占比达到 35%，超过之前五批集中复制推广中跨部门事项的总和(第 1—5 批集中推广中跨部门事项合计 7 项)，并且由 3 个、4 个、5 个部委局共同负责的事项分别为 3 项、2 项和 1 项。

　　对于此次贸易便利化改革事项占比较大，中行专家认为，加快推广外贸新模式，培育新的外贸增长点，符合当前全力稳外贸的需要。

　　此次推广复制的贸易便利化事项包括全国范围推广的"融资租赁+汽车出口"业务创新、冰鲜水产两段准入监管模式等 7 项，以及在二手车出口试点地区推广的二手车出口业务新模式、在保税监管场所推广的保税航煤出口质量流量计量新模式等 4 项，占到全部 37 项的 30%。

　　值得关注的是，金融领域推广事项数量创出新高。此次金融开放领域的推广事项有 4 项，为数量最多的一次，如果再加上贸易便利化、事中事后监管领域涉及融资租赁的 2 项，创出新高，反映了金融改革在自贸区试点中的地位。

　　此外，各部委和各地区也自行复制推广的自贸区改革试点经验，体现了各方对自贸区改革试点经验复制推广的积极性和及时性。

　　根据商务部的统计，截至 2019 年 7 月，各部委自行复制推广的自贸区改革试点经验共 74 项，涉及投资管理、贸易便利化、金融创新等多个领域，其中全国范围推广的 43 项；其中涉及金融改革开放领域的事项为 16 项，其中外汇管理、跨境业务的为 14 项，包括经常项目和资本项目管理的多项便利化改革、跨境资金池业务、人民币跨境使用等措施。广东、天津、福建在自贸区成立 5 年来自行在省级事权范围内推广复制自贸区制度创新成果超过 600 项。

(资料来源：中国金融新闻网，2020.07.10)

　　小讨论：试举一例中国其他自贸区借鉴上海自贸区的政策法规，说说它所带来的影响。

_____

_____

_____

_____

知识点二　自贸区比较分析

一、上海自贸区与其他国内自贸区

1. 国内自贸区发展回顾

中国发展自贸区是基于全球经贸体系和治理规则新一轮调整的大背景。2010 年以来，全球贸易投资进入以美国和其他发达国家为中心的规则重构谈判周期，"规则重构谈判"影响中国经贸利益，对中国形成"规则压制"的挑战。但中国以改革开放、和平发展的积极姿态融入经济全球化。中国实施自由贸易区战略和"一带一路"倡议等，带动新一轮改革开放，进一步释放经济发展活力，提升中国在全球贸易中的竞争力。

自 2013 年至 2018 年，我国共设立了 18 个自由贸易区，形成 "1+3+7+1+6"试点格局。广度上，不断扩大自贸区区域；深度上，不断深化自贸区发展空间。

2013 年 9 月，上海自由贸易区挂牌运作。根据《中国(上海)自由贸易试验区总体方案》，该试验区肩负着我国加快政府职能转变、探索管理模式创新、促进贸易和投资便利化，为全面深化改革和扩大开放探索新途径、积累新经验的重要使命，有利于培育我国面向全球的竞争新优势，构建与各国合作发展的新平台，拓展经济增长的新空间，打造中国经济"升级版"。

2015 年，广东、天津、福建 3 家自贸区相继成立。中央要求三地以上海自贸区试点的主要任务措施为主体，结合自身特点在促进内地与港澳经济深度合作、推进京津冀协同发展、深化大陆与台湾地区经济合作等方面积极开展探索，形成各具特色、各有侧重的试点格局。

2016 年 9 月，中共中央、国务院决定在辽宁、浙江、河南、湖北、重庆、四川、陕西再设立 7 个自贸区。此批自贸区规划更多是内陆省份，以及作为老工业基地的辽宁省，体现了高端制造业等向内陆转移的产业变迁趋势，更大的格局是国家发展中部和东北地区，促进中部、东北地区崛起的战略意图。

2018 年 10 月 16 日，国务院批复同意设立中国(海南)自由贸易试验区(以下简称海南自贸试验区)并印发《中国(海南)自由贸易试验区总体方案》，把海南打造成为我国面向太平洋和印度洋的重要对外开放门户，实行更加积极主动的开放战略，加快构建开放型经济新体制，推动形成全面开放新格局。

2019 年 8 月 26 日，我国新设的一批自贸区名单出炉，包括山东、江苏、广西、河北、云南、黑龙江 6 省区。自此，中国 18 个自贸区布局正式成型。新增 6 个自贸区的举措说明了我国坚定不移地反对保护主义，展现主动扩大开放的决心，逐步形成了陆海内外联动、东西双向互济的开放格局。

2. 国内自贸区的战略定位

上海自贸区

2013 年 9 月 29 日，中国(上海)自由贸易试验区成立，面积 28.78 平方千米，成为中国第一个自贸区。2014 年 12 月 28 日，经批准，上海自贸区的面积扩展到 120.72 平方千米。

战略定位：上海自贸区作为中国经济新的试验田，实行政府职能转变、金融制度、贸易服务、外商投资和税收政策等多项改革措施，并将大力推动上海市转口、离岸业务的发展。

天津自贸区

2014 年 12 月 12 日决定设立该试验区，试验区总面积为 119.9 平方千米，主要涵盖 3 个功能区——天津港片区、天津机场片区以及滨海新区中心商务片区。

战略定位：在学习和复制上海经验的基础上，将重点摸索天津特色，包括：用制度创新服务实体经济；借"一带一路"契机服务和带动环渤海经济；突出航运，打造航运税收、航运金融等特色。

福建自贸区

2014 年 12 月 12 日决定设立该试验区，试验区总面积 118.04 平方千米，包括平潭片区

43 平方千米、厦门片区 43.78 平方千米、福州片区 31.26 平方千米。

战略定位：充分发挥对台优势，率先推进与台湾地区投资贸易自由化进程，把自贸试验区建设成为深化大陆与台湾地区经济合作的示范区；发挥对外开放前沿优势，打造面向 21 世纪海上丝绸之路沿线国家和地区开放合作新高地。

广东自贸区

2014 年 12 月决定设立该试验区，总面积 116.2 平方千米，实施范围 116.2 平方千米，涵盖三个片区：广州南沙新区片区 60 平方千米(含广州南沙保税港区 7.06 平方千米)、深圳前海蛇口片区 28.2 平方千米(含深圳前海湾保税港区 3.71 平方千米)、珠海横琴新区片区 28 平方千米。

战略定位：依托港澳、服务内地、面向世界，将自贸试验区建设成为粤港澳深度合作示范区、21 世纪海上丝绸之路重要枢纽和全国新一轮改革开放先行地。

辽宁自贸区

该自贸试验区的实施范围 119.89 平方千米，涵盖三个片区：大连片区 59.96 平方千米、沈阳片区 29.97 平方千米、营口片区 29.96 平方千米。

战略定位：将打造具有国际竞争力的先进装备制造业基地、面向东北亚开放合作的战略高地、国际海铁联运大通道的重要枢纽；将与"一带一路"沿线国家的国际产能和装备制造合作，加快构建双向投资促进合作新机制。

浙江自贸区

该自贸试验区的实施范围 119.95 平方千米，涵盖三个片区：舟山离岛片区 78.98 平方千米(含舟山港综合保税区区块二 3.02 平方千米)、舟山岛北部片区 15.62 平方千米(含舟山港综合保税区区块一 2.83 平方千米)、舟山岛南部片区 25.35 平方千米。

战略定位：浙江自贸区建设将突出重点，围绕油品全产业链的投资便利化、贸易自由化，力争在企业准入资质、金融政策配套、口岸监管便利、税收政策创新等关键领域取得突破。

河南自贸区

河南自贸试验区实施范围 119.77 平方千米，涵盖三个片区：郑州片区 73.17 平方千米、开封片区 19.94 平方千米，洛阳片区 26.66 平方千米。

战略定位：郑州片区重点发展先进制造业、跨境电商、现代金融、服务贸易等；开封片区重点发展医疗旅游、文化金融、创意设计等现代服务业；洛阳片区重点发展装备制造等高端制造业，以及文化旅游、文化贸易等现代服务业。

湖北自贸区

湖北自贸试验区实施范围为 119.96 平方千米，涵盖三个片区：武汉片区 70 平方千米(含武汉东湖综合保税区 5.41 平方千米)、襄阳片区 21.99 平方千米(含襄阳保税物流中心 0.281 平方千米)、宜昌片区 27.97 平方千米。

战略定位：将落实中央关于中部地区有序承接产业转移、建设一批战略性新兴产业和高技术产业基地的要求，发挥其在实施中部崛起战略和推进长江经济带建设中的示范作用。

陕西自贸区

该自贸试验区的实施范围 119.95 平方千米，涵盖三个片区：中心片区 87.76 平方千米(含陕西西安出口加工区 A 区 0.75 平方千米、B 区 0.79 平方千米，西安高新综合保税区 3.64 平方千米和陕西西咸保税物流中心〔B 型〕0.36 平方千米)；西安国际港务区片区 26.43 平方千米(含西安综合保税区 6.17 平方千米)；杨凌示范区片区 5.76 平方千米。

战略定位：中心片区重点发展战略性新兴产业和高新技术产业。西安国际港务区片区重点发展国际贸易、现代物流、金融服务、旅游会展、电子商务等产业。杨凌示范区片区以农业科技创新、示范推广为重点。

四川自贸区

该自贸试验区的实施范围 119.99 平方千米，涵盖三个片区：成都天府新区片区 90.32 平方千米(含成都高新综合保税区区块四〔双流园区〕4 平方千米、成都空港保税物流中心〔B型〕0.09 平方千米)；成都青白江铁路港片区 9.68 平方千米(含成都铁路保税物流中心〔B型〕0.18 平方千米)；川南临港片区 19.99 平方千米(含泸州港保税物流中心〔B型〕0.21 平方千米)。

战略定位：落实中央关于加大西部地区门户城市开放力度以及建设内陆开放战略支撑带的要求，打造内陆开放型经济高地，实现内陆与沿海沿边沿江协同开放。四川自贸区分为成都片区、泸州川南临港片区两部分。成都片区是四川自贸区主体，规划面积近 100 平方千米。

重庆自贸区

该自贸试验区的实施范围 119.98 平方千米，涵盖三个片区：两江片区 66.29 平方千米(含重庆两路寸滩保税港区 8.37 平方千米)；西永片区 22.81 平方千米(含重庆西永综合保税区 8.8 平方千米、重庆铁路保税物流中心〔B型〕0.15 平方千米)；果园港片区 30.88 平方千米。

战略定位：将落实中央关于发挥重庆战略支点和连接点重要作用，加大西部地区门户城市开放力度的要求，带动西部大开发战略深入实施。重庆自贸区初步分为两江新区片区、西永片区和果园港片区。

海南自贸区

该自贸试验区的实施范围是整个海南岛全岛，面积达到了 3.54 万平方千米。依据 2018 年公布的《海南省重要规划控制区名录》及《海南省重要规划控制区分布图》来看，全省包括 36 个重要规划区域。

战略定位：发挥海南岛全岛试点的整体优势，紧紧围绕建设全面深化改革开放试验区、国家生态文明试验区、国际旅游消费中心和国家重大战略服务保障区，实行更加积极主动的开放战略，加快构建开放型经济新体制，推动形成全面开放新格局，把海南打造成为我国面向太平洋和印度洋的重要对外开放门户。同时，结合海南特点，在医疗卫生、文化旅游、生态绿色发展等方面提出特色试点内容。

山东自贸区

自贸试验区的实施范围 119.98 平方千米，涵盖三个片区：济南片区 37.99 平方千米，青岛片区 52 平方千米(含青岛前湾保税港区 9.12 平方千米、青岛西海岸综合保税区 2.01 平方千米)，烟台片区 29.99 平方千米(含烟台保税港区区块二 2.26 平方千米)。

战略定位：全面落实中央关于增强经济社会发展创新力、转变经济发展方式、建设海洋强国的要求，加快推进新旧发展动能接续转换、发展海洋经济，形成对外开放新高地。

江苏自贸区

江苏自贸试验区的实施范围 119.97 平方千米，涵盖南京、苏州、连云港三个片区，其中，连云港片区 20.27 平方千米(含连云港综合保税区 2.44 平方千米)，功能划分为建设亚欧重要国际交通枢纽、集聚优质要素的开放门户、"一带一路"沿线国家(地区)交流合作平台。

战略定位：全面落实中央关于深化产业结构调整、深入实施创新驱动发展战略的要求，推动全方位高水平对外开放，加快"一带一路"交汇点建设，着力打造开放型经济发展先行区、实体经济创新发展和产业转型升级示范区。

广西自贸区

广西自贸试验区实施范围 119.99 平方千米，涵盖三个片区：南宁片区 46.80 平方千米(含南宁综合保税区 2.37 平方千米)；钦州港片区 58.19 平方千米(含钦州保税港区 8.81 平方千米)；崇左片区 15.00 平方千米(含凭祥综合保税区 1.01 平方千米)。

战略定位：全面落实中央关于打造西南中南地区开放发展新的战略支点的要求，发挥广西与东盟国家陆海相邻的独特优势，着力建设西南中南西北出海口、面向东盟的国际陆海贸易新通道，形成 21 世纪海上丝绸之路和丝绸之路经济带有机衔接的重要门户。

河北自贸区

中国(河北)自由贸易试验区的实施范围 119.97 平方千米，涵盖四个片区，其中雄安片区 33.23 平方千米，正定片区 33.29 平方千米(含石家庄综合保税区 2.86 平方千米)，曹妃甸片区 33.48 平方千米(含曹妃甸综合保税区 4.59 平方千米)，大兴机场片区 19.97 平方千米。各片区既互为整体，共同承担河北自贸试验区试验任务，又独立发展，努力构筑各有侧重的产业体系。

战略定位：全面落实中央关于京津冀协同发展战略和高标准高质量建设雄安新区要求，积极承接北京非首都功能疏解和京津科技成果转化，着力建设国际商贸物流重要枢纽、新型工业化基地、全球创新高地和开放发展先行区。

云南自贸区

该自贸试验区的实施范围 119.86 平方千米，涵盖三个片区：昆明片区 76 平方千米(含昆明综合保税区 0.58 平方千米)，红河片区 14.12 平方千米，德宏片区 29.74 平方千米。

战略定位：全面落实中央关于加快沿边开放的要求，着力打造"一带一路"和长江经济带互联互通的重要通道，建设连接南亚东南亚大通道的重要节点，推动形成我国面向南亚东南亚辐射中心、开放前沿。

黑龙江自贸区

哈尔滨片区共 79.86 平方千米：东至三环路，南至松花江，西至王万铁路线，北至宏盛路。黑河片区共 20 平方千米：东至黑龙江大桥口岸联检区，南至白松路南侧，西至船艇大队围墙东侧，北至大黑河岛。绥芬河片区共 19.99 平方千米：东至国门边境线，南至龙江进出口加工园规划十八街，西至国家森林公园，北至向阳街、滨绥铁路。

战略定位：全面落实中央关于推动东北全面振兴全方位振兴、建成向北开放重要窗口的要求，着力深化产业结构调整，打造对俄罗斯及东北亚区域合作的中心枢纽。

小练习

请罗列中国现有的自由贸易试验区名称，并在地图上查找各自贸区的位置。

_____

_____

_____

_____

3. 国内自贸区比较分析

从覆盖面积、覆盖片区、功能定位和核心产业等四大维度对上述 18 个自贸区进行比较，我们发现以下特点。

1） 覆盖面积

除海南外的 17 个自贸区面积均划定在 120 平方千米左右，其中最大的上海自贸区覆盖面积为 120.72 平方千米，最小的为广东自贸区，覆盖面积为 116.2 平方千米。然而海南全岛建设自由贸易区，面积达 3.54 万平方千米，其发展战略空间更广阔，更有利于向纵深拓展。

2） 覆盖片区

目前，我国共有 18 个自由贸易试验区，包含 55 个片区，大部分片区重点发展 3～6 个产业领域，已初步形成"现代商贸及金融为主、战略性新兴产业为辅"的产业格局。

3） 具体发展方向

各自贸区发展重点有所不同，如辽宁主要着力打造提升东北老工业基地发展的整体竞争力，浙江主要是落实中央关于"探索建设舟山自由贸易港区"的要求，河南主要聚焦贯通南北、连接东西的现代立体交通体系和现代物流体系建设，陕西的重点在于推动"一带一路"建设和西部大开发，海南作为"一带一路"的重要节点，将重点发展与东南亚、南亚国家的合作。

4） 核心产业方面

在大的方向上，18 个自贸区多数聚焦于战略新兴产业和现代服务业。如天津自贸区聚焦于民用航空、装备制造、新一代信息技术、大众消费品、生物医药等新兴产业，河南自贸区聚焦于智能终端、高端装备及汽车制造、生物医药等先进制造业，这一点海南自贸区存在较明显差异，因为海南的战略产业主要是旅游业、文化产业等服务业和现代化农业等。

二、上海自贸区与国外自贸区

国际上的自由贸易园区也有很多，这里就选择巴拿马科隆自由贸易区、美国纽约港自由贸易区、德国汉堡自由贸易区等几个典型自贸区，在功能定位、贸易投资、金融政策、税收优惠、产业发展等方面，与上海自由贸易区进行对比分析。

世界自贸区概况

除中国之外，世界上还有许多自贸区，表 4-1 所示就是现在世界上主要的自贸区。

表 4-1　世界自贸区列表

名　称	国家、地区、城市
杰贝阿里自由区	迪拜
新型自由贸易区	尼泊尔、孟加拉国、不丹、马尔代夫、巴基斯坦、斯里兰卡、印度
独联体成员国多边自由贸易区	独联体成员国
北美自由贸易区(简称 NAFTA)	美国、加拿大、墨西哥

续表

名　称	国家、地区、城市
美洲自由贸易区(简称 FTAA)	阿根廷、安提瓜和巴布达、巴巴多斯、巴哈马、巴拉圭、巴拿马、巴西、秘鲁、玻利维亚、多米尼加共和国、多米尼克、厄瓜多尔、哥伦比亚、哥斯达黎加、格林纳达、海地、加拿大、美国、墨西哥、尼加拉瓜、萨尔瓦多、圣卢西亚、圣文森特和格林纳丁斯、圣基茨和尼维斯联邦、苏里南、特立尼达和多巴哥、危地马拉、委内瑞拉、乌拉圭、牙买加、智利、圭亚那、伯利兹、古巴 、加勒比
中欧自由贸易区(简称 CEFTA)	波兰、匈牙利、捷克、斯洛伐克、斯洛文尼亚、罗马尼亚、保加利亚
东盟自由贸易区(简称 AFTA)	印度尼西亚、马来西亚、菲律宾、新加坡、泰国、文莱、越南、老挝、缅甸、柬埔寨
欧盟与墨西哥自由贸易区	奥地利、比利时、保加利亚、塞浦路斯、克罗地亚、捷克共和国、丹麦、爱沙尼亚、芬兰、法国、德国、希腊、匈牙利、爱尔兰、意大利、拉脱维亚、立陶宛、卢森堡、马耳他、荷兰、波兰、葡萄牙、罗马尼亚、斯洛伐克、斯洛文尼亚、西班牙、瑞典、英国、墨西哥
巴拿马科隆自由贸易区	巴拿马、科隆
德国汉堡自由贸易区	德国
美国纽约 1 号对外贸易区	美国
加勒比自由贸易区	安提瓜和巴布达、巴巴多斯、巴哈马、伯利兹、多米尼克、格林纳达、圭亚那、圣卢西亚、圣基茨和尼维斯、圣文森特和格林纳丁斯、特立尼达和多巴哥、蒙特塞拉特、苏里南、海地、牙买加

1. 功能定位

上海自由贸易区

中国(上海)自由贸易试验区是中国人陆境内第一个自由贸易区，是中国经济新的试验出，力争建设成为具有国际水准的投资贸易便利、货币兑换自由、监管高效便捷、法制环境规范的自由贸易试验区。上海自贸区的政策与经验强调复制性和推广性。

巴拿马科隆自由贸易区

巴拿马科隆自由贸易区成立于 1948 年，位于巴拿马运河大西洋入海口处，是西半球最大的自由贸易区，是仅次于中国香港的世界第二大自由贸易区，是拉美贸易的集散地、转口中心。

美国纽约港自由贸易区

自由贸易区遍布美国东南西北所有区域，目前美国自由贸易区已经发展到 277 个。美国纽约港自由贸易区又称纽约港第 49 号对外贸易区，于 1979 年由美国国会批准设立，是全美自贸区中面积最大的自贸区之一，主要功能是货物中转、自由贸易。区外还设有若干分区，发展制造业、加工服务业。

德国汉堡自由贸易区

汉堡港自由港区建于 1888 年，为世界上最早的自由港，也是欧洲典型的经济自由区，被称为"通往世界的门户"，主要功能是货物中转、仓储、流通、加工和船舶建造。1994 年汉堡港自由港区改建为自由贸易区。不过，随着欧洲统一市场的不断完善，欧盟内部大部分货物实现了免税流通，为此，德国政府决定，从 2013 年 1 月起，终止汉堡港自由贸易区，所有汉堡港区内的公司将同其他欧盟关税区内的海港一样根据同样的海关管理规定进行运营。

自贸区在亚洲兴起，尤其是中国上海自由贸易区的成立，吸引了国内外的广泛关注，而欧美则出现了截然不同的两种现象，美国自贸区的数量越来越多，已发展到 277 个，政策稳定而且开放自由，而德国则在 2013 年 1 月取消了汉堡自贸区，自贸区的栅栏反而成为阻碍汉堡自贸区发展的藩篱。但实际上，这种现象背后反映的是世界贸易更加开放自由的发展趋势。汉堡自贸区的趋势表明了整个欧盟已经逐步成为一个更广泛意义上的自贸区。

2. 产业发展

上海自由贸易区

服务业是上海自由贸易区的核心产业。未来自贸区将以国际贸易、金融服务、航运服务、专业服务和高端制造产业为导向，提升园区服务业比重；在临港地区打造金融、集中保税展示交易中心、文化贸易平台三个板块。

巴拿马科隆自由贸易区

其主要产业为金融、贸易与物流、会展。巴拿马是拉美地区最活跃、最成功的国际金融中心，外资银行及分支机构密集，有一百多家国际银行；重视会展业发展，巴拿马国际博览会(Expocomer)世界闻名；贸易物流业发达，是全球第二大转口站。区内的经营以轻纺、服装、工艺、日用品和家电产品为主。

纽约港自由贸易区

该区以围网分隔封闭，主要功能是货物中转、自由贸易，外国货物出港。区外还设有若干分区，主要功能是进出口加工制造，涉及石化、汽车、饮料、制药、手表等加工业务。

德国汉堡自由贸易区

货物商业性加工、物流(货物集散转运)、船舶建造等是主业，同时金融、保险、商贸、中介等第三产业和服务贸易的发展成效显著。

与其他几个发展相对成熟的自贸区相比，上海自贸区的产业还处于起步阶段，产业战略选择清晰，但是在具体的产业政策上，其开放度与自由度还略显不足，尤其在金融业的开放程度上，还需进一步探索推进。

3. 贸易投资

上海自由贸易区

投资领域开放采用"负面清单"管理模式和准入前国民待遇，在金融服务、航运服务、商贸服务、专业服务、文化服务、社会服务等领域全面开放，在符合相关规定的前提下，允许符合条件的外资机构、组织以合资形式或独立形式成立公司，开展相关业务。

改善自贸区内行政管理体系，使其与国际高标准贸易和投资规则相适应；政府管理将由注重事先审批转为注重事中事后监管。

巴拿马科隆自由贸易区

巴拿马科隆自由贸易区货物进口自由，无配额限制，对进出商品控制很少，豁免关税的范围相对较宽。除爆炸品、枪支弹药、麻醉品、易燃品和其他特别规定的商品外，一律自由进入区内，免关税。货物进出自由贸易区只需填写一份表格。

在巴拿马科隆自由贸易区注册公司手续简便、审批快。区内设管理委员会，负责管理和组织本国和外国企业从事进口、展销、制造、装配和转口业务，为办公机构出租和修建住房、厂房，出租地皮，批准外国人在区内经商等。

政策稳定，区内管理非常严密。当地政府专门立法给予保证和优惠，投资者有法律保障。该区采取的安全措施也优于其他很多自由贸易区。

美国纽约港自由贸易区

任何国外或国内的商品，除法律禁止或由管理局规定为有害公共利益、健康或安全者外，皆可不受美国海关法的限制而进入自由贸易区。

国际贸易活动均可在区内开展，可以存储、展示和销售、重新包装、组装、分类、清洁、搭配国内货物进行加工。在自贸区内，只要没有零售销售，商品可以自由买卖。

货物进入对外贸易区不受配额的限制，无配额的货物准许进入区内暂存，待有配额再进口，也可以无限期在区内保存，待价而沽。

自贸区的货物可以24小时无限制地通过海关。

德国汉堡自由贸易区

汉堡自由港对进出的船只和货物给予最大限度的自由，提供自由和便捷的管理措施，贯穿于从货物卸船、运输、再装运的整个过程中。

船只从海上进入或离自由港驶往海外无须向海关结关，船舶航行时只要在船上挂一面"关旗"，就可不受海关的任何干涉。

凡进出或转运货物在自由港装卸、转船和储存不受海关的任何限制，货物进出不要求每批立即申报与查验，甚至45天之内转口的货物无需记录。货物储存的时间也不受限制。

货物只有从自由港输入欧盟市场时才需向海关结关，交纳关税及其他进口税。

上海自贸区选择金融等六大领域全面开放，在政策、条件上还有一定限制，与中国香港、巴拿马等自贸区的自由贸易制度安排相比，还存在一定距离；在产品进出的管制上，还达不到其他自贸区货物进口自由、无配额限制的标准。

工作笔记

选择一个国外的贸易园区，查找资料，说说它的特点。

_____

_____

_____

4. 税收优惠

上海自由贸易区

实施促进投资的税收政策。注册在试验区内的企业或个人股东，因非货币性资产对外投资等资产重组行为而产生的资产评估增值部分，可在不超过 5 年期限内，分期缴纳所得税。对试验区内企业以股份或出资比例等股权形式给予企业高端人才和紧缺人才的奖励，实行已在中关村等地区试点的股权激励个人所得税分期纳税政策。

实施促进贸易的税收政策。将试验区内注册的融资租赁企业或金融租赁公司在试验区内设立的项目子公司纳入融资租赁出口退税试点范围。对设在试验区内的企业生产、加工并经"二线"销往内地的货物照章征收进口环节增值税、消费税；可根据企业申请，试行对该内销货物按其对应进口料件或按实际报验状态征收关税。区内生产企业以及生产性服务业企业进口所需的机器、设备等货物免税(生活性服务业企业进口的货物除外)。

积极研究并完善适应境外股权投资和离岸业务发展的税收政策。

巴拿马科隆自由贸易区

"免税"一词几乎可以应用于科隆自由贸易区的所有商业活动。多种鼓励投资的税收政策包括以下几方面。

境外货物进入贸易区或从区内出境，免进出口税，货物销售对巴拿马运河区或过境船只，视为出口，免税。

外国公司的股票持有者所获股息无须缴税；对持有两年以上的资产进行资本买卖无须缴纳资本收益税；因外贸业务和直接销售所得的利润而给付的股利可免缴股息税。

区内免销售税；免缴生产税；投资无须缴税；在自由贸易区经营的公司无须缴纳市政地方税(除汽车执照外)。

非巴拿马籍的行政人员与巴拿马居民缴纳同等税率的所得税。

区内公司所得税采用累进制，税率 2.5%~8.5%，两年内免利润所得税，若雇用巴拿马籍员工，再给予减免 0.5%~1.5% 所得税的优惠。

美国纽约港自由贸易区

推迟缴纳进口关税。运进自贸区的货物不需要立即缴纳进口关税，只有当货物通过海关运入美国时才需要支付关税。

倒置关税率节省关税。通过在自贸区设厂，企业可以自由选择支付原料的税率还是成品的税率，选择其中税率低的支付。

无关税出口。企业在自贸区设厂可以不需要支付任何进出口关税实现出口。

自贸区产品出口海外，如果遇到退货，不需要为退回的货物支付进口关税。

自贸区之间运输免税。企业在不同的自贸区间转移货物是免关税的，只有最终通关进入美国的时候才需要支付关税。

德国汉堡自由贸易区

外国货物从水上进出自贸区自由，有的须申报，有的不须申报。外国货物进区后 45 天以内不征收关税，以后根据货物不同去向分别处理，如进入保税库、加工区，或进入关税区，可享受不同的关税政策。

与其他自贸区的基本免税的税收政策相比，上海自贸区实施的促进投资和促进贸易的税收政策还有一定的调整空间，税种、税收范围、税收比例都可以更加优惠。

5. 金融政策

上海自由贸易区

加快金融制度创新。可在试验区内对人民币资本项目可兑换、金融市场利率市场化、人民币跨境使用等方面创造条件进行先行先试。在试验区内实现金融机构资产方价格实行市场化定价。探索面向国际的外汇管理改革试点，建立与自由贸易试验区相适应的外汇管理体制。鼓励企业充分利用境内外两种资源、两个市场，实现跨境融资自由化。深化跨国公司总部外汇资金集中运营管理试点，促进跨国公司设立区域性或全球性资金管理中心。

增强金融服务功能。推动金融服务业对符合条件的民营资本和外资金融机构全面开放，支持在试验区内设立外资银行和中外合资银行。允许金融市场在试验区内建立面向国际的交易平台。逐步允许境外企业参与商品期货交易。鼓励金融市场产品创新。支持股权托管交易机构在试验区内建立综合金融服务平台。支持开展人民币跨境再保险业务，培育发展再保险市场。

巴拿马科隆自由贸易区

巴拿马的本国货币仅为辅币，其合法货币为美元，贸易结算也使用美元。在巴拿马的银行存款不纳税，无外汇管制，利润汇出汇入自由。

美国纽约港自由贸易区

在区内放松金融管制，实行金融自由化。放宽或取消对银行支付存款利率的限制；减少或取消对银行贷款规模的直接控制，允许业务交叉；允许更多新金融工具的使用和新金融市场的设立；放宽对外国金融机构经营活动的限制及对本国金融机构进入国际市场的限制，减少外汇管制。

德国汉堡自由贸易区

德国汉堡自由贸易区金融自由，外汇交易均不作限制，如外汇兑换自由、资金进出和经营自由；投资自由，如雇工、经营自由，无国民与非国民待遇之分等。

在外汇管制、利率自由、资金运营、跨境业务、金融创新等方面，上海自贸区都有较大的改革，但与其他几个自贸区放松金融管制、实行金融自由化的政策相比，还有一定距离。

小讨论：你认为这些国外的自贸区有什么地方是可供上海自贸区借鉴的呢？

_____

_____

_____

_____

知识点三 上海自贸区的总体概况

一、上海自贸区历史沿革

2013 年 8 月，国务院正式批准在上海市浦东新区设立中国(上海)自由贸易试验区(Shanghai Pilot Free Trade Zone，以下简称上海自贸区)。上海自贸区是中国大陆境内第一个集进出口贸易、保税仓储、转口、离岸贸易、混合加工为一体的复合多功能型的自由贸易区。试验区面积大约为 28.78 平方千米，覆盖了上海市 4 个保税区，即外高桥保税区、洋山保税区，外高桥保税物流园区和上海浦东机场综合保税区，并将根据推进情况以及产业发展和辐射带动需要逐步拓展实施范围和试点政策范围形成与上海国际经济、金融、贸易、航运中心建设的联动机制。2015 年 4 月，上海自贸试验区范围扩展到陆家嘴金融片区、金桥开发片区和张江高科技片区，总面积达 120.72 平方千米。

作为中国首个自贸试验区，上海自贸区在政策方面受到了来自中央的高度重视和大力扶持。2013 年 11 月 9 日，第十八届三中全会在《关于全面深化改革若干重大问题的决定》中明确："建立中国上海自由贸易试验区是党中央在新形势下推进改革开放的重大举措，要切实建设好、管理好，为全面深化改革和扩大开放探索新路径、积累新经验。"目前，这一区域的贸易成交额已超过 1 万亿元，成为上海对外贸易的核心，正在努力打造中国经济的升级版并提高中国在东亚经济乃至世界经济中的地位。

二、上海自贸区区划概况

上海自贸区其实并不是一个区域，而是包括了八个区域，分别是上海市外高桥保税区、外高桥保税物流园区、洋山保税港区、上海浦东机场综合保税区、金桥出口加工区、张江高科技园区、陆家嘴金融自贸区和上海自贸区世博片区，我们分别来了解一下。

上海外高桥保税区：上海外高桥保税区是 1990 年经国务院批准设立的我国第一个保税区，规划面积约 10 平方千米。经过 30 年的发展，外高桥保税区已集聚了各类企业近万家，是国内目前经济规模最大、业务功能最丰富的海关特殊监管区域。外高桥保税区对于进出口企业、转口贸易企业与跨境电商等都特别适合，因为货物可以在保税区与境外的出入手续较少，相对自由。

外高桥保税物流园区：外高桥保税物流园区是 2003 年经国务院批准设立的我国第一个保税物流园区，规划面积约 1 平方千米。外高桥保税物流园区是国内首个实施"区港联动"的试点区域，其可同时享受保税区、出口加工区的相关政策及上海港的港航资源。依托"区港联动""进境退税"等政策功能优势，保税物流园区与外高桥保税区之间相辅相成、联动发展，现已成为跨国公司面向东北亚的出口采购中心和有色金属、IT 零部件进口分拨基地。

洋山保税港区：洋山保税港区是 2005 年经国务院批准设立的我国第一个保税港区，规划面积约 14 平方千米。作为上海建设"国际航运发展综合试验区"的核心功能区域，洋山保税港区集聚了包括通信及电子产品、汽车及零部件、高档食品、品牌服装等的分拨配送中心，形成了面向欧美的分拨配送基地、大宗商品产业基地、面向国内的进口贸易基地和航运龙头企业的集聚地。

上海浦东机场综合保税区：上海浦东机场综合保税区充分发挥其亚太航空复合枢纽港的

优势，引进包括电子产品、医疗器械、高档消费品等全球知名跨国公司空运分拨中心以及百多个融资租赁项目，经过多年发展，浦东机场综合保税区已逐步形成空运亚太分拨中心、融资租赁及快件转运中心。

金桥出口加工区：金桥出口加工区是生产、制造企业的聚集地，是上海先进制造业的核心功能区、生产性服务业的集聚区、战略性新兴产业的先行区以及生态工业的示范区。这里将以创新政府管理和金融制度、打造贸易便利化营商环境、培育能代表国家参与国际竞争的战略性新兴产业为重点，不断提升经济发展活力和创新能力。

张江高科技园区：张江高科技园区正如其名，主要立足于高科技行业发展，园区内以软件和电子科技公司居多，它是上海贯彻落实创新型国家战略的核心基地，志在提升整个上海的科技创新能力，招揽更多科技创新人才，在互联网、虚拟现实、人工智能等领域进行创新探索。

陆家嘴金融自贸区：陆家嘴金融自贸区是上海国际金融中心的核心区域，是上海国际航运中心的高端服务区，以及上海国际贸易中心的现代商贸集聚区。这里将探索建立与国际规则相通的金融制度体系，与现代服务业发展相适应的制度安排，持续推进投资的便利化、贸易自由化、金融国际化和监管制度的创新，加快形成更加国际化、市场化、法治化的营商环境。

上海自贸区世博片区：上海自贸区世博片区包括世博园区浦东部分、耀华地块、前滩地块，区域面积共 9.93 平方千米。它以世界级中央公共活动区、现代服务业创新示范区为方针，出力打造总部商务、新兴金融、文化会展、旅游休闲、生态宜居等五大成果，成为中国首个央地融合发展平台。该平台致力于把世博片区打造成为央企参与上海自贸区建设的主承载区，加快上海集聚和配置全球要素资源，参与全球合作竞争。

新闻链接

商务部 4 月 11 日举行新闻发布会，新闻发言人高峰透露，商务部正会同上海市抓紧提出上海自贸区新片区的方案。目前，我国自贸试验区建设累计形成了 153 项改革试点经验，向全国复制推广。

"目前商务部正会同上海市抓紧提出上海自贸试验区新片区的方案。我们将根据党中央、国务院的决策部署，高标准、高质量推进自贸试验区建设。"对于社会普遍关注的自贸区扩容问题，高峰做出回复。

上海市政府副秘书长、上海自贸区管委会常务副主任杭迎伟之前在接受采访时说，上海自贸区正在积极对接新片区建设，加强对标国际公认竞争力最强的自由贸易区，积极配合制定上海自贸区新片区方案。新片区不是简单的范围上的再扩区，而是着重聚焦特殊经济功能的塑造，更加突出开放的深化、功能的强化、布局的优化、动能的转化，是全方位、深层次、根本性的制度创新变革。

目前，我国自贸区扩容到 12 个。其中，陕西、四川等第三批 7 个自贸试验区在 4 月 1 日迎来挂牌两周年。高峰介绍，两年来，第三批自贸区形成一批改革试点经验。比如辽宁自贸区围绕建设东北亚国际航运中心开展创新试点，复制推广了"'保税混矿'监管"新模式；浙江自贸试验区围绕以油品为核心的大宗商品投资自由化和贸易便利化积极开展探索，复制推广了"保税燃料油企业信用监管"新模式等五项保税燃料油供应方面的政策措施；陕西自贸试验区围绕提高中欧班列辐射带动能力大胆探索，复制推广了"铁路运输方式舱单归并"新模式，显著提升了中欧班列的通关效率。

"这些改革试点经验来自地方，服务全国，较好体现了对比试验、互补试验的成果，达到了通过差异化探索形成更加多元、更高水平制度创新成果的预期目标。"高峰说。

总体来说，我国自贸试验区建设累计形成了 153 项改革试点经验向全国复制推广，发挥了改革开放"试验田"的重要作用，形成了改革开放红利共享的局面，下一步将推动形成更多可复制、可推广的经验，并确保经验落地生效。

"目前，我们已经梳理形成了新的一批改革试点经验，将适时对外发布。通过多种途径开展培训、交流，适时开展督促检查并对落实情况进行总结，确保经验落地生效。支持国家级经开区、高新区、新区开展自贸试验区相关改革试点，把相关平台打造成复制推广自贸试验区改革经验的示范区。"高峰说。

——央广网(2019.4.11)

三、上海自贸区的创新之处

上海自贸区建设是一项国家战略，是在国际经济新形势下推进改革开放，先行先试、深化改革的重大举措。根据 2013 年发布的《中国(上海)自由贸易试验区总体方案》(以下简称《方案》)，这项重大改革涵盖了贸易、金融、投资、政府职能、法制等领域具有众多的创新之处。

1. 金融制度创新

《方案》指出，要"在风险可控前提下，可在试验区内对人民币资本项目可兑换、金融市场利率市场化、人民币跨境使用等方面创造条件进行先行先试。在试验区内实现金融机构资产方价格实行市场化定价"。这几项措施如果真正得以落实，将大幅降低自贸区内企业的交易成本，并为全国范围的人民币资本项目可兑换以及利率市场化提供宝贵的实践经验。

2. 贸易监管制度创新

上海自贸区实施"一线逐步彻底放开、二线安全高效管住、区内货物自由流动"的创新监管服务模式。其中，一线是指从自贸区到境外，二线是指从自贸区到境内。在一线，创新监管技术及方法，简化进出境备案清单；简化国际中转、集拼和分拨等业务进出境手续；在二线推行"方便进出，严密防范质量安全风险"的检验检疫监管模式，通过风险监控、第三方管理、保证金要求等方式实行有效监管。

3. 行政管理体制创新

推进政府管理由注重事先审批转为注重事中、事后监管，建立一口受理、综合审批和高效运作的服务模式，完善信息网络平台，实现不同部门的协同管理机制，提高行政透明度，完善信息公开机制以及投资者权益有效保障机制，允许符合条件的外国投资者自由转移其投资收益等。这些行政管理上的创新都有利于转变政府职能，革新政府管理方式。服务业开放规模空前也是上海自贸区的一大创新之处。《方案》指出，上海自贸区将首先选择金融服务、航运服务、商贸服务、专业服务、文化服务以及社会服务六大领域扩大服务业开放，涵盖了银行、远洋运输、电信、律师、建筑、教育培训、医疗服务等 18 个子行业。

工作笔记

上海自贸区还有哪些方面的创新措施？请试介绍一下。

_____

_____

_____

知识点四　上海自贸区的发展现状

上海自贸区在发展上取得了一定成就，但是改革依旧在路上。其主要经济指标表现突出，商事登记、外资准入、贸易便利化和金融创新等领域，取得了较大的进展，相关举措正在全国复制和推广。

一、经济指标

依据《2018 年上海市国民经济和社会发展统计公报》提供的信息和数据，2018 年上海自贸区的税收总额达 2680.2 亿元，比上年增长 12.1%，外贸进出口总额达 14 600 亿元，比上年增长 4.1%，其中出口额占 4542.5 亿元，比上年增长了 8.3%，而外商直接投资的实际到位金额为 67.7 亿美元，比上年下降了 3.5%。基本经济指标保持着稳中向好的趋势。

二、改革举措

按照《中国(上海)自由贸易试验区总体方案》的要求，上海自贸区需要在以下五个方面进行改革尝试：加快政府职能转变；扩大投资领域的开放；推进贸易发展方式的转变；深化金融领域的开放创新；完善法制领域的制度保障。依据上海自贸区官网和 2017 年 9 月 12 日上海市政府新闻发布会提供的信息，上海自贸区已取得的改革进展主要体现在以下几方面。

1. 商事登记制度

它具体包括三个方面：一是注册资本认缴登记制。工商部门登记公司全体股东、发起人认缴的注册资本或认购的股本总额，不登记公司实收资本。二是先照后证制度。企业在领取营业执照后向主管部门申请办理相关许可证或者批准文件，然后开展该项目经营活动。三是企业年报公示制度。试验区内试行企业年度报告公示制度。企业按年度在规定的期限内，通过市场主体信用信息公示系统向登记机关报送年度报告，并向社会公示。

2. 负面清单和准入前国民待遇

在全国，上海率先建立了准入前国民待遇加负面清单的外商投资管理制度。负面清单和准入前国民待遇是现代高标准投资协定的最基本的要件。在负面清单上，明确开列不予外商投资准入或有限制要求的领域，清单以外领域则充分开放，并取消外商投资项目和外商投企业设立及变更审批，实施备案管理。准入前国民待遇是指在企业设立、取得、扩大等阶段给予外国投资者及其投资不低于本国投资者及其投资的待遇。多年来，针对自贸区已经分别发布 2013 版(190 条)、2014 版(139 条)、2015 版(122 条)、2017 版(95 条)、2018 版(45 条)、2019 版(37 条)、2020 年(30 条)负面清单。对负面清单以外领域，实施内外资一致的市场准入，开放领域覆盖 WTO 划分的 12 个服务部门中的 11 个，覆盖率达 91.7%，超过 90% 的外商投资企业通过备案方式设立。

3. 新的贸易便利模式

对标国际贸易便利化的最佳实践和通行规则，上海自贸区率先探索国际贸易"单一窗口"改革，覆盖范围从海关和检验检疫两个部门，扩展至涵盖中央和地方的 22 个部门和单位，企业申报数据项在船舶申报环节缩减 65%，在货物申报环节缩减 24%。这些贸易便利化领域的制度创新，符合联合国《贸易便利化建议书》和 WTO《贸易便利化协定》的要求，提高了企业办事和政府监管的效率。

4. 金融创新业务

自由贸易账户的设立是上海自贸区的另一大创举。通过创设自由贸易账户体系，建立起"一线审慎监管、二线有限渗透"的资金跨境流动管理基础性制度，能对跨境资金流动进行实时监测。截至 2018 年 12 月底，累计开立 FT 账户 13.6 万个，全年跨境人民币结算总额 25 518.88 亿元，比上年增长 83.9%，占全市 35.3%；跨境双向人民币资金池收支总额 4826 亿元，增长 1.8 倍。

新闻链接

加速复制推广改革试点经验到全国，自贸试验区正在不断为我国改革开放注入新动能，并在不断加快探索步伐。据悉，目前多地都列出了新一批制度创新清单，其中，进一步深化金融领域开放、便利跨境贸易投资资金流动、创新政府管理方式等领域成为突破重点。同时，相关部门也在酝酿更多举措，加大对自贸试验区、自由贸易港制度改革的支持。

"试验田"开花结果

近日，国务院印发了《关于做好自由贸易试验区第六批改革试点经验复制推广工作的通知》，将 37 项自贸试验区改革试点经验向全国复制推广。据商务部自贸区港司司长唐文弘介绍，商务部在推进自贸试验区建设过程中，始终坚持以制度创新为核心，以可复制可推广为基本要求。目前，从自贸试验区制度创新成果复制推广的总体情况看，形成了中央和地方协同推进的良好态势，进一步彰显全面深化改革和扩大开放的试验田作用。

相关数据显示，自贸试验区建设至今，在中央层面，自贸试验区已累计向全国或特定区域复制推广了 260 项制度创新成果；在地方层面， 18 个自贸试验区已在省级范围内推广了 1151 项制度创新成果。

商务部自贸区港司司长唐文弘表示，此次复制推广的经验，既有切口小、见效快的政策创新，也有全流程、集成性高的制度优化。

全面深化改革的一个重要方向就是在制度改革方面先行先试、积累经验。自贸试验区是改革开放"试验田",制度创新探索从点到线再到面,不断探索完善中国开放型经济新体制。业内人士表示,复制推广自贸试验区制度创新成果,推动了各地改革意识、开放水平、行政效率、发展动能、经济活力的不断提升,带动全国营商环境不断优化,有利于探索完善中国开放型经济新体制。

　　值得一提的是,与深化改革、扩大开放相适应的制度创新被放在了首要位置。"自2013年设立上海自贸试验区以来,一条基本的原则贯穿始终,就是要把自贸试验区深化改革、扩大开放、探索新路径、积累新经验作为重要的目标。"国务院发展研究中心对外经济研究部原部长赵晋平表示。

　　"制度创新是为了对标国际最高标准,从主动接受国际经贸规则,到逐步引领国际经贸规则,再到以中国规则影响国际规则,最后使'整合'后的规则成为被国际社会所认同的全球治理规则。"上海社会科学院世界经济研究所副所长赵蓓文表示,这也是中国实施从商品和要素流动型开放向规则等制度型开放转变的重要路径。

　　商务部研究院副研究员庞超然认为,在自贸试验区建设过程中,要坚持制度创新,通过不断探索实践,摸索出更适合我国发展的制度成果,同时也要为制度创新成果在全国范围扩大推广奠定基础。中国(深圳)综合开发研究院副院长曲建表示,从这一角度审视,自贸试验区在我国进一步扩大对外开放中扮演的是"排头兵""探索者"角色。

对外开放再提速

　　数据显示,1月份至5月份,全国18家自贸试验区实际使用外资602.5亿元,以不到全国千分之四的国土面积,实现了占全国17%的外商投资,充分说明了自贸试验区优良的营商环境对外资企业的吸引力。

　　"各项复制或推广的制度创新成果,或在政策创新上,或在制度优化上,进一步推动了各地区的对外开放。这些创新成果在引进外资过程中,在实施贸易和投资自由化、便利化以及资金融通便捷化等方面,推动了资本等各类要素自由流动。"赵蓓文表示,这有助于"国际国内双循环"新发展格局的形成和完善,有助于进一步推动中国对外开放。

　　赵晋平表示,从这些年实践看,复制推广自贸区制度创新成果对推动全国改革开放起到了重要的示范引领作用。如上海自贸试验区试点的"准入前国民待遇+负面清单"在全国推广取得了长足进展,在全球跨境直接投资出现波动的背景下,这几年我国利用外资保持了一定增长。

　　在政府职能改革方面,自贸试验区实行的综合执法管理体系、事中事后监管体系等改革已在全国推广,并取得了良好成效。赵晋平表示,过去企业通关面临程序复杂、费时费力等问题,"单一窗口"实行后,企业可一次性提交材料,极大提高了通关便利化水平。

　　"自贸试验区在贸易、投融资、金融、政府管理模式创新等方面形成了一系列可复制推广的制度集成创新成果,为促进改革开放水平持续提升,营造更好营商环境等方面发挥了积极作用。"庞超然认为,目前我国逐步形成了分层次、有梯度的渐进式开放模式。

发挥窗口作用

据报道，新冠肺炎疫情发生以来，我国经济发展面临人员流动不畅、物资设备供应不足、企业现金流不稳以及复工复产困难等问题。

为助力经济回暖，多个自贸试验区从税收优惠、金融扶持、租金减免、便利通关等方面出台政策组合拳，解企业"燃眉之急"。从自贸区内来看，企业复工复产率较高、贸易渠道较为畅通。自贸试验区发挥了带动经济发展的"桥头堡"作用。

疫情之下，全球经济增长遭遇巨大冲击，贸易保护主义抬头。专家表示，这不会阻挡中国持续推进自贸试验区港改革开放的步伐。继续推进自贸试验区港改革建设，对于彰显我国进一步扩大开放、推动制度性改革的决心和信心具有重要的时代意义和长远意义。

疫情暴发让很多国家开始思考对外部环境的依赖问题，也出现了区域化合作加强和供应链多元化的呼声。曲建认为，这种变化也给自贸试验区加快对外开放步伐提出了新课题。下一步，自贸试验区改革重点或是金融业对外开放，尤其要加强在制度创新方面的探索。

实践已清晰地表明各个自贸试验区在各地区吸收外资和对外投资、推进各地区对外开放中的重要作用。专家表示，未来各自贸试验区将在新阶段进一步发挥吸收外资即"引进来"的窗口作用，前景可期。

扫二维码，观看"自由贸易试验区"视频

(资料来源：市场信息网，2020.7.21)

三、推广情况

近年来，上海自贸试验区的改革创新理念和制度创新成果已分领域、分层次在全国复制推广，彰显出全面深化改革和扩大开放试验田的作用。

根据 2017 年 9 月 12 日上海市政府新闻发布会提供的信息，上海自贸区的改革成果已逐步在全国复制和推广。其中，"证照分离"改革的 116 项行政许可事项，在全国其他 17 个自贸区，以及有条件的国家自主创新示范区、国家高新技术产业开发区推广实施；外资备案管理、企业准入"单一窗口"等 37 项投资领域改革措施在全国复制和推广；先进区后报关、批次进出集中申报等 34 项贸易便利化改革措施，已在全国其他 17 个自贸区及海关特殊监管区域等有序推广实施；跨境融资、利率市场化等 23 项金融改革成果在全国复制和推广。上海自贸区的主动开放和自主改革，探索了新形势下推动全面深化改革和扩大开放的新路径，为全国自贸区建设提供了可借鉴的经验和模式。

知识窗

扩大开放 100 条

　　除自贸区以外，上海还推行了 100 条举措扩大开放，试图将上海建成中国改革开放的前沿阵地。随着这 100 条措施的全面深入铺开，上海自贸区甚至整个上海的对外经济都将不断发展，在全国起到拉动和引领作用。

扫二维码，查看《扩大开放一百条》.pdf

本章回顾

中国自贸区战略

　　实施自由贸易区战略是中国对外开放战略的重要组成部分。实施自贸区战略将为中国对外经贸发展营造更加稳定、便利、具有制度化保障的外部环境，推动中国由自贸区建设的跟随者向更加主动的参与者和建设者的角色转变。

自贸区比较分析

　　自 2013 年至 2020 年，我国分四批共设立 18 个自由贸易区，形成 "1+3+7+1+6" 试点格局。加上新成立的海南自贸区并探索自贸港建设，我国的自贸区数量达到 12 个：在广度上，不断扩大自贸区区域；在深度上，不断深化自贸区发展空间。2018 年设立海南自贸区，2019 年新设山东、江苏、广西、河北、云南和黑龙江 6 个自贸区。至此，我国自贸区增至 18 个。

　　国际上的自由贸易园区也有很多，它们在功能定位、贸易投资、金融政策、税收优惠、产业发展等方面，与上海自由贸易区都有所不同，我们可以通过对比分析进行相互借鉴。

上海自贸区的总体概况

　　上海自贸区是中国大陆境内第一个集进出口贸易、保税仓储、转口、离岸贸易、混合加工为一体的复合多功能型的自由贸易区。

　　上海自贸区的建设是一项国家战略，是在国际经济新形势下推进改革开放、先行先试、深化改革的重大举措。这项重大改革涵盖了贸易、金融、投资、政府职能、法制等领域，具有众多的创新之处。

上海自贸区的发展现状

　　上海自贸区在发展上取得了一定成就，但是改革依旧在路上。其主要经济指标表现突出，商事登记、外资准入、贸易便利化和金融创新等领域，取得了较大的进展，相关举措正在全国复制和推广。

第二篇

基于自贸区的贸易流程综合实训

国际贸易与国内贸易相比，有着显著的区别。由于各国或地区的经济与贸易政策不同，语言、文化及法律不同，各国间货币、度量衡、海关制度等不同，极大增加了国际贸易的难度。

国际贸易相比于国内贸易，最大的区别就在于国际贸易比国内贸易更复杂，这种复杂可以体现在诸多方面，其中最为直观的就是相对烦琐的进出口流程。

本篇主要介绍国际贸易的具体业务流程、外贸术语、国际惯例和法律法规，是国际贸易实务部分的教学重点内容。其目的是使读者熟练掌握国际贸易中货物进出口的货物流转程序及相关监管部门的政策。

在第五章中，学习者会了解到自贸区企业是如何获取准入资格的，以及外贸经营权该如何申请，企业是如何通过进出口交易磋商进一步订立合同的，货物从出口商的仓库或其他指定的货物存放地点到进口商的仓库或指定目的地货物存放地点，其中，交易程序是如何开展的，货物历经哪些进出口环节，货款又是如何进行结算等关于进出口货物贸易的系统流程。

在第六章中，学习者会从货物进入自贸区的角度，学习有关自贸区的货物流转程序，了解境内或境外的商品进入自贸区的业务性质及业务流程。

在第七章中，学习者则会从货物离开自贸区的角度，学习货物离开自贸区的业务情况分类、业务性质及相关业务流程，其中包含货物出区离境销往目的国的业务流转程序以及货物出区在境内销售的业务流转程序。其目的是使学生掌握利用自贸区的开放政策及贸易便利化改革举措，进一步降低进出口贸易成本、提升货物通关效率，并有效解决跨境结算与贸易融资的实践业务能力。

第五章　基于自贸区的国际贸易业务

相对于境内贸易，国际贸易的流程较为复杂，且伴随较多的国际贸易惯例和贸易术语。此外，涉及自贸区的国际贸易业务，在促进贸易便利化、对接国际新规则、发展新国际贸易方式、提升金融服务水平等方面更具特色。国际贸易是如何开展的呢？我们来学习本章的内容。

内容概要

- 自贸区企业的准入与外贸经营资质的申请
- 自贸区外贸企业磋商与合同订立流程
- 自贸区外贸企业进出口货物流转程序
- 自贸区外贸企业进出口货款结算流程

主体学习

知识点一　自贸区企业的准入与外贸经营资质的申请

基于上一篇学习者对什么是国际贸易，当下中国所处的国际贸易环境，世界各国发展多边、双边、区域的经贸合作对促进贸易自由化的贡献，中国为推进国际贸易发展的政策进行了了解。接下来，本节将从实践应用层面，使学习者掌握如何创办外贸企业以及如何开展国际贸易业务的系统流程。

首先，作为初创外贸企业，了解需获取哪些资质、办理哪些手续是要务。

一、国际贸易岗位分工

实训项目

贸易流程综合实训平台是一个仿真模拟公司经营的软件平台，平台模拟了从公司注册成立，到获取对外贸易经营资质、与境内外公司进行贸易等经营流程，依据学生在业务流程中操作的准确性、业务部门职责分工的合理有效性、公司经营的盈亏情况等方面进行了综合评分。本实训项目的特色在于通过让学生角色扮演，仿真模拟不同岗位的企业员工开展日常工作，让不同学科专业背景的学生跨专业融合组队，各自发挥专长，同时也考验学生的团队分工、合作能力及实践应用能力。与此同时，本软件平台依据国家对外经贸政策的调整，依据工商局、税务局、海关、商检等行政职能部门的业务规则制定或修订，实时更新以维持理论教学与实际业务的高度相符，使学生在校期间就能实现与企业现实工作的无缝衔接。此外，本书的一大特色是结合了自由贸易试验区的开放创新政策，系统介绍了自贸区货物进出境、进出区的业务流程。实训软件平台界面的功能菜单是基于自由贸易试验区、国际贸易单一窗口、一网通办等外贸业务网站的业务主菜单梳理而成，相关业务手续及流程表单也源于此类官方网站。因此本书具有以下优势：更新时效强、业务仿真度高(本书已结合 2018 年 8 月 1 日起实施的"关检合一"，2019 年 1 月 1 日起海关全面推进无纸化作业，2019 年 4 月 1 日起增值税调整及近期进出口关税调整等变动，相应更新了实训软件平台相关业务流程与表单及相关实训参数设置)，以及融入了自贸区特色。

软件平台中模拟的企业经营场所拟定，境内可选择中国上海或中国(上海)自贸区，境外在印度新德里，外贸企业主营电脑与其零部件的采购与销售业务，本书围绕企业在该平台中如何进行国际贸易的具体流程展开讲解。

实训操练

在实训开始的部分，首先要做的是实训环境设定。首先，在谷歌或火狐浏览器的地址栏输入实训平台的 IP 地址：http://192.168.195.51:8081，公司 CEO 使用自己的用户名和密码登录实训平台(见图 5-1)，登录后单击"进入"按钮(见图 5-2)以进入到实训系统界面。

图 5-1　实训平台登录界面

图 5-2　实训系统进入界面

进入实训系统界面后，在世界地图上选择企业注册国以及注册所在地。为仿真模拟进出口交易过程，企业选择的注册地要有境内与境外之分。例如企业甲选择注册地在中国(上海)自贸区，企业乙可选择印度新德里作为注册地。选定注册地进入实训平台主界面后，选择企业类别进入相应的企业界面(见图5-3、图5-4、图5-5)。

图 5-3　实训系统界面(贸易服务区)

图 5-4　实训系统界面(贸易企业区)

图 5-5　实训系统界面(核心企业区)

企业在开展国际贸易业务前，需要先设立国际贸易业务部门并设置相关岗位，做好人员分工。在部门管理中创建企业的各个部门(见图5-6)，包含总经理室、行政部、人事部、财务部、营销部、采购部、生产部、质检部、物流部、外贸综合部，其中外贸综合部就是处理该企业国际贸易事宜的主要部门。部门设置完成后，接着进行岗位设置(见图5-7)，编制岗位名称，选择业务类型及对应的部门，并在业务功能表中授予该业务岗位相应的职责权限。

此外，与外贸企业交互的行政服务机构(包括工商局、税务局、社保局、海关、质量技术监督局、法院、公安局等)、商务服务机构(包括租赁公司、供应商公司、保险公司、货代公司、外汇管理局等)及公共服务机构(包括认证中心、信息综合中心、人才交流中心、商业银行、会计师事务所、律师事务所、证券交易所、招投标中心等)，各机构主管也需登录系统编制机构内的部门及相关岗位，并给予相关业务功能授权。

图 5-6　实训系统界面(部门管理)

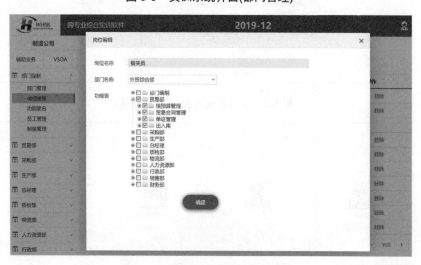

图 5-7　实训系统界面(岗位管理)

这里需要说明的是，中大型外贸企业岗位分工相对较为细化、岗位职责明确，相应的岗位都要匹配员工；而中小型企业或者小微企业，出于人力成本及其他因素考虑，则通常选择一岗多责。

国际贸易并不是一锤子买卖，它在流程中需要与海关、保险公司、货代公司等多个部门打交道，所以即使小企业可简化部门设置，例如仅设立综合部，部门内仍然需要有明确的分工。要为综合部设定较系统的岗位职责，全面覆盖业务流程，包括内部业务以及涵盖海关、保险公司、税务局、货代公司、商业银行、海关信息化监管和国际贸易单一窗口在内的一切外部业务。

完成以上部门编制之后，接着就可以分配员工以便开展工作。可在图 5-8 所示的界面下，员工管理菜单栏下进行人员分工。单击"新增"按钮，选择部门岗位，匹配该岗位下学生的姓名(学号)即可完成分工。企业人力资源主管要根据企业的实际状况，制定招聘需求并列明岗位职责，通过笔试、面试应聘登记人员，确定合适的人选后，在员工管理中赋予员工既定的权限，使员工们各司其职，充分发挥各自特长，将外贸企业的进出口业务有序地开展起来。

图 5-8　实训系统界面(员工管理)

知识掌握

一般外贸相关的岗位有品管、报检员、外贸采购、外贸跟单、电子商务、外贸专员、文员、报关员、外贸翻译、人力资源、外贸助理、外贸单证员、计算机管理员、物流员、行政员、外贸经理、外贸财务、生产管理员和外贸核销员等。

从事外贸职业应具有的最基本的职业素养就是扎实的专业知识，包括理论与实务。相比之下，外贸岗位中绝大部分是侧重实务的，因此对于贸易实务的掌握显得尤为重要。具体包括要了解海关、商检、运输、保险、外汇、银行结算等与外贸跟单相关的基础知识，掌握一门或多门外语能力也十分重要。可以看出这些知识涉及面十分广泛，也需要在多而广的基础上做到熟练与精通。

其次，对外贸易强调的是"对外"二字，如何"对外"，无论进出口都要遵守一定的贸易规则。这方面既有国际规则，也有商品输入国的国家规则。要了解东道国的对外贸易政策、法规、制度及东道国的文化。在当今社会，尤其强调法规和宗教。比如我们所熟知的美国"301"调查，是美国针对其认为进行"不公平"贸易的国家，展开调查，从而采取一系列贸易壁垒保护其本国相关产业。美国与我国的贸易一直十分密切,然而我国却也在不断地接受美国的"301"调查。因此了解一国的相应法律法规能够减少很多不必要的贸易摩擦。

国际贸易岗位招聘要求可参考表 5-1。

参考资料

表 5-1　某公司国际贸易岗位招聘要求

岗位名称	岗位职责	任职要求
单证操作专员	1. 根据客户要求,整理制作各类相关的业务单证; 2. 制作、整理归档业务台账、业务报告等; 3. 根据信息及时更新数据台账; 4. 完成领导交办的其他工作	1. 大专及以上学历,物流、贸易相关专业优先; 2. 1 年以上客户服务工作经验者优先,了解第三方物流相关知识,熟悉货物一般进出口流程者优先; 3. 良好的沟通能力及团队精神,工作认真负责,积极主动; 4. 熟练使用各类办公软件
仓库主管	1. 负责仓库的现场管理,包括仓库内及周边场地,保持工作场地的干净有序; 2. 定期进行库存盘点工作,保持库存准确性,及时安排进行库存核查,发现差异及时查出原因,并加以解决; 3. 对仓库管理员日常工作的检查、管理、培训、指导等; 4. 对每月业务情况的汇总和汇报; 5. 对业务中的意外状况进行处理及汇报	1. 物流相关专业,大专及以上学历; 2. 有两年仓库管理经验,有保税物流仓库经验者优先; 3. 良好的沟通能力及团队精神,工作积极主动,熟练使用办公软件
订单专员	1. 根据客户或客服指令,在业务系统中录入出库订单,出库覆盖公司全国保税仓库; 2. 严格按照系统操作手册和不同仓库及客户操作注意事项进行系统录入,正确录入相关系统对应数据,不遗漏、无差错; 3. 及时跟踪订单情况,控制各时间节点,数据及时反馈给客户。在订单录入中发生问题及时上报及跟踪进展; 4. 遵守值班制度,在值班期间及时应答指令电话,录入出库订单并跟踪出库节点,实时通知客户,直到货物交付; 5. 及时上报系统操作异常或数据异常情况	1. 大专及以上学历,一年以上物流或货代工作经验者优先; 2. 专业不限,计算机操作熟练,具有业务系统操作经验; 3. 普通话标准,有良好的语言表达能力以及沟通能力; 4. 具有团队合作精神,责任心强,需夜间及节假日轮流值班

岗位名称	岗位职责	任职要求
业务结算专员	1. 核对、核销应收应付； 2. 及时开票，出具开票清单； 3. 核对、审核业务台账； 4. 发票、单证管理； 5. 审核备件物流收费表单； 6. 统计各类成本数据	1. 大专及以上学历，财务、会计相关专业优先； 2. 具有会计上岗证、初级会计职称，熟练使用 Office 及财务软件，英语良好，CET-4； 3. 熟悉会计基础知识，熟悉财务岗位工作内容；了解物流行业的业务知识； 4. 了解国家会计、税务相关政策法规
关务专员	1. 对公司客户的需求要全面掌握，保证报关的及时性和准确性； 2. 配合客户服务人员，对客户委托的业务进行确认、核实，避免在实际的通关业务中给公司、给客户造成不必要的影响和损失； 3. 根据公司管理及业务的需要，负责将业务过程中的相关节点的数据及时、准确地输入相关的表单和系统； 4. 协助公司完整地保存各种原始报关单据、票据，做到单证及时归档； 5. 了解海关与报关业务有关的最新信息； 6. 遵守公司各项相关的管理规定，遵守《海关法》《海关行政处罚条例》等海关对报关员的相关规定	1. 大专以上学历，国际货运外贸物流与报关专业优先； 2. 持报关员证书，有报关报检证书者优先； 3. 具有两年以上报关工作经验，无不良记录； 4. 熟练使用电脑，熟悉办公自动化软件，有很强的协同工作能力； 5. 有区外保税仓库关务经验者优先； 6. 有驾驶经验者优先； 7. 优秀应届毕业生亦可考虑

小练习

你想从事什么样的外贸工作呢？选择一份外贸岗位，写一份简历(见表 5-2)，和同学结伴演练外贸工作的招聘环节吧。

表 5-2　简历模板

姓名		性别	（　）男　（　）女
出生日期		国家地区	
学历		毕业院校	
联系方式		电子邮箱	
现居城市		通信地址	
求职意向			
期望工作性质		期望工作地点	
期望从事职业		期望从事行业	
期望月薪			
自我评价			

二、自贸区企业的准入

根据上海市人民政府侨务办公室发布的《中国(上海)自由贸易试验区投资实务手册》来看，自贸区企业的准入和设立有一定的标准。

无论是中资企业还是外资企业，自贸区准入所需的材料会根据其进入保税区还是非保税区而有所差异。

知识窗

保税区

保税区(Bonded Area)全称保税仓库区，是一国海关所设置的或经海关批准注册的，受海关监督的特定仓库。外国商品存入保税区内，可以暂时不缴纳进口税。如果之后复出口，也不用缴纳出口税；如果商品是要销往所在国的境内市场，那么需要办理报关手续，缴纳进口关税。我国保税区是在借鉴国际自由贸易区的成功经验、我国经济特区和对外开放港口多年探索的基础上建立的，以国际贸易、出口加工和保税仓储为主要功能的保税仓库或者保税工厂。

流程解读

1. 内资企业

在自贸区内设立内资企业，要分为内资公司、内资非公司企业法人、内资合伙企业和内资个人独资企业设立登记这四种类型。

内资企业准入总流程如下。

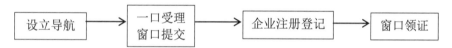

下面介绍详细流程，整体按照注册登记区域划分为两大部分——保税区和其他片区，各部分再细分为四种类型进行详细介绍。

1) 保税区

(1) 内资公司。

在保税区内设立内资公司，首先明确是否属于以下范畴。

① 市国有资产监督管理机构履行出资人职责的企业以及由该企业出资并持有50%以上股份的企业。

② 股份有限公司。

③ 企业集团及集团母公司。

④ 国家工商总局授权市局登记的企业。

⑤ 市局规定应当由其登记的其他企业，包括银行、证券、保险公司及其上海一级分支机构，期货公司及其分支机构，小额贷款公司、融资担保公司及其分支机构，股权投资和股权投资管理企业，保安服务公司等。

如果属于上述五种类型，则按照下列步骤依次办理业务。首先要到上海市工商局申请企业名称核准，核准后取得"企业名称预先核准通知书"，则需准备以下材料，并提交至市工商局窗口"一口受理"提交材料(见表5-3)，最后按照办事结果至市工商窗口领取营业执照。

表 5-3　五类内资企业在保税区设立公司所需材料清单

| 登记部门材料清单 | | | |
是否为必须项	材料名称	原件数(份)	复印件数(份)
是	公司法定代表人签署的《公司设立登记申请书》	1	0
是	《指定代表或者共同委托代理人的证明》	1	0
是	全体股东(发起人)签署的公司章程	1	0
是	股东(发起人)的主体资格证明或者自然人身份证件复印件	0	1
否	依法设立的验资机构出具的验资证明(实施认缴制的公司无须提交)	1	0
否	股东(发起人)首次出资是非货币财产的,提交已办理财产权转移手续的证明文件(实施认缴制的公司无须提交)	1	0
否	以股权出资的,提交《股权认缴出资承诺书》	1	0
是	董事、监事和经理的任职文件	1	0
是	董事、监事和经理的身份证件复印件	0	1
是	法定代表人任职文件	1	0
是	法定代表人身份证件复印件	0	1
是	住所使用证明	1	0
是	《企业名称预先核准通知书》	1	0
否	法律、行政法规和国务院决定规定设立公司必须报经批准的,提交有关的批准文件或者许可证书复印件	0	1
否	公司申请登记的经营范围中有法律、行政法规和国务院决定规定必须在登记前报经批准的项目,提交有关的批准文件或者许可证书复印件或许可证明	0	1
否	募集设立的股份有限公司公开发行股票的还应提交国务院证券监督管理机构的核准文件	0	1

知识窗

企业核名

　　企业核名是指对即将注册的企业名称进行工商、商标局、公众号等多个领域的预核对。企业名称不可随心所欲命名,需注意避免与同行业内的其他企业出现相同或者相近的名称,同时也要规避法律不允许的名称。企业名称需要工商局批准,到工商局去领取一张"企业(字号)名称预先核准申请表",填写拟定的公司名称(一般需准备三个名称备选),登录工商局网上检索是否涉及重名,若无重名,则该名称可使用,由工商局核发一张"企业(字号)名称预先核准通知书"。

如果不属于上述五种类型，则先看企业是否已经核名。已完成核名则需直接准备以下的材料：登记部门材料清单、对外贸易经营者备案材料清单、海关报关单位注册登记材料清单、检验检疫自理报检企业备案登记材料清单、公安部门印铸准许证材料清单和法人一证通材料清单六大类，如表 5-4 所示。

表 5-4　非五类内资企业在保税区设立公司所需材料清单

(一)登记部门材料清单

(标注*的材料在一口受理流程中无须提交)

是否为必须项	材料名称	原件数(份)	复印件数(份)
是	公司法定代表人签署的《公司设立登记申请书》	1	0
是	《指定代表或者共同委托代理人的证明》	1	0
是	全体股东(发起人)签署的公司章程	1	0
是	股东(发起人)的主体资格证明或者自然人身份证件复印件	0	1
否	依法设立的验资机构出具的验资证明(实施认缴制的公司无须提交)	1	0
否	股东(发起人)首次出资是非货币财产的，提交已办理财产权转移手续的证明文件(实施认缴制的公司无须提交)	1	0
否	以股权出资的，提交《股权认缴出资承诺书》	1	0
是	董事、监事和经理的任职文件	1	0
是	董事、监事和经理的身份证件复印件	0	1
是	法定代表人任职文件	1	0
是	法定代表人身份证件复印件	0	1
是	住所使用证明	1	0
是	《企业名称预先核准通知书》	1	0
否	法律、行政法规和国务院决定规定设立公司必须报经批准的，提交有关的批准文件或者许可证书复印件	0	1
否	公司申请登记的经营范围中有法律、行政法规和国务院决定规定必须在登记前报经批准的项目，提交有关的批准文件或者许可证书复印件或许可证明	0	1
否	募集设立的股份有限公司公开发行股票的还应提交国务院证券监督管理机构的核准文件	0	1

(二)对外贸易经营者备案材料清单

是否为必须项	材料名称	原件数(份)	复印件数(份)
是	对外贸易经营者备案登记申请表*	1	0
是	含有"统一社会信用代码"的工商营业执照复印件*	0	1
是	法定代表人有效身份证明复印件*	0	1
是	如申请者为外商投资企业、中国台港澳侨投资企业，须提交批准证书或备案证明复印件*	0	1

续表

是否为必须项	材料名称	原件数(份)	复印件数(份)
是	如申请者为个人独资企业、合伙企业等承担无限责任的企业,须提交由公证机构出具的财政证明文件或银行出具的存款证明*	1	0

(三)海关报关单位注册登记材料清单

是否为必须项	材料名称	原件数(份)	复印件数(份)
是	《报关单位情况登记表》*	1	0
是	含有"统一社会信用代码"的工商营业执照复印件*	0	1
是	对外贸易经营者登记备案表复印件或者外商投资企业(中国台港澳侨投资企业)批准证书复印件*	0	1
否	报关服务营业场所所有权证明或者使用权证明复印件(申请报关企业(双重身份企业)备案应当提交)	0	1

注意:一口受理流程中,涉及报关企业或特殊监管区"双重身份"企业的相关纸质材料在事项办理完毕后前往海关受理窗口递交。

(四)检验检疫自理报检企业备案登记材料清单

是否为必须项	材料名称	原件数(份)	复印件数(份)
是	《报检企业备案表》*	1	0
是	加盖企业公章的含有"统一社会信用代码"的工商营业执照复印件(同时交验原件)*	1	1
是	企业的公章印模*	1	0
是	使用报检专用章的,应当提交报检专用章印模*	1	0

(五)公安部门印铸准许证材料清单

是否为必须项	材料名称	原件数(份)	复印件数(份)
是	营业执照复印件(同时交验原件)*	0	1
是	如申请者为外商投资企业、中国台港澳侨投资企业,须提交批准证书或备案证明(同时交验原件)*	0	1
是	法人身份证明文件(法人签名)	0	1
是	经办人身份证明文件(同时交验原件)	0	1
是	经办人委托书(法人签名)	1	0

备注:一口受理流程中,公安部门印铸许可证的相关材料在领证环节递交。

(六)法人一证通材料清单

是否为必须项	材料名称	原件数(份)	复印件数(份)
是	数字证书申请表(加盖公章)*	1	0
是	含有"统一社会信用代码"的工商营业执照复印件(加盖公章)*	0	1
是	经办人身份证原件和复印件(加盖公章)*	1	1

备注:用户在领取到数字证书后,如需增加电子印章、单位社保号、单位公积金号,可至数字证书网站(www.962600.com)自助添加,或带好相关证件至网点窗口办理。

可以携带相应材料,直接前往服务大厅办理登记部门手续。需要注意的是,如果需要同时办理企业准入"单一窗口"中的其他办理事项,可以登录"中国·上海"门户网站"试验区投资办事直通车"或中国(上海)自由贸易试验区门户网站,填写相关表格后,再前往试验区保税区域指定受理点窗口递交相应材料。最后按照办事结果前往指定受理点窗口领取证照。

如果不属于这五种类型企业,同时又未核名的,则应先到自贸区指定受理点申请企业名称预先核准。上海自贸区官网列举了业务受理区域对应的办事地点和具体地址,如表5-5所示。

表5-5　自贸区指定受理点

业务受理区域	办 事 地 点	地　　址
外高桥保税区、外高桥保税物流园区、洋山保税港区、浦东机场综合保税区	中国(上海)自由贸易试验区基隆路9号1楼综合服务大厅	基隆路9号1楼
陆家嘴金融贸易区、世博园区	中国(上海)自由贸易试验区行政服务中心浦东市民中心	上海浦东合欢路2号1楼
金桥经济技术开发区	中国(上海)自由贸易试验区金桥行政服务中心	上海浦东新区新金桥路27号14号楼1楼
张江高科技园区	中国(上海)自由贸易试验区张江行政服务中心	上海浦东张江张东路1158号3号楼1楼

在核名完成取得"企业名称预先核准通知书"后,准备材料同表5-4中所示的材料完全一致,之后的流程也一致。

需要注意的是无论是否属于这五种企业类型,企业都应先核名。企业要根据自身情况选择合适的办理地点和材料进行办理。此外,为进一步优化营商环境,全国各大省市相继推行"一网通办"建设。上海2018年3月推出"一窗通"服务平台将企业注册环节及办理时间,进行了缩减。2020年,《上海市全面深化国际一流营商环境建设方案》实施,企业注册流程及办理时间进一步缩减。

案例思考

随着改革开放的深入、我国对外贸易的发展,自贸区的政策也越来越成熟,越来越多的企业为自身发展涌入自贸区。小杰也是其中之一,小杰想要在自贸区成立一家内资的股份有限公司,主营国际货物贸易业务。在企业核名后,他带着《企业名称预先核准通知书》《公司设立登记申请书》《指定代表或者共同委托代理人的证明》和《公司设立登记申请书》到市工商局"一口受理"窗口提交材料,却被告知还缺少材料,小杰到底缺少什么材料呢?

我认为小杰还应该提交

(2) 内资非公司企业法人。

如果办理企业属于之前所述五种企业的范畴，则先核名，之后准备登记部门材料，材料与内资企业稍有不同，如表 5-6 所示。之后同样前往市工商局"一口受理"窗口提交材料。

表 5-6　五类内资非公司企业法人在保税区设立公司所需材料清单

是否为必须项	材料名称	原件份数(份)	复印件份数(份)
是	组建负责人签署的《非公司企业法人开业登记申请书》	1	0
是	《指定代表或者共同委托代理人的证明》	1	0
否	法律、行政法规规定设立企业必须报经批准的，提交有关的批准文件或者许可证书复印件	0	1
是	企业法人组织章程	1	0
是	主管部门(出资人)的主体资格证明	1	0
否	主管部门(出资人)为国有企业或者事业法人的，提交国有资产管理部门出具的《国有资产占有产权登记表》；主管部门(出资人)为集体所有制企业或者社团组织、民办非企业单位的，提交依法登记的验资机构出具的验资证明；主管部门(出资人)为工会的，由上一级工会出具证明	1	0
是	主管部门(出资人)出具的企业法定代表人的任职文件	1	0
是	主管部门(出资人)出具的企业法定代表人的身份证件复印件	0	1
是	住所使用证明	1	0
否	企业申请登记的经营范围中有法律、行政法规和国务院决定规定必须在登记前报经批准的项目，提交有关的批准文件或者许可证书复印件或许可证明	0	1
是	《企业名称预先核准通知书》	1	0

如果办理企业不属于五种企业的范畴，且已核名的情况下，则需准备登记部门材料清单、对外贸易经营者备案材料清单、海关报关单位注册登记材料清单、检验检疫自理报检企业备案登记材料清单、公安部门印铸准许证材料清单和法人一证通材料清单六大类材料。登记部门材料清单与表 5-6 内容一致，其余五类所需材料与表 5-4 相应部分一致。准备好材料后，前往服务大厅办理登记部门手续。

(3) 内资合伙企业。

如果办理企业属于五种企业的范畴，则先核名，之后准备登记部门材料，如表 5-7 所示。之后同样前往市工商局"一口受理"窗口提交材料。

表 5-7　五类内资合伙企业在保税区设立公司所需材料清单

是否为必须项	材料名称	原件份数(份)	复印件份数(份)
是	全体合伙人签署的《合伙企业设立登记申请书》	1	0
是	《指定代表或者共同委托代理人的证明》	1	0
是	全体合伙人签署的合伙协议	1	0
是	全体合伙人的主体资格证明或者自然人的身份证明	0	1
是	全体合伙人签署的对各合伙人认缴或者实际缴付出资的确认书	1	0
是	主要经营场所证明	1	0
是	全体合伙人签署的委托执行事务合伙人的委托书；执行事务合伙人是法人或其他组织的，还应当提交其委派代表的委托书和身份证明复印件	1	0
否	合伙人以实物、知识产权、土地使用权或者其他财产权利出资，经全体合伙人协商作价的，提交全体合伙人签署的协商作价确认书；经全体合伙人委托法定评估机构评估作价的，提交法定评估机构出具的评估作价证明	1	0
是	《企业名称预先核准通知书》	1	0
否	经营范围中有法律、行政法规或者国务院决定规定在登记前须经批准的项目的，提交有关批准文件	0	1
否	法律、行政法规规定设立特殊的普通合伙企业需要提交合伙人的职业资格证明的，提交相应证明	0	1
否	国家工商行政管理总局规定提交的其他文件		

　　如果办理企业不属于五种企业的范畴，且已核名的情况下，则同上述情况一样，需准备六大类资料，其中登记部门材料清单与表 5-7 内容一致，其余五类所需材料与表 5-4 相应部分一致。准备好材料后，直接前往服务大厅办理登记部门手续。

　　(4)　内资个人独资企业。

　　如果办理企业属于五种企业的范畴，则先核名，之后准备登记部门材料，如表 5-8 所示。之后同样前往市工商局"一口受理"窗口提交材料。

表 5-8　五类内资个人独资企业在保税区设立公司所需材料清单

内资个人独资企业登记部门材料清单

是否为必须项	材料名称	原件份数(份)	复印件份数(份)
是	投资人签署的个人独资企业设立登记申请书	1	0
是	《企业名称预先核准通知书》	1	0
是	投资人身份证复印件	0	1

续表

是否为必须项	材料名称	原件份数(份)	复印件份数(份)
是	企业住所证明	1	0
否	法律、行政法规规定设立个人独资企业必须报经有关部门批准的，提交批准文件	0	1
否	从事的经营范围涉及法律、行政法规规定必须报经审批项目的，提交有关部门批准文件	0	1
否	如委托他人代理，应提供《指定代表或者共同委托代理人的证明》	1	0

如果办理企业不属于五种企业的范畴且已核名，则同上述情况一样，需准备六大类资料，其中登记部门材料清单与表 5-8 内容一致，其余五类所需材料与表 5-4 相应部分一致。准备好材料后，直接前往服务大厅办理登记部门手续。

综上所述，注册企业第一步都要先完成核名，核名通过后准备资料，根据企业类型选择不同的办理地点办理登记。

小思考：一家未核名的内资合伙企业要如何完成自贸区的准入工作呢？

2) 其他片区

其他片区与保税区最大的区别在于：提交材料种类的多少不同。无论哪种类型的企业，在其他片区的不需要准备对外贸易经营者备案材料清单、海关报关单位注册登记材料清单、检验检疫自理报检企业备案登记材料清单、公安部门印铸准许证材料清单和法人一证通材料清单这五类材料。即在其他片区办理只需要提交登记部门材料清单这一种类型的材料即可。要注意的是，如果企业不属于五种企业的情况范畴，则需要提交相应的登记部门材料清单(对应保税区的各种情况)。

2. 外资企业

外商投资企业按照组织形式可以分为有限责任公司、股份有限公司(分发起式和社会募集两种)和合伙企业；按照企业形式可以分为外商独资企业、中外合资经营企业和中外合作经营企业。

根据中国(上海)自由贸易试验区准入的需求，本节采取后者分类，并细化为外商投资的公司、外商投资的公司分公司、(非公司)外商投资企业、外商投资合伙企业、外商投资合伙企业分支机构以及外国(地区)企业在中国境内从事生产经营活动这六大类，详细介绍针对不同企业类型外商投资准入的流程的异同。

外商出资方式可以是货币，也可以是非货币资产。根据《中华人民共和国公司法》的规定，有限责任公司可以用货币出资，也可以用实物、知识产权、土地使用权等可以用货币估价并依法转让的非货币资产，法律、法规另有规定的除外。

总的来说，自贸区内外资准入方式就是采取负面清单和准入前国民待遇管理模式，在负面清单内的采取审批模式，在负面清单外的采取备案模式。

总体流程如下：选择企业类型，先到试验区指定受理点或市工商局进行核名，取得"企业名称预先核准通知书"后，自行在"中国·上海"门户网站"试验区投资办事直通车"或中国(上海)自由贸易试验区门户网站，将拟投资情况与试验区外商投资准入特别管理措施(负面清单)进行比照。根据投资项目是否在负面清单外准备相应的材料。

需要注意的是，首先，不同外资企业类型并非所有的步骤都一致，可能会有不用核名的、不用比对的，因此上述总流程只是一般流程。具体情况下文会详细介绍。

其次，设立备案的情况下仍然要划分保税区和其他片区，但保税区只是比其他片区需要多提交对外贸易经营者备案材料清单、海关报关单位注册登记材料清单、检验检疫自理报检企业备案登记材料清单、公安部门印铸准许证材料清单和法人一证通材料清单这五类材料，具体内容与表5-4相应部分内容一致。因此在下文不再划分，统一默认为保税区情况。

最后，因为从负面清单对比前所有类型企业的步骤是一致的，因此下面具体流程仅从负面清单对比后，分不同企业类型进行详细介绍。

1) 外商投资的公司

完成负面清单比对，设立备案的企业。

第一步，根据试验区外商投资准入特别管理措施(负面清单)比照结果，登录"中国·上海"门户网站"试验区投资办事直通车"或中国(上海)自由贸易试验区门户网站，填写相关表格，并准备相应的备案材料，在一个月内前往试验区指定受理点窗口递交材料，办理受理手续。

第二步，准备下述材料，如表5-9所示。其中对外贸易经营者备案材料清单、海关报关单位注册登记材料清单、检验检疫自理报检企业备案登记材料清单、公安部门印铸准许证材料清单和法人一证通材料清单这五类材料内容与表5-4相应部分内容一致。

表5-9 完成负面清单比对，设立备案的企业在保税区设立公司所需材料清单

商务部门材料清单	
材料名称	原件数(份)
经投资方签字的《外商投资企业设立备案申报表和承诺书》	1
登记部门材料清单	
拟任法定代表人签署的《外商投资的公司设立登记申请书》	1
公司章程	1
备案机关的备案文书*	1
《名称预先核准通知书》	1

续表

材料名称	原件数(份)
投资者的主体资格证明或自然人身份证明	1
董事、监事和经理的任职文件及身份证明	1
法定代表人任职文件和身份证明	1
依法设立的验资机构出具的验资证明	0
股东首次出资是非货币财产的，提交已办理财产权转移手续的证明文件	1
公司住所证明	1
创立大会的会议记录	1
前置审批文件或证件	1
法律文件送达授权委托书及被授权人的主体资格证明复印件	1
其他有关文件	
外商投资项目备案材料清单	
如您同时进行投资项目申报，请您先将拟投资项目情况与《政府核准的投资项目目录》进行比照，目录外的项目请按照备案流程操作	
中外投资各方的企业注册证(营业执照)*	1
中外投资各方的商务登记证(如个人投资者，则提供个人身份证明)*	1
投资各方签署的意向书，增资、并购项目的公司董事会决议	1
房地产权证(或土地中标通知书、或土地成交确认书、或国有建设用地使用出让合同)或租赁协议	1
根据有关法律法规应当提交的其他文件	
外商投资项目核准材料清单	
如您同时进行投资项目申报，请您先将拟投资项目情况与《政府核准的投资项目目录》进行比照，目录内的项目按照内外资一致原则，请您按照核准流程操作	
拟任法定代表人签署的《外商投资的公司设立登记申请书》	1
公司章程	1
备案机关的备案文书*	1
《名称预先核准通知书》	1
投资者的主体资格证明或自然人身份证明	1
董事、监事和经理的任职文件及身份证明	1
法定代表人任职文件和身份证明	1
依法设立的验资机构出具的验资证明	0
股东首次出资是非货币财产的，提交已办理财产权转移手续的证明文件	1
公司住所证明	1
创立大会的会议记录	1
前置审批文件或证件	1
其他有关文件	
对外贸易经营者备案材料清单	
海关报关单位注册登记材料清单	

材料名称	原件数(份)
法律文件送达授权委托书及被授权人的主体资格证明复印件	1
检验检疫自理报检企业备案登记材料清单	
公安部门印铸准许证材料清单	
法人一证通材料清单	

第三步，按照办事结果前往指定受理点领取证照。需要注意的是，具体材料要求以告知单为准。如您拟投资的领域在负面清单外，且无投资项目核准，在材料齐全且符合法定形式的条件下，将在完成窗口收件之后的 4 个工作日内办结相关事项。办理期间，申请人可登录网站实时查询事项办理状态。

工作笔记

你认为为何上海自贸区运用负面清单对企业进行管理呢？这种管理方式有什么好处呢？

完成负面清单比对，设立审批的企业。

第一步与上述情况一致，第二步准备材料有差异，只需准备商务部分材料清单、登记部门材料清单和外商投资项目核准材料清单这三类。其中商务部分材料清单不同，如表 5-10 所示；登记部门材料清单相比表 5-9 中相应部分，以审批机关的批准文件代替"备案机关的备案文书"，其余一致；外商投资项目核准材料清单与表 5-9 中相应部分内容一致。

表 5-10　完成负面清单比对，设立审批的企业在保税区设立公司所需材料清单

商务部分材料清单

是否必须	材料名称	原件份数(份)	复印件份数(份)
是	申请报告	1	0
是	法律文件送达授权委托书	1	0
是	工商行政管理部门出具的《企业名称预先核准通知书》	0	1
是	投资方授权代表签署的外商投资企业合同、章程(独资企业只需报送章程)	1	0

续表

是否必须	材料名称	原件份数(份)	复印件份数(份)
是	经公证认证的境外投资者主体资格证明或身份证明及中文翻译件	1	0
是	境外投资者的银行资信证明及中文翻译件	1	0
是	境内投资者的营业执照(复印件)及银行资信证明(原件)	1	1
是	投资各方授权代表身份证明	0	1
是	投资各方出具的董事会成员或执行董事、监事会成员或监事委派书,身份证明(复印件)	0	1
是	公司注册地有效证明(原件)及产权证明(复印件)	1	1
否	国资部门出具的有关批准文件或备案文件(涉及国有资产的项目根据国有资产管理的有关规定提供)	1	0
否	拟任专职工作人员的简历和职业资格证明	0	1
是	由企业盖章及法人代表签字的保证所提供材料真实性的承诺书	1	0
否	委托中介机构代理申报的,应提供代理协议、代理机构营业执照(复印件)	0	1
否	审批机关要求的其他文件		

2) 外商投资的公司分公司

该类型企业不进行负面清单比对。其准入所需资料如表 5-11 所示。

表 5-11 外商投资的公司分公司在保税区设立公司所需材料清单

登记部门材料清单

材料名称	原件份数
《外商投资的公司分公司设立登记申请书》	1
隶属公司章程	1
《分支机构名称预先核准通知书》	1
隶属公司出具的分公司负责人的任职文件及身份证明	1
营业场所使用证明	1
隶属公司营业执照副本(加盖单位公章)	0
前置审批文件	1
其他有关文件	0

外商投资项目备案材料清单

外商投资项目核准材料清单

对外贸易经营者备案材料清单

海关报关单位注册登记材料清单

检验检疫自理报检企业备案登记材料清单

公安部门印铸准许证材料清单

法人一证通材料清单

3) (非公司)外商投资企业

该类型外资企业如果选择备案,则与外资企业步骤及所需材料完全一致。如果选择审批,其所需材料如表 5-12 所示。

表 5-12　(非公司)外商投资企业在保税区设立公司所需材料清单

登记部门材料清单

是否必须	材料名称	原件份数	复印件份数
是	拟任法定代表人签署的《(非公司)外商投资企业设立登记申请书》	1	0
是	审批机关的批准文件	1	0
是	合同、章程	1	0
是	《名称预先核准通知书》	1	0
是	投资者的合法开业证明和资信证明	1	0
是	法定代表人、联合管理委员会委员任职文件及身份证明	1	1
是	住所使用证明	1	1
否	依法设立的验资机构出具的验资证明	1	0
否	前置审批文件或证件	1	0
否	其他有关文件		

4) 外商投资合伙企业

该类型企业只需核名,不比对负面清单。完成核名后准备以下材料(见表 5-13)。

表 5-13　外商投资合伙企业在保税区设立公司所需材料清单

登记部门材料清单

材料名称	原件份数
全体合伙人签署的《外商投资合伙企业设立登记申请书》	1
《外商投资合伙企业名称预先核准通知书》	1
主要经营场所证明	1
全体合伙人的主体资格证明或自然人身份证明和住所证明	1
全体合伙人对各合伙认缴或实缴出资的确认书	1
资信证明	1
全体合伙人签署的合伙协议	1
全体合伙人签署的符合外商投资产业政策的说明	1
全体合伙人签署的委托执行事务合伙人的委托书	1
法律、行政法规规定设立特殊的普通合伙企业需要提交合伙人的职业资格证明的,提交相应证明	1
外汇管理部门出具的证明文件	1
前置审批文件或证件	

续表

材料名称	原件份数
其他有关文件	
外商投资项目备案材料清单	
外商投资项目核准材料清单	
对外贸易经营者备案材料清单	
海关报关单位注册登记材料清单	
检验检疫自理报检企业备案登记材料清单	
公安部门印铸准许证材料清单	
法人一证通材料清单	

5) 外商投资合伙企业分支机构

该类型企业也不比对负面清单,直接准备如表 5-14 所示的材料。

表 5-14 外商投资合伙企业分支机构在保税区设立公司所需材料清单

登记部门材料清单

是否必须	材料名称	原件份数	复印件份数
是	《外商投资合伙企业分支机构设立登记申请书》	1	0
是	全体合伙人签署的设立分支机构的决定书	1	0
是	全体合伙人签署的委派执行分支机构事务负责人的委托书及其身份证明复印件	1	1
是	经营场所证明	1	1
是	加盖合伙企业印章的合伙企业营业执照复印件	0	1
否	前置审批文件或证件	1	0
否	其他有关文件	1	0

外商投资项目备案材料清单
外商投资项目核准材料清单
对外贸易经营者备案材料清单
海关报关单位注册登记材料清单
检验检疫自理报检企业备案登记材料清单
公安部门印铸准许证材料清单
法人一证通材料清单

6) 外国(地区)企业在中国境内从事生产经营活动

该类型企业无须核名,直接准备表 5-15 所示的材料。

表 5-15　外国(地区)企业在中国境内从事生产经营活动在保税区设立公司所需材料清单

登记部门材料清单			
是否必须	材料名称	原件份数	复印件份数
是	负责人签署的《外国(地区)企业在中国境内从事生产经营活动设立登记申请书》	1	0
是	外国(地区)企业有权签字人签署的申请书	1	0
是	项目合同	1	0
是	外国(地区)企业的合法开业证明	1	0
是	外国(地区)企业的资信证明	1	0
是	外国(地区)企业有权签字人对负责人的任命书	1	0
是	验资报告	1	0
是	外国(地区)企业章程及董事会成员名单	0	1
是	营业场所使用证明	0	1
否	其他有关文件		
外商投资项目备案材料清单			
外商投资项目核准材料清单			
对外贸易经营者备案材料清单			
海关报关单位注册登记材料清单			
检验检疫自理报检企业备案登记材料清单			
公安部门印铸准许证材料清单			
法人一证通材料清单			

3. 其他特殊情况

在上海市自贸区外注册设立的公司想要迁入自贸区：如果是原来在浦东新区未划入自贸区范围内注册的企业，则需按照自贸区内的政策，先登记缴回原营业执照，核发新版营业执照。遵循"先照后证"，拿到营业执照后就可从事一般经营业务，但若要从事需要许可的业务，可在拿到营业执照之后向主管部门申请办理许可证。如果是在上海其他区县及外省市注册的企业想要迁入自贸区，则需先至原登记机关办理迁移手续，再按照自贸区内的政策办理迁入登记，缴回原营业执照，核发新版营业执照。

如果一家外商投资合伙企业要进入自贸区，该如何操作呢？

知识掌握

1. 工商登记制度改革

根据 2013 年上海市工商行政管理局印发的《关于中国(上海)自由贸易试验区内企业登记

管理的规定》，提出对企业登记管理制度进行改革主要表现在以下四个方面：第一个方面是取消最低注册资本的规定(除法律、行政法规、国务院决定对特定行业注册资本最低限额另有规定的除外)，以及注册资本比例、期限等规定。取消最低注册资本限额，降低了企业准入的门槛。

第二个方面是在区内实行资本认缴登记制，公司股东(发起人)对其认缴出资额、出资方式、出资期限等自主约定并记载于公司章程(法律、行政法规对特定企业注册资本登记另有规定的除外)。注册资本认缴登记制是工商登记制度改革的一项措施，工商部门在自贸区试行，将之前的公司注册资本实缴登记制改为认缴登记制。二者最主要的区别在于，实行认缴登记制，工商部门登记公司全体股东、发起人认缴的注册资本或认购的股本总额即公司注册资本，不登记公司实收资本。然而，每年公司应当将股东认缴出资额或者发起人认购股份、出资方式、出资期限、缴纳情况通过市场主体信用信息公示系统向社会公示。公司股东(发起人)对缴纳出资情况的真实性、合法性负责。同时，公司股东对缴纳出资的情况应符合当时设立公司时所递交的公司章程的规定。但实缴就是按实际缴纳的资本额登记为注册资本，因此认缴制可以使申请企业不用再为注册资本所限制。

扫二维码，查看《关于中国(上海)自由贸易实验区内企业登记管理的规定》.pdf

第三个方面是实行"先照后证"。"照"是指营业执照，"证"是指经营许可证。规定自贸试验区内取得营业执照的企业即可从事一般生产经营活动；从事需要许可的生产经营活动的，可以在取得营业执照后，向主管部门申请办理(除法律、行政法规、国务院规定的企业登记前置许可事项外)。即，如果区内企业需要从事许可经营项目的，而且经营项目属于企业登记前置许可事项的，在取得许可证或批准文件后向工商部门申领营业执照，需要"先证后照"；其他经营项目，则在领取营业执照后向主管部门申请办理相关许可证或者批准文件，然后开展该项目经营活动。

第四个方面是试验区内企业实行年度报告公示制，同时建立经营异常名录制度。

工作笔记

你认为工商登记制度改革对自贸区产生了怎样的积极影响呢？你觉得还有什么管理措施可以促进自贸区发展呢？

_____

_____

_____

2. 外商投资准入管理(负面清单与准入前国民待遇)

2013 年上海市工商行政管理局印发的《关于中国(上海)自由贸易试验区内企业管理的规定》提出对企业登记管理制度进行改革。

自贸区试行外商投资准入前国民待遇与外商投资准入特别管理措施(负面清单)管理模式。规定:对外商投资准入实行特别管理措施(负面清单)之外的领域,按照内外资一致的原则将外商投资项目由核准制改为备案制。备案管理范围具体包括:负面清单之外的中外合资、中外合作、外商独资、外商投资合伙、外国投资者并购境内企业、外商投资企业增资等各类外商投资项目,但国务院规定对境内投资项目保留核准的除外;将外商投资企业合同章程审批改为备案管理。

负面清单由市政府制定,实际上指的是一种对外资许诺开放的反向方式。对于负面清单中列明的限制和禁止外资投资的行业和业务,是不给予外资以准入前国民待遇的;对于未列入负面清单的行业和业务,则内外资一视同仁,即同样都要经过特殊审批程序(如医疗、金融等特许经营行业)。

准入前国民待遇是指在企业设立、取得、扩大等阶段给予外国投资者及其投资不低于本国投资者及其投资的待遇。在投资领域,国民待遇的适用范围按投资阶段可以分为"外资准入前国民待遇"和"外资准入后国民待遇"。"准入前国民待遇"就是将国民待遇延伸至投资发生和建立前阶段,其核心是给予外资准入权。而外资准入后国民待遇适用于投资建立之后的运营阶段,这意味着外资只有在进入之后才能获得国民待遇。

扫二维码,观看"自贸区企业准入制度"视频

三、申请外贸经营资质

一般企业注册成立后并不具备国际贸易资质,为了能够从事国际贸易业务,企业还要向有关部门(上海市商务委员会,简称"市商委")申请办理对外贸易经营者备案登记,以获取对外贸易经营资质。

实训操练

在完成初步设定后,为方便之后的报关,企业要向海关进行备案,才能取得报关资质。2018 年 8 月 1 日,海关与商检局正式合并,推出单一窗口,减少了流程,方便了企业进行国际贸易货物通关。相应地,备案手续也减少了,以往要向海关和商检局分别进行备案,以获得报关与检验检疫的资质;现在,检验检疫自理报检企业备案与海关进出口货物收发货人备案合并为海关进出口货物收发货人备案;检验检疫代理报检企业备案与海关报关企业(包括特殊监管区域双重身份企业)注册登记或者报关企业分支机构备案合并为海关报关企业注册登记或者报关企业分支机构备案;检验检疫报检人员备案与海关报关人员备案合并为报关人员备案。也就是说,企业注册登记后或者报关企业分支机构备案完成后可同时取得报关与报检的从业资质。

在实训平台中，只需在贸易企业的主页中选择 VSOA(见图 5-9)，进入国际贸易单一窗口(见图 5-10)，在资质许可下选择进出口登记及报关资质，并按实际情况填写所提供的备案表单即可(见图 5-11)，相比于之前要向海关与商检局分别备案，当下单一窗口的资质申请十分便捷。

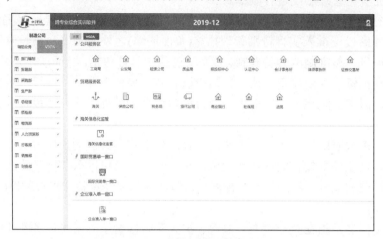

图 5-9　实训系统界面(VSOA)

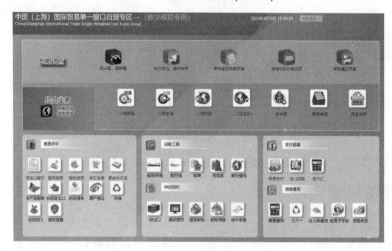

图 5-10　实训系统界面(国际贸易单一窗口)

图 5-11　实训系统界面(资质许可-进出口登记)

流程解读

1. 对外贸易经营者备案登记

1) 申请条件

并不是所有企业都可以从事国际贸易经营的，经营国际贸易是需要一定的前置条件的，根据《中华人民共和国对外贸易法》(以下简称《外贸法》)的有关规定，对外贸易经营者，是指依法办理工商登记或者其他执业手续，依照本法和其他有关法律、行政法规的规定从事对外贸易经营活动的法人、其他组织或者个人。

(1) 拟从事货物及技术进出口业务的内资企业和个人，应先向工商管理部门办理工商登记注册手续或经营范围的变更手续，获得从事进出口业务的经营范围(如从事货物及技术的进出口业务)，再办理对外贸易经营者备案登记手续。

(2) 外商投资生产型企业，从事本企业自用、自产货物和技术进出口的，不需要办理对外贸易经营者备案登记手续。如果生产企业在已批准的经营范围上增加了其他进出口经营活动的(如上述同类产品的进出口)，则需要办理对外贸易经营者备案登记手续。其他经依法批准从事进出口及分销业务的外商投资企业，均需要办理对外贸易经营者备案登记手续。

2) 实际办理流程

第一步，进入"商务部业务系统统一平台——对外贸易经营者备案登记"，在线填写《对外贸易经营者备案登记表》(以下简称《登记表》)。需要注意的是，选择备案登记机关时，自贸区保税区片区的企业请选择"上海自由贸易试验区管理委员会保税区管理局"；浦东新区的企业(不含保税区片区)请选择"上海市浦东新区商务委员会"，其他地区的企业请选择"上海市商务委员会"。

参考资料

如何填写《对外贸易经营者备案登记表》

对外贸易经营者应按《登记表》要求认真填写所有事项的信息，并确保所填写内容是完整的、准确的和真实的。以下为几点填写时的注意事项。

(1) 表内"住所"为营业执照登记的住所，请完全按照营业执照上所登记的内容填写。

(2) 表内"经营场所"为实际经营地点。

(3) 表内"电话""传真"最长位数为 13 位，格式为区号-号码(填写分机可能导致位数超长，可不填写)。

(4) 表内"注册资金"第一栏为人民币，第二栏为美元(单位：万元)。如企业用非人民币、美元等其他币种作为注册资本的，请按申报当日外汇牌价折算进行填报。

(5) 表格分两页，打印在一张纸或两张纸上均可。

第二步，提交成功后网页会弹出系统编号，单击"打印"按钮打印出登记表(登记表有正反两页)，在打印出的《登记表》第二页加盖单位公章，并由法人代表签字或加盖法定代表人私章。

第三步，准备办理材料。具体包括《登记表》；营业执照副本复印件；组织机构代码证复印件(已三证合一企业免交)；企业法定代表人有效身份证明复印件。对外贸易经营者为外商投资企业的，除上述材料外，还应提交外商投资企业批准证书或备案证明(备案回执)复印件；对外贸易经营者为个体户、个人独资企业、合伙企业等没有注册资本的(一人有限责任公司不属于此列)，还需要提供财政证明文件原件(如银行存款证明)。

第四步，前往备案登记机关办理，自贸区保税区片区的企业请选择"上海自由贸易试验区管理委员会保税区管理局"；浦东新区的企业(不含保税区片区)请选择"上海市浦东新区商务委员会"，其他地区的企业请选择"上海市商务委员会"。后续流程如图5-12所示。

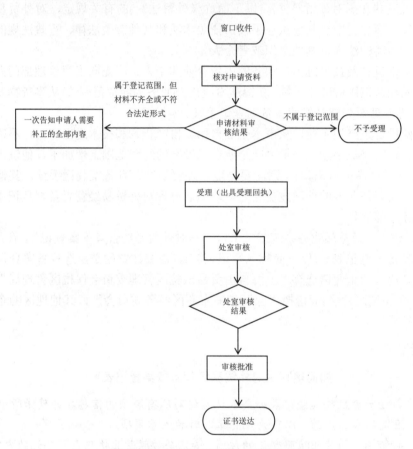

图5-12　对外贸易经营者备案登记流程

一般企业备案登记与自贸区企业的差异

一般企业申请外贸经营权，相比自贸区企业有着更为严格的申请条件。

根据《关于调整私营生产企业和科研院所申请自营进出口经营权资格条件的通知》规定，私营企业和科研院所申请进出口经营权需要满足以下条件：申请自营进出口权的私营生产企业注册资本应不少于500万元人民币(少数民族地区和中西部地区应不少于300万元人民币)，私营科研院所、高新技术企业和机电产品生产企业的注册资本应不少于200万元人民币；不再考核销售收入和出口供货额等条件。

根据《关于对国有、集体生产企业实行自营进出口权登记的通知》的规定，申请自营进出口权登记的国有、集体生产企业需具备以下条件：生产企业的注册资本应不少于500万元人民币(少数民族地区和中西部地区应不少于300万元人民币)，机电行业生产企业的注册资本应不少于200万元人民币。

因此可以看出自贸区的企业申请进出口经营权更为宽松，办理流程更为简便。

扫二维码，查看《商务部 海关总署 中国贸促会关于实施对外贸易
经营者备案和原产地企业备案"两证合一"的公告》.pdf

2. 单一窗口注册登记

对外贸易经营者备案登记完成后，企业就有了进行国际贸易的从业资质，但如果企业自行报关的话，则要进行单一窗口的注册登记。

企业需要在单一窗口标准版门户网站(https://www.singlewindow.cn)的页面上方单击注册(见图5-13)，进入注册界面后选择"企业用户注册"按钮(见图5-14)。之后，界面会显示有卡用户和无卡用户两种(见图5-15)。如果是有卡用户，则单击"注册"按钮后，需插入IC卡，输入IC卡密码，验证通过后，系统会自动填写企业基本信息，则单一窗口的登记完成。如果是无卡用户，则单击"注册"按钮，按真实的企业信息填写系统提供的表单即可(见图5-16)。

具体流程如图5-17所示。

图 5-13　单一窗口标准版门户网站页面

图 5-14　单一窗口标准版门户网站注册首页

图 5-15　单一窗口标准版门户网站注册子页

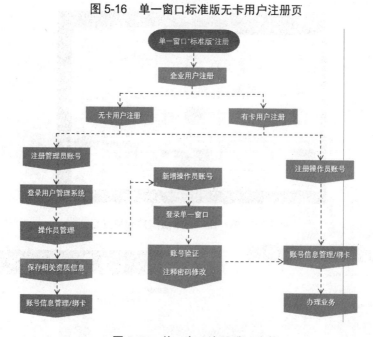

图 5-16　单一窗口标准版无卡用户注册页

图 5-17　单一窗口注册登记流程

知识窗

中国电子口岸企业 IC 卡

中国电子口岸企业 IC 卡是指需使用中国电子口岸的企业及其人员，通过备案申请取得的存储有用户信息的 CPU 智能卡。

它是企业在网上使用的身份证和印章，其内部存有企业用户的密钥和证书，可进行身份认证及数字签名，是企业办理网上业务时明确法律责任、保护企业合法权益的重要用具，必须妥善保存和管理。

知识掌握

1. 外贸经营资质

随着经济全球化发展，世界各国间的联系愈来愈密切，尤其是商品和劳务的流通，因此，一国的对外贸易水平越发成为拉动一国经济的主要力量。所以越来越多的企业参与对外贸易活动，以扩展业务范围，提升产品竞争力。企业要进行对外贸易，一般可以选择外贸代理企业，作为中介协助进行贸易活动。或者选择申请对外贸易经营权，自行进行进出口业务。进出口经营权就是指拥有进出口经营权的企业，可依法自主地从事进出口业务。如果没有进出口经营权，企业是不能自行进行进出口业务的。

中国当前对外经贸的企业主要有以下几种类型：外贸公司(包括部委、省级外贸公司和地(市)县级外贸公司)、生产企业、科研院所、商业物资企业和外经企业。

根据《中华人民共和国对外贸易法》规定，从事货物进出口或者技术进出口的对外贸易经营者，应当向国务院对外贸易主管部门或者其委托的机构办理备案登记(法律、行政法规和国务院对外贸易主管部门规定不需要备案登记的除外)。备案登记的具体办法由国务院对外贸易主管部门规定。对外贸易经营者未按照规定办理备案登记的，海关不予办理进出口货物的报关验放手续。因此，参与对外贸易活动的企业必须要申请备案以获得进出口经营权。

小讨论：没有外贸经营权的公司该如何进行国际贸易呢？

_____

_____

_____

_____

扫二维码，观看"外贸企业注册流程"视频

表单示例

附件 5-1

企业名称预先核准申请书(1)

申请企业名称		
备选企业名称 (请选用不同的 字号)	1.	
	2.	
	3.	
经营范围	许可经营项目: 一般经营项目: (只需填写与企业名称行业表述一致的主要业务项目)	
注册资本	(万元)	
企业类型		
住所所在地		
指定代表或者委托代理人		
指定代表或委托代理人的权限: 1. 同意□ 不同意□ 核对登记材料中的复印件并签署核对意见。 2. 同意□ 不同意□ 修改有关表格的填写错误。 3. 同意□ 不同意□ 领取《企业名称预先核准通知书》。		
指定或者委托的有效期限	自　年　月　日至　　年　月　日	

注:1. 手工填写表格和签字请使用黑色或蓝黑色钢笔、毛笔或签字笔,请勿使用圆珠笔。

2. 指定代表或者委托代理人的权限需选择"同意"或者"不同意",请在□中打√。

3. 指定代表或者委托代理人可以是自然人,也可以是其他组织;指定代表或者委托代理人是其他组织的,应当另行提交其他组织证书复印件及其指派具体经办人的文件、具体经办人的身份证件。

企业名称预先核准申请书 (2)

投资人姓名或名称	证照号码	投资额(万元)	投资比例(%)	签字或盖章

填表日期	年 月 日

指定代表或者委托代理人、具体经办人信息	签　字:
	固定电话:
	移动电话:

(指定代表或委托代理人、具体经办人
身份证明复印件粘贴处)

注: 1. 投资人在本页表格内填写不下的可以附纸填写。

　　2. 投资人应对第(1)、(2)两页的信息进行确认后,在本页盖章或签字。自然人投资人由本人签字,非自然人投资人加盖公章。

附件 5-2

对外贸易经营者备案登记表

备案登记表编号：　　　　　　　　　　　　进出口企业代码：

经营者中文名称			
经营者英文名称			
组织机构代码		经营者类型 （由备案登记机关填写）	
住　　所			
经营场所(中文)			
经营场所(英文)			
联系电话		联系传真	
邮政编码		电子邮箱	
工商登记 注册日期		工商登记 注册号	

依法办理工商登记的企业还须填写以下内容

企业法定代表人姓名		有效证件号	
注册资金		(折美元)	

依法办理工商登记的外国(地区)企业或个体工商户(独资经营者)还须填写以下内容

企业法定代表人/ 个体工商负责人姓名		有效证件号	
企业资产/个人财产		(折美元)	

备注:	

填表前请认真阅读背面的条款，并由企业法定代表人或个体工商负责人签字、盖章。

备案登记机关

签　章

年　月　日

对外贸易经营者备案登记表背面

本对外贸易经营者作如下保证：

一、遵守《中华人民共和国对外贸易法》及其配套法规、规章。

二、遵守与进出口贸易相关的海关、外汇、税务、检验检疫、环保、知识产权等中华人民共和国其他法律、法规、规章。

三、遵守中华人民共和国关于核、生物、化学、导弹等各类敏感物项和技术出口管制法规以及其他相关法律、法规、规章，不从事任何危害国家安全和社会公共利益的活动。

四、不伪造、变造、涂改、出租、出借、转让、出卖《对外贸易经营者备案登记表》。

五、在备案登记表中所填写的信息是完整的、准确的、真实的；所提交的所有材料是完整的、准确的、合法的。

六、《对外贸易经营者备案登记表》上填写的任何事项发生变化之日起，30 日内到原备案登记机关办理《对外贸易经营者备案登记表》的变更手续。

以上如有违反，将承担一切法律责任。

对外贸易经营者签字、盖章

年　月　日

注：1. 备案登记表中"组织机构代码"一栏，由企业、组织和取得组织机构代码的个体工商户填写。

2. 依法办理工商登记的外国(地区)企业，在经营活动中，承担有限/无限责任。依法办理工商登记的个体工商户(独资经营者)，在经营活动中，承担无限责任。

3. 工商登记营业执照中，如经营范围不包括进口商品的分销业务，备案登记机关应在备注栏中注明"无进口商品分销业务"字样。

附件 5-3

报关单位情况登记表

海关注册编码		组织机构代码		注册海关	
中文名称					
工商注册地址				邮政编码	
营业执照注册号		工商登记日期		进出口企业代码	
行政区划		经济区划		经济类型	
经营类别		组织机构类型		行业种类	
法定代表人(负责人)		法定代表人(负责人)身份证件类型		法定代表人(负责人)身份证件号码	
海关业务联系人		移动电话		固定电话	
上级单位名称		上级单位组织机构代码		与上级单位关系	
序号	出资者名称		出资国别	出资金额(万)	出资金额币制
1					
2					
3					
本单位承诺，我单位对向海关所提交的申请材料以及本表所填报的注册登记信息内容的真实性负责并承担法律责任。 　　　　　　　　　　　　　　　　　　　　　　　　　　(单位公章) 　　　　　　　　　　　　　　　　　　　　　　　年　月　日					

报关单位情况登记表

(所属报关人员)

所属报关单位海关注册编码						
序号	姓名	身份证件类型	身份证件号码	业务种类		
1				☐备案	☐变更	☐注销
2				☐备案	☐变更	☐注销
3				☐备案	☐变更	☐注销
4				☐备案	☐变更	☐注销
5				☐备案	☐变更	☐注销
我单位承诺对本表所填报备案信息内容的真实性和所属报关人员的报关行为负责并承担相应的法律责任。 (单位公章) 年　　月　　日						

2. 《报关单位情况登记表》填表说明

(1) 海关注册编码：企业初次到海关申请注册登记时，不填。申请其他企业管理业务时，必须填写"海关注册编码"。

(2) 组织机构代码：填写《组织机构代码证》的编码。没有《组织机构代码证》的保税仓库可以不填。没有组织机构代码的自然人、临时组织机构在申请临时注册登记时可以不填。其他企业或组织机构必须填写"组织机构代码"。

(3) 注册海关：企业办理海关注册登记时，填写工商注册所在地海关名称。办理其他业务时，不填。

(4) 中文名称：企业、个体工商户填写工商营业执照上的"名称"或"企业名称"，其他组织机构填写《组织机构代码证》上的"机构名称"。

(5) 工商注册地址：企业、个体工商户填写工商营业执照上的"住所"或"企业住所"，其他组织机构填写《组织机构代码证》上的地址。

(6) 邮政编码：填写工商注册地址对应的邮政编码。

(7) 营业执照注册号：企业、个体工商户填写工商营业执照上的"注册号"，其他组织机构可不填。

(8) 工商登记日期：企业、个体工商户填写营业执照上的"成立日期"，其他组织机构可不填。

(9) 进出口企业代码：对外贸易经营者填写《对外贸易经营者备案登记表》上的"进出口企业代码"。

(10) 行政区划：根据《中华人民共和国行政区划代码》(GB/T 2260—2007)填写 6 位地区代码及对应的行政区划名称。

(11) 经济区划：根据企业或组织机构所在地，在表 5-16 选择填写。

表 5-16　通用贸易术语列表

编　号	经济区划名称	备　注
01	经济特区	
02	经济技术开发全区	仅适用于国家级经济技术开发区
03	高新技术产业开发区	仅适用于国家级高新技术产业技术
04	保税区	
05	出口加工区	
06	保税港区/综合保税区	
07	保税物流中心	
08	综合试验区	仅适用于福建平潭综合试验区、广东珠海横琴新区
0A	国际边境合作中心	仅适用于中哈爱尔果斯国际边境合作中心的中方区域
09	一般经济区域	

(12) 经济类型：根据《经济类型分类与代码》(GB/T 12402—2000)填写 3 位经济类型分类代码及对应的名称。(在《中华人民共和国组织机构代码证基本情况登记表》上有对应的项目)

分支机构应与其上级单位经济类型一致。个体工商户、自然人、非企业组织机构、临时组织机构填"其他"。

(13) 经营类别：根据企业在海关注册的类型，在以下选项中选择填写。

编　号	经营类别名称
1	进出口货物收发货人
2	报关企业
3	报关企业分支机构
4	特殊监管区"双重身份"企业
5	临时注册登记
6	无进出口经营权加工生产企业
7	保税仓库
8	出口监管仓库
9	进出境运输工具负责人

(14) 组织机构类型：根据《组织机构类型》(GB/T 20091—2006)填写 2 位组织机构类型及对应名称。

不是企业分支机构的保税仓库、临时组织机构填"其他未列明的组织机构"，个体工商户、自然人不填。

(15) 行业种类：根据《国民经济行业分类》(GB/T 4754—2002)填写 4 位代码及对应名称。(在《中华人民共和国组织机构代码证基本信息登记表》上有对应的项目"经济行业")

(16) 法定代表人(负责人)：企业法人填《企业法人营业执照》上的"法定代表人"，分支机构填《营业执照》上的"负责人"，个体工商户填《个体工商户营业执照》上的"经营者姓名"，个人独资企业填《个人独资企业营业执照》上的"投资者姓名"，其他企业填工商营业执照上的负责人姓名，其他组织机构填《组织机构代码证》上的法定代表人或负责人姓名。

(17) 法定代表人(负责人)身份证件类型：身份证件类型在以下选项中选择填写。

编　号	身份证件名称
0	身份证
1	户口簿
2	护照
3	军官证
4	士兵证
5	港澳居民来往大陆通行证
6	台湾同胞来往大陆通行证
7	临时身份证
8	外国人居留证
9	警官证
X	其他证件

(18) 法定代表人(负责人)身份证件号码：填写身份证件的号码。

(19) 海关业务联系人：填写本单位负责海关业务的联系人姓名。

(20) 移动电话：填写海关业务联系人的移动电话。

(21) 固定电话：填写海关业务联系人的固定电话。固定电话没有分机号码的，按照××××-××××××××的格式填写,有分机号码的按照××××-××××××××-×××的格式填写。

(22) 上级单位名称：上级单位指企业，不填上级主管部门。对报关企业分支机构、保税仓库，该项目为必填项。

(23) 上级单位组织机构代码：对报关企业分支机构、保税仓库，该项目为必填项。

(24) 与上级单位关系：在以下项目中选择填写。

编　号	与上级单位关系
0	其他
1	总/分公司
2	母/子公司
3	内设机构

(25) 出资者名称：出资者为企业的，填写企业名称；出资者为自然人的，填写自然人姓名。

(26) 出资国别：填写出资者所在国家或地区。

(27) 出资金额：填写认缴出资金额。

(28) 出资金额币制：填写出资金额的币制。

(29) 报关人员身份证件比照法定代表人(负责人)的要求填写。

(30) 报关单位根据办理注册登记或者报关人员备案具体业务需要，可以分开使用两个表格：如仅办理报关单位注册登记或者仅办理所属报关人员备案的，只需要单独填写并打印报关单位情况登记表相关部分。

(31) 出资者或者所属报关人员数量超出表格容量的，可按相同格式添加。

知识点二　自贸区企业合同订立流程

一、报价核算

实训操练

在交易的开始，首先要做的就是进行进出口的核算(见图 5-18)，买卖双方都要先弄清楚这笔买卖是否盈利。盈利是一笔买卖的主要目的，在平台软件贸易企业主页的左侧可以找到"预核算管理"，选择"预核算管理"中的"进口管理"或"出口管理"，将预计将要发生的费用填入核算表中，便可以知道这笔交易是盈利还是亏损。

出口核算表

项目	预算金额	实际发生金额
采购成本		
报检费		
报关费		
银行费用		
运费		
保险费		
出口退税		
报价		

编号: CK20200805194416434　币别 港币　汇率:

预期盈亏率:　贸易术语 CIF　付款方式 L/C

保存　关闭

图 5-18　出口核算表

流程解读

1. 自贸区企业报价核算中的特殊条件

自贸区与一般企业报价核算最大的不同在于税收，由于保税区的存在，以及各种优惠政策的开放，自贸区商品通过减免税收的方式，降低了企业成本，使其更具有竞争力。

根据自贸区贸易方式的不同，所面对的报价核算的情况也不同。简单地说，自贸区企业从境内或境外采购货物时，由于进入的是保税区域，所以在入区时不必缴纳进出口关税及进口环节增值税，在进行报价核算时，便扣除部分税收成本。

知识窗

自贸区相关税收优惠

对于自贸区内注册经营的境内外企业和工作的个人，自贸区的规划方案提出了税收优惠措施。相关优惠措施主要包括：注册在试验区内的法人或个人股东，通过非货币性资产对外投资以及其他类似资产重组行为，从而实现资产增值，相关增值带来的收益所得可在不超过5年期限内，分期自行缴纳企业所得税或者资本利得税。

对于开展融资租赁和生产加工制造的企业，自贸区规划方案出台了多项税收优惠，其中最主要的措施有如下几条。

第一，融资租赁企业在自贸区内设立的为境外客户提供融资租赁服务的项目子公司，可以享受出口退税试点的优惠。

第二，自贸区内注册的经营飞机融资租赁的企业或者项目子公司，对于从境外购买的进口民航运输飞机，可以享受进口环节的增值税减免优惠。

第三，对于在自贸区内进行生产加工活动的企业，生产加工所需的进口设备物资等免征进口关税以及进口环节增值税；对于从其他启运港进行货物出口的企业，在自贸区中转的出口货物享受启运港退税优惠试点。

2. 一般企业报价核算

除去自贸区的特殊优惠政策之外，自贸区企业报价核算中的其他计算项目和一般企业基本相同，而一般企业在进行报价核算时，也是有许多种不同情况的，这取决于双方的贸易用什么样的贸易术语。

什么是贸易术语呢？在交易双方准备谈判一笔国际贸易业务时，作为买方首先会考虑以下几个问题：卖方在哪里交货、怎么交货；货物在运输中发生损毁甚至灭失的风险由谁承担；货物的运输费、保险费和办理出境手续的费用由谁承担等。这些内容如何规定决定了贸易双方所需支付的费用，承担的责任是完全不同的。比如双方约定只需要在出口国境内商品产地交货，那么卖方只需要按照约定好的时间地点将货物准备好，而买方就需要安排运输工具将商品由交货地点运往目的地，这过程中的一切相关费用和风险由买方来承担，买方相比卖方需要承担更多的费用和义务。那么将决定这些内容的价格条款称为贸易术语，贸易术语直接关系商品价格的构成。

贸易术语也称为贸易条件、价格术语，是用来表示商品的价格构成的术语，用来说明在由卖方交给买方过程中双方各自应承担的费用、风险和责任等方面内容。贸易术语是在国际贸易长期实践中不断发展的产物，不同贸易术语有着特定的含义。贸易术语能够简化贸易交易手续，节约交易成本，有利于贸易双方进行成本核算，也为之后进行争端解决提供了依据。根据贸易惯例《国际贸易术语解释通则》(INCOTERMS 2020版)的解释，目前有11个世界通用的贸易术语，买卖双方就责任、费用和风险的主要差异如表5-17所示。

表 5-17 通用贸易术语列表

贸易术语	交货地点	风险界限	出口清关	运输费	保险费	进口清关	运输方式
EXW	卖方指定地点	买方收货时	买方	买方	买方	买方	任何
FCA	指定装运地点	货交承运人(买方指定)	卖方	买方	买方	买方	任何
FAS	装运港船边	货物在装运港船边时(买方指定)	卖方	买方	买方	买方	水上
FOB	装运港船上	货物装载到船上时(买方指定)	卖方	买方	买方	买方	水上
CFR	装运港船上	货物装载到船上时(卖方指定)	卖方	卖方	买方	买方	水上
CIF	装运港船上	货物装载到船上时(卖方指定)	卖方	卖方	卖方	买方	水上
CPT	指定装运地点	货交承运人(卖方指定)	卖方	卖方	买方	买方	任何
CIP	指定装运地点	货交承运人(卖方指定)	卖方	卖方	卖方	买方	任何
DAP	买方所在地的指定地点	装载运输工具上的货物(不用卸载)交给买方	卖方	卖方	卖方	买方	任何
DPU	买方所在地的指定地点	装载运输工具上的货物(卸货后)交给买方	卖方	卖方	卖方	买方	任何
DDP	买方所在地的指定地点	卖方完成进口清关,将装载运输工具上的货物(不用卸载)交由买方处置	卖方	卖方	卖方	卖方	任何

在进行报价核算时,买卖双方的外贸人员要按不同的贸易术语进行各自的核算,以达到盈利的目的,如何进行计算?如何确认自己是盈利的呢?这就要理解进出口货物的价格是怎样构成的。

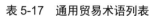 知识窗

2020 年通则与 2010 年通则的对比变化

(1) DAT(运输终端交货)变成了 DPU(卸货地交货)。

在 2010 年的之前版本的《国际贸易术语解释通则》中,DAT(运输终端交货)是指货物在商定的目的地卸货后即视为交货。在国际商会(ICC)收集的反馈中,用户要求《国际贸易术语解释通则》中涵盖在其他地点交货的情形,例如厂房。这就是现在使用更通用的措辞 DPU(卸货地交货)来替换 DAT(运输终端交货)的原因。

(2) 增加 CIP(运费和保险费付至)的保险范围。

CIP(运费和保险费付至)是指卖方将货物交付承运人,但支付包括保险费在内的直至目的地的运输费用。同样的规则也适用于 CIF(成本加保险费、运费),然而,本《国际贸易术语解释通则》只适用于海运费。

根据《国际贸易术语解释通则 2010》，在这两种情况下，卖方都有义务提供与第 C 条(货物协会条款)相对应的最低保险范围。这是一种基本的保险形式，只包括明确界定的损害赔偿。

随着 2020 年新版发布，CIP(运费和保险费付至)的最低保险范围延伸到第 A 条，这是涵盖了所有风险的最高保险级别。其背后的原因是，CIF(成本加保险费、运费)通常用于大宗商品，而 CIP(运费和保险费付至)则更常用于制成品。

(3) 货交承运人(FCA)提单。

如果买卖双方已就《国际贸易术语解释通则》中的 FCA(货交承运人)达成一致，则卖方应将货物交付至买方指定的地点和人员。此时，风险和成本转移给买方。

这一方式通常是由买方选择的，他们希望避免承担货物在交付到目的地后可能受到损害的风险。直到最近，其缺点是卖方不能收到提单，因此没有信用证可以保证货物的付款。

为此，《国际贸易术语解释通则 2020》提出了一个务实的解决方案。如果双方同意卖方按照 FCA(货交承运人)要求将货物交付集装箱码头，买方可以指示承运人在卸货时向卖方签发已装船提单。这样，卖方就可以更好地防范风险，例如在卸货期间。

(4) 自定义运输方式的承运。

《国际贸易术语解释通则 2020》假设，当适用《国际贸易术语解释通则》中的货交承运人(FCA)、目的地交货(DAP)、DPU(卸货地交货)或完税后交货(DDP)时，卖方和买方之间的货物运输由第三方进行。在 2020 年 1 月 1 日生效的新版《国际贸易术语解释通则》中，这一定义已经扩展到包括卖方或买方自定义运输方式的承运。

(5) 对担保义务的更清晰的分配。

《国际贸易术语解释通则》还对买卖双方之间的相关担保要求(包括相关费用)进行了更为精确的分配。一方面，这一步骤可视为对国际贸易中加强担保监管的反应。另一方面，它的目的在于防范可能产生的费用纠纷，特别是在港口或交货地点。

1) 出口货物成本核算和报价

商品出口总成本是指外贸企业为出口商品所支付的境内总成本，包括从生产到出口前所支付的一切费用和，用人民币表示。比如加工整理费、包装费、保管费、境内运输费和经营管理费等。

首先 FOB、CFR、CIF 三种贸易术语出口报价的构成和核算公式如下。

FOB = 出口商品成本 + 出口国内费用 + 预期利润

CFR = 出口商品成本 + 出口国内费用 + 出口运费 + 预期利润

CIF = 出口商品成本 + 出口国内费用 + 出口运费 + 出口保险费 + 预期利润

其次，因为进行国际贸易，商品出口获得的收入很可能使用外汇计量，因此需要换算成本币。出口销售外汇净收入是指出口外汇总收入扣除各种境外费用等非贸易外汇后的外汇收入，一般按商品的 FOB 价格计算。即：

出口销售人民币净收入 = 出口外汇净收入 × 结算汇率 = FOB 价格 × 结算汇率

在将外汇换成本币时也会产生一定的成本，用出口换汇成本衡量。出口换汇成本是指出口某商品中，每收入一单位外币所需花费的人民币成本，即：

$$出口换汇成本 = \frac{出口总成本(人民币)}{出口销量外汇净收入(外币)}$$

出口企业通常用出口销售人民币净收入与出口总成本比较来看企业是否盈利。利用出口商品盈亏率来核算，即：

$$出口商品盈亏率 = \frac{出口销售人民币净收入 - 出口总成本}{出口总成本} \times 100\%$$

出口企业在国际市场调研与预测、成本核算的基础上，指定出进行贸易磋商的策略方案，其核心就是围绕价格。因此出口商应结合以上所述的因素，及其成本核算结果、盈亏结果进行报价。

2) 进口货物成本核算与报价

进口货物的成本一般包括境外进价、进口经营费用、进口税费和风险费用。

其中，

$$国外进价 = CIF单价 \times 对外付款日外汇汇价$$

进口商对外报价要坚持多比较，在成本核算的基础上，一定要考虑到可能发生的经营风险。

知识窗

价格换算

在国际贸易中使用不同的贸易术语核算的商品价格构成则不同，因此在磋商中可能会出现要求更换贸易术语的情况。故在此以最常用的三种贸易术语提供几种价格换算公式。即：

$$CFR = FOB + 运费$$
$$CIF = CFR + 保险费 = FOB + 运费 + 保险费$$
$$CIF = \frac{CFR}{1 - 保险费率 \times (1 + 加成率)} = \frac{FOB + 运费}{1 - 保险费率 \times (1 + 加成率)}$$

在理解了买卖双方承担的费用后，外贸人员按贸易术语的需求，核对所要支付的费用，做出合适的报价。

扫二维码，观看"贸易术语解读"视频

知识掌握

1. 进出口货物价格确定时应考虑的因素

第一要贯彻我国进出口商品作价原则；第二要关注国际市场供求变化情况，做出正确判断；第三是应根据商品本身的品质、需求偏好以及运输途中产生的各种成本费用，做出合适的价格；第四是要考虑交货地点和条件，即在不同的贸易术语下买卖双方承担的责任不同，因而产生的成本费用大小就不同，作价时需要考虑在内；第五是需要考虑汇率变动情况；第六是要考虑市场的销售情况、偏好，季节性需求变化等其他因素。

2. 佣金和折扣的运用

1) 佣金

佣金在国际贸易中比较常用，因为有很多业务是通过中间商代理的。买卖双方或其中一方向中间商付出的酬金就称为佣金，佣金往往包含在货价中，也称含佣价。如果在合同中表示出来佣金，称为"明佣"，否则为"暗佣"。佣金的表示可以用文字说明，比如：每吨1000美元 FOB 伦敦含2%的佣金。也可以缩写为：每吨1000美元 FOB2%伦敦。当然，佣金也可单独列示出来，如：每吨1000美元 FOB 伦敦，包含佣金20美元。

佣金的计算方法可以以成交额为基数核算，即：

$$佣金额 = 含佣价 \times 佣金率$$

$$含佣价 = \frac{净价}{1-佣金率} = \frac{含佣价 - 佣金额}{1-佣金率}$$

还可以通过商品净值即 FOB 净价为基础计算，即：

$$佣金额 = FOB净价 \times 佣金率$$

如果使用其他贸易术语，则可以根据公式换算。

还可以通过成交数量核算，即：

$$佣金额 = 成交数量 \times 佣金率$$

2) 折扣

折扣是指卖方在原价的基础上给予买方一定比例的减让。如果双方就折扣问题达成一致，且在合同中表示出来折扣，称为"明扣"，否则为"暗扣"。折扣的表示可以以文字说明，比如每吨500美元 CIF 纽约，减2%折扣。或者缩写，每吨500美元 CIF 纽约，折扣2%。

折扣的计算公式为：

$$单位货物折扣额 = 原价(含折扣价) \times 折扣率$$

$$原价 = \frac{折扣售价}{1-折扣率} = \frac{原价 - 单位货物折扣额}{1-折扣率}$$

小练习

> 我国 Y 企业向新加坡某客户企业出口 A 商品，报价每箱100美元 CIF 新加坡，共出口500箱。规定按发票金额加一成投海运险，保险费率为2%。客户要求改报 CFR4%新加坡价，计算 CFR2%新加坡价及佣金额。

3. 作价方法

固定价格：就是买卖双方协商一致，共同确定了具体的成交价格。比如在合同中明确列出：每吨500美元 FOB 伦敦。一旦确定价格后，就不得擅自更改，除非经双方一致同意。这种作价方法节省交易成本，便于核算，避免风险。

非固定价格：就是双方由于市场变动或者汇率波动等因素无法确定具体的价格，因为一旦确定很有可能因为预判失误而遭受损失。一般包括三种作价形式：一是具体价格待定，是指只在合同中约定将来定价的方法而不确定价格；二是暂定价格，即确定一个价格，之后到交货前一段时间再根据市场行情双方协定一个具体价格，在暂定价格的基础上多退少补；三是部分价格固定，部分价格不固定，是指分批交货，根据近期的情况确定一个价格交一批货，不同批次的价格要根据具体情况协商而定。非固定价格相比固定价格更加灵活，更能反映市场变动情况，也能及时地弥补外部客观因素造成的损失，但也正因为其灵活，需要在合同中约定清楚，以避免产生不必要的争端。

滑动价格：也称为价格调整条款，是指在签订合约时，先订立一个基础价格或初步价格，在交货前或交货时，按工资、原材料价格变动的指数作相应调整，以确定最终价格。在合同中应注明调整方法。一般调整公式为

$$P_1 = P_0 \left(a + b \cdot \frac{M_1}{M_0} + c \cdot \frac{W_1}{W_0} \right)$$

式中：P_1 是调整后的最后价格；P_0 是订约时的基础价格；M_1 是一段时间后交货时的批发价格指数，M_0 是订约时原材料的批发价格指数；W_1 是一段时间后交货时的工资指数；W_0 是订约时的工资指数；a 是管理费用占货物价格的百分比；b 是各种原材料成本占货物价格的百分比；c 是工资成本占货物价格的百分比。a、b、c 由买卖双方订约时约定，三者之和应为 100%。

二、贸易磋商

实训操练

在贸易双方经过初步的核算之后，就要开始进行进一步的磋商了。磋商是国际贸易合同真正开始履行前的重要步骤。在实训中，由于大家的实际位置比较近，互相又比较熟悉，所以不管是"境内""境外"还是"自贸区"企业，都偏好以口头的方式进行沟通，沟通的内容也相对简单，一般只是以约定价格为主。

但在真实的贸易磋商场景中，由于存在地域和时差等问题，所以很少也很难进行会面谈判，通常的磋商情况是双方通过函件进行磋商交流，经过询盘、发盘、还盘和接受这几个环节，完成磋商。

流程解读

在与客户建立业务关系后，就可以正式进入磋商环节。贸易磋商主要包括以下四个阶段：询盘、发盘、还盘和接受。在这一点上，自贸区和一般企业是一样的。

1. 询盘

询盘是指交易一方向另一方询问有关交易的条件或向对方提出某些不确定的条件，邀请对方向自己发盘，这是磋商一般要经过的初始环节。询盘就是有意购买商品或出售商品的一方向另一方探询交易达成可能性的一种表示。询盘内容包括商品的质量、数量、价格、包装及装运等交易条件，基本上都是围绕商品的质量和价格。当然在实际业务中，询盘的内容可以繁，可以简，可以只问价格，也可以问比较详细的信息。因为询盘目的是探询交易的可能性，因而不具有法律效力，也并不是所有交易的必经环节。

但是询盘毕竟也影响着后续环节能否顺利进行，因此询盘人在询盘中仍需注意方式方法。虽然没有强制要求，但是询盘对象不能过于繁或过于简。另外询盘的内容要促使客户提供报盘资料，要不能过早透露采购数量或价格等。当然也要注意诚恳地表达，简明扼要地说明目的并希望能早日得到回复。对于买方询盘人而言，经常使用：Please advice...或 Please offer...或 Please quote...。对于卖方询盘人而言，常用：We can supply...please book/please order/bid。在实际业务中一般是买方向卖方询盘。

询盘函示例

America Trading Co., Ltd.
2 Victory Avenue
New York, USA
July 16 2018

Dear Sirs,

We are pleased to receive fax from you of July 15 that as exporters of corner solid wood sofa, you are interested in establishing business with us, which is also our desire.

Now we are in the market for superior wheat, and shall be glad to receive your best quotations for them, with indications of packing, shipment, CIF New York, including our commission of 4%.

We look forward to receiving your good news.

Your faithfully,

(signature)

小练习

参考示例，试着写一份询盘函。

_____

_____

_____

_____

_____

2. 发盘

发盘又称为发价或报价，在法律上称为要约，是指交易一方愿意向另一方提出各种交易条件，并表示愿意按这些条件与对方达成交易、订立合同。该过程是交易磋商的必经阶段，具有法律效力，因此要按照法律要求进行。《联合国国际货物销售合同公约》(简称"公约")规定："凡向一个或一个以上的特定的人提出了订立合同的建议，如果其内容十分确定且表面发盘人有在其发盘一旦得到接受就受其约束的意思，即构成发盘。"

发盘可以由买方提出，也可以由卖方提出，即构成买方发盘或卖方发盘。发盘可能是基于收到客户询盘后作出答复，也可能是直接向客户发盘。基于条件不同，发盘的内容也应有所差异。如果是作出答复，那么就要有针对性，要以吸引对方兴趣的问题为着眼点展开陈述。如果是直接向客户发盘，那么就要考虑到内容的完整性和吸引力。而且，发盘的内容关于重要交易条件的陈述必须明确，因为关乎最终结果，所以价格是基于成本核算之后确定下来的。因此，发盘内容一般包括：主要的交易条件及此次发盘的有效期及其他约束条件，避免之后产生争端或异议。发盘常用术语：Offer Firm...(发实盘)Supply (Bid)...(供货(递盘))

发盘函示例

Shanghai Furniture Imp. & Exp. Corp

Pudong New Area

Shanghai, China

July,18,2018

Dear Sirs,

We have received your letter of July 16, asking us to offer you the corner solid wood sofa has received our immediate attention. We are pleased to be told that there are very brisk demands for our products in USA.

In compliance your requirement, we are making you the following offer subject to our final confirmation.

1.　Commodity: corner solid wood sofa(single chair; double chair).
2.　Packing: to be packed in cartons of 1 set each.
3.　Quantity: 100 cartons.
4.　Price: USD five hundred (USD500,00) per bag CIF C4%New York.
5.　Payment: by irrevocable L/C payable by draft at sight.
6.　Shipment: in August, 2018.

We hope the above will be acceptable to you and await with keen interest your early order. Our offer remains effective until July 30,2018.

Yours faithfully,

(signature)

小练习

参考示例，试着写一份发盘函。

_____

_____

_____

_____

3. 还盘

还盘是指受盘人针对发盘中的内容不同意或不完全同意，并提出修改或变更意见的行为。它既是对原发盘的否定，也是在原有基础上提出一个新发盘，是受盘人以发盘人的地位发出一个新盘，原发盘人成为新盘的受盘人。如果新受盘人(即原发盘人)还是不同意，那么就可以再进行一轮发盘，成为反还盘，或再还盘。还盘可以在交易双方之间反复进行。因此还盘也称为还价，法律中也称为反要约。这也就是在磋商中的讨价还价过程，是交易磋商的主要阶段，但并非必经阶段，因为也存在一次发盘后双方就达成一致意见的情况。还盘可用口头表述，也可以通过书面形式表示。

还盘的内容就是针对发盘中一方不同意的地方进行磋商，已同意的内容可以在之后的反复还盘中省略，可以包括商品价格、支付方式、交货期等。当然，如果针对发盘中的内容有所补充，即有附加条件的话，也属于对发盘的拒绝。一般的贸易都是经过反复的还盘、反还盘才得以达成协议的。

还盘信函在写作时应注意：有礼貌、简洁地表达来函的态度；强调我方观点，并说明合理性；提出修改意见；希望尽早得到回复。

还盘函示例

America Trading Co., Ltd.
2 Victory Avenue
New York, USA
July, 20, 2018

Dear Sirs,

We have received your offer of July 18 with thanks. In reply, we very much regret to state that we find your price rather high and out of line with the prevailing market level.

Information indicates that very good solid wood sofa is available in our market from many manufactures of Vietnam, all of them are at prices from 5%~8% below yours. So if you should reduce your price by 5%, we might come to terms.

As the market is declining, we hope you will consider our counter-offer most favorably and inform us at your earliest convenience.

We are looking forwarding to your early reply.

Yours faithfully,
(signature)

参考示例，试着写一份还盘函。

_____

_____

_____

_____

4. 接受

接受就是指受盘人在发盘规定的有效期内同意了对方在发盘中提出的各项交易条件，并且愿意按照条件与发盘人进行交易，并签订合同的意思表示行为。

接受是交易磋商的最后一个阶段，也是交易磋商必经的阶段，是合同订立的基础。该行为具有法律效力，一经做出接受，就承担了与对方订立合同的法律责任。

接受一旦生效，合同也生效，交易双方就要受到法律约束，承担合同中的权利和义务。关于接受生效的时间，即合同生效的时间，不同国家有着不同的原则。我国采用"到达生效"原则，即表示接受的信函在发盘有效期内送达发盘人，接受才生效。

接受函示例

America Trading Co., Ltd.
2 Victory Avenue
New York, USA
July, 20, 2018

Dear Sirs,

We have received your offer of July 18 with thanks.

After due consideration, we have pleasure in confirming the following offer and accepting it:

1. Commodity: corner solid wood sofa(single chair; double chair).

2. Packing: to be packed in cartons of 1 set each.

3. Quantity: 100 cartons.

4. Price: USD five hundred (USD500,00) per bag CIF C4%New York.

5. Payment: by irrevocable L/C payable by draft at sight.

6. Shipment: in August, 2018.

Please send us a contract and thank you for your cooperation.

Yours faithfully,
(signature)

小练习

参考示例，试着写一份接受函。

_____

_____

_____

_____

小讨论：作为自贸区企业，在贸易磋商中，应该如何发挥自身的优势？

_____

_____

_____

_____

参考资料

自贸区企业的优势

1. 优惠的税收政策

自贸区企业能够最先享受到税收福利政策。比如，2012年财政部、海关总署和国家税务总局联合发布了《关于上海实行启运港退税政策的通知》，决定在上海洋山保税港试行。即从启运港口发往上海洋山保税港区中转至境外的出口货物，一经确认离开启运港，视为出口，即可办理出口手续，大大缩短了企业出口退税时间，提高了资金周转效率。

2. 宽松的监管环境

自贸区实行的"一线放开，二线管住"的进出境监管制度极大地提升了货物流转效率，而且促进了自贸区与国际接轨。

3. 便利的贸易方式

随着世界贸易中心的转移，国际航运物流中心也随之从"西欧"流向"北美"再到"东亚"。现今，中国香港、新加坡成为新兴国际航运中心。上海作为当今全球最大的腹地港口，货物吞吐量也在世界前列。因此上海自贸区建立的目标之一就是建设成为"国际航运物流中心"。要想达成这一目标，就需要有宏观经济支持，即要依赖大量的货物贸易提升航运中心的地位，促进上海自贸区与其他国家(地区)之间的交易合作。另外，完善的航运基础设施也是必不可少的。因此，自贸区企业能够比一般企业拥有更成熟、更自由的航运方式，以促进贸易交易达成。

知识掌握

1. 贸易磋商的定义及内容

贸易磋商就是买卖双方为了就贸易各条件达成一致，以达成交易的过程，也称为谈判。可以口头磋商，也可以书面磋商。由于交易磋商是为了签订贸易合同所必不可少的一个环节，也是至关重要又十分困难的环节，因此贸易磋商对于谈判人员的要求比较高，需要具有专业的知识储备、良好的沟通能力，尤其强调对外沟通，即外语的掌握，也需要懂金融问题、法律问题、文化宗教问题等。要求谈判人员对对方有着较为全面的了解，这样才能帮助其顺利达成交易。所以磋商前的准备工作也十分重要。

交易磋商主要就是围绕交易条件，其内容大致划分为一般交易条件和可变动的交易条件。

一般交易条件。在贸易合同中往往有一些固定的交易条件，是对进出口商每笔交易都适用的一套一般交易条件，比如商品检验、索赔和仲裁等方面。一般情况下，交易双方初次磋商就能够将一般交易条件确定下来，不需要在之后的磋商中反复提及，可以节省一定的磋商时间和成本。

可变动的交易条件。之所以交易双方要磋商，正是因为有着可随双方意思变动而改变的交易条件存在，所以这部分才是双方交易磋商的重点内容，比如商品的数量、价格、保险、运输方式和使用贸易术语等方面的问题。

工作笔记

你认为怎样的贸易磋商团队组成是合理的呢？为什么？

_____

_____

_____

2. 发盘的注意事项

1) 发盘的有效期

发盘的有效期是指受盘人接受发盘的期限，超过发盘规定的时限，发盘人即不受其约束。即受盘人在有效期内接受发盘，发盘人就必须按发盘条件与之订立合同。发盘有效期需要作出规定，比如"Offer Valid 10 days"规定出几天内有效。如果没有规定有效期，一般按照国际惯例认为在合理时间内接受有效，但对于合理时间的认识又存在争议，发盘一般都明确规定有效期。

2) 发盘的撤回

发盘的撤回是指发盘人将尚未被受盘人接收到的发盘予以取消的行为。因此发盘撤回是建立在发盘尚未生效的基础上。在实际业务中，只有当使用信件或电报发盘时才有可能撤回。

3) 发盘的撤销

发盘的撤销是指发盘人将已经被受盘人收到的发盘予以取消的行为。与发盘的撤回对比，撤销是在对方已经收到发盘的基础上想要取消发盘的行为。但是发盘的撤销是有条件的，并非所有的发盘都可以任由发盘人意愿撤销。《联合国国际货物销售合同公约》(以下简称《公约》)规定："已为受盘人收到的发盘，如果撤销的通知在受盘人发出接受通知之前送达受盘人，可予以撤销，但以下情况除外：发盘规定有效期或以其他方式表明是不可撤销的；受盘人有理由相信这项发盘是不可撤销的，并已本着这种信赖采取了行动。"

4) 发盘的终止

发盘的终止是指发盘的法律效力消失。发盘人不再受发盘的约束，受盘人也失去了接受该发盘的权利。发盘失效的原因一般有以下几种：在有效期内发盘未被接受，而导致其过期并失效；发盘被受盘人拒绝接受或还盘；发盘人在发盘得到接受之前进行了有效的撤销；其他不可抗力的因素导致发盘失效。

3. 接受的注意事项

根据《公约》规定接受所必须具备的条件：接受必须由特定的受盘人做出；接受必须表示出来；接受必须在发盘有效期内送达发盘人；接受的内容必须与发盘完全相符。

接受必须由特定的受盘人做出：接受必须是在发盘人与受盘人之间进行的行为，任何第三人通过某种途径了解了发盘内容并表示接受，都是不具备法律效力的。只能是发盘中所指定的"对方"向发盘人做出的一项发盘。

接受必须表示出来：接受可以通过明确的意思表示，即口头表述或书面表示，也可以通过特定的行为方式，比如卖方采购原料、投产或发货，买方汇付货款或开立信用证等。但是未采取任何行动或发出声明，都不能默认为接受。

接受必须在发盘有效期内送达发盘人：如果发盘规定了发盘的有效期限，那么接受一定要在该有效期内作出，才能视为有效。如果超过该有效期，则受盘人做出的表示同意发盘内容的意思表示就被称为"逾期接受"。逾期接受不被认为是接受，而是视为一种新发盘。如果发盘人通知受盘人认为逾期接受有效，那么合同仍然可以签订；如果接受本可以在有效期内到达发盘人的，但是因为外界因素而导致其逾期，那么也可视为有效，除非发盘人毫不迟延地通知受盘人该逾期接受无效。因此可以看出，逾期接受是否有效取决于发盘人的态度。

接受的内容必须与发盘完全相符：接受的内容与发盘的内容必须完全一致，否则就属于还盘。但是《公约》据此又做出一些灵活变动：接受的内容不能做出实质性的变更，即对价格、数量、质量、交货地点和时间等内容不得进行修改，否则视为拒绝，构成还盘。只有原发盘人同意合同才成立。对于非实质性的内容进行修改，仍被视为接受，但是否有效取决于发盘人态度。

三、签订合同

实训操练

在双方磋商后，就要到拟定合同的环节了。贸易专员需要在实训平台中企业主页的左侧找到贸易合同管理(见图 5-19)，选择合适的合同类型。这里提供了购销合同和加工合同两种类型，购销合同通常是指简单的买卖合同，双方通过一系列单据往来的过程完成资金和货物的交换，而不发生更多的衍生交易。加工合同则相对复杂一些，通常买方会先将原材料交给加工方，一般会直接进入自贸区加工仓进行加工，加工后再由加工仓运出，交给买方。

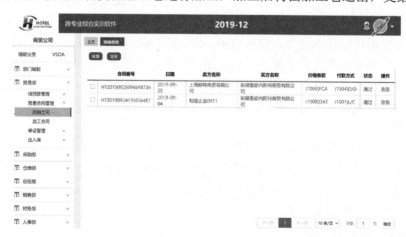

图 5-19 出口核算表

选择完合同类型后，会有合同模板供贸易专员填写。在填写时要注意对方公司的名称和合同交易金额不要填错(通常金额按美元计)，这关系到后续业务能否顺利开展。拟好合同后，只要单击"发送"按钮就可将拟好的合同发送给对方公司，对方公司就能够收到合同，并同样在贸易合同管理中确认签订合同。

流程解读

1. 拟定合同

通过贸易磋商，交易双方就相关的贸易条件达成一致意见。一方发盘，另一方表示接受，合同关系即告成立。在磋商成功之后，需要订立合同，进一步明确双方的责任和义务。订立书面合同是合同成立的依据，是合同生效的条件和合同履行的依据。

合同一般包括三部分：约首、本文和约尾。约首是指合同的首部，包括合同的名称、合同号码、订约日期、订约地点、买卖双方的地址和联系方式、序言等内容。序言一般就是写明双方订立合同的意义，并会遵守合同的规定，保证执行合同。本文就是合同的主体部分，规定双方的权利和义务，包括合同的各项交易条款，比如品质规格、数量、包装、保险和索赔等。约尾就是合同的尾部，包括合同文字的效力、份数及双方签字盖章等。

小贴士

拟定合同时的注意点

合同中不能出现不平等或歧视性的条款，更不能出现违反国家利益的条款。

合同中各项条款不能出现互相矛盾的情况，要统一货币单位、贸易术语、商品名称。

合同中的各项条款必须与双方通过发盘和接受所达成的协议一致，不能有任何更改或偏离。

合同词句要准确、严谨，防止出现含混不清的语句和表达。

2. 签订合同

因为合同有不同的形式，因此签订合同的方式也不同。如果是采取口头形式的合同，那么在双方达成一致意见明确双方的权利和义务后合同即生效。如果采取书面形式，根据《合同法》规定自双方当事人签字盖章时合同成立，签订合同的地点即为签字盖章的地点。一般采取当面签订的形式，但是从实际情况来看，采取信函签署合同也是有效的，可以通过邮寄的方式签约，但最好采取当面签订的形式。

在一些重大的国际贸易项目达成的时候，因为关系的企业、行业较多，甚至对市场的影响较大，因此会进行专门的签约仪式，以示此次交易的重大意义。比如在 2019 年 5 月 16 日，第二届中国西部国际投资贸易洽谈会(简称"西洽会")开幕式暨重大项目签约仪式在重庆国际博览中心举办。本届"西洽会"主题为"开放新时代、发展新作为"。出席会议的有重庆市委书记陈敏尔、意大利前总理马西莫·达莱马、商务部副部长钱克明、上合组织副秘书长卓农·舍拉利·萨伊达米尔以及贵州、陕西、山西等省的领导。在签约仪式上，共计 132 个重大项目签约，签约总额 3375.3 亿元。项目主要涉及新材料、新能源汽车、生物制药、智能制造、高端物流等产业和领域。此外，在开幕式上，重庆、广西、贵州、甘肃、青海、新疆、云南、宁夏、陕西人民政府共同签署合作共建"陆海新通道"协议。"陆海新通道"西承中欧国际铁路，东连长江，南经中国—中南半岛经济走廊与新加坡等国相连，实现了"一带一路"和长江经济带有机衔接，促进了"陆海内外联动，东西双向互济"开放的新格局。

对于从事国际贸易岗位的就业人员而言，熟悉签约仪式也是至关重要的。熟悉了解，并能够合理安排、推进仪式的进展，对于之后交易双方持续开展互利贸易合作是十分有帮助的。

进行合同签约仪式的基本流程是：前期准备；确定签字地点、时间；场地准备；安排代表就座；签署活动；有秩序地退场；后续整理工作等。需要注意以下几方面。

前期准备活动中最关键的是准备待签的合同文本。要仔细核对合同内容，避免出现内容错误，而且合同的装订最好采用硬质封皮，装订成册。

布置场地和人员安排，总体会场要做到庄重和整洁，座位数要合理预估准备，也要准备好笔、合同夹、合同、水杯等物品。安排好签字人员、嘉宾及媒体工作者，保证会场内秩序稳定。

签字活动中，主持人的作用十分重要，要注意礼仪问题，做到仪容整洁、态度友好、行为自律和遵守时间。简单地介绍合作经过，介绍到场的代表和嘉宾，并表达与对方合作的荣幸以及对合同约定事项在日后实行顺利的美好祝愿等。

知识掌握

1. 贸易合同成立的时间及生效条件

《公约》规定：合同成立的时间为接受生效的时间。而接受生效的时间，又以接受通知到达发盘人或按交易习惯及发盘要求做出接受的行为为准。除此之外，还有一些其他情形：双方当事人约定合同成立的时间以订约时合同所写明的日期为准；双方当事人约定以收到对方确认合同的日期为准；签字和盖章不在同一时间的，最后签字盖章时合同成立。

合同成立的条件包括：双方当事人应具有实施法律行为的资格和能力；当事人应在自愿的基础上达成一致的意见；合同的标的和内容必须合法；合同双方当事人必须互相有偿；合同必须符合法律规定的形式。

2. 贸易合同的形式

合同形式就是交易双方达成协议的表现形式。国际上对销售合同并没有统一的规定。《公约》规定：销售合同无须以书面订立或书面证明，在形式方面也不受其他任何条件的限制。销售合同可以用包括认证在内的任何方法证明。根据我国《民法典》规定：当事人订立合同，可以采用书面形式、口头形式或者其他形式。书面形式是合同书、信件、电报、电传、传真等可以有形地表现所载内容的形式。以电子数据交换、电子邮件等方式能够有形地表现所载内容，并可以随时调取查用的数据电文，视为书面形式。

我国外贸企业常用合同、确认书、协议、意向书、订单及委托订购单等形式。在进出口业务中，合同的书面形式包括合同、确认书、协议、订单及备忘录等形式。合同及协议二者在法律上是同义词。确认书属于合同的简化形式，经双方签字认可即告成立。合同和确认书是目前我国主要采用的两种合同书面形式。二者在法律上具有同等效力，只是合同内容比较全面，除包含各项主要交易条件外，还包括异议、索赔、不可抗力和仲裁等一般交易条件，有利于明确责任。而确认书则比较简单，就是双方完成磋商达成协议后，寄给对方用来列明达成交易条件的书面证明。

案例思考

我国某外贸公司出售一批核桃给数家英国客户，采用 CIF 术语，凭不可撤销即期信用证付款。由于销售核桃的销售季节性很强，到货的迟早，会直接影响货物的价格，因此，在合同中对到货时间作了以下规定："10月份自中国装运港装运，买方保证载货轮船于12月2日抵达英国目的港。如载货轮船迟于12月2日抵达目的港，在买方要求下，卖方必须同意取消合同，如货款已经收妥，则须退还买方。"合同订立后，我国外贸公司于10月中旬将货物装船出口，凭信用证规定的装运单据(发票、提单、保险单)向银行收妥货款。不料，轮船在航运途中，主要机件损坏，无法继续航行。为保证如期抵达目的港，我国外贸公司以重金租用大马力拖轮拖带着该轮船继续前进。但因途中又遇大风浪，致使该轮船抵达目的港的时间，较合同限定的最后日期晚了数小时。适遇核桃市价下跌，除个别客户外，多数客户要求取消合同。我国外贸公司最终因这笔交易遭受重大经济损失。

我国外贸公司与英国客户所签订的合同，是真正的CIF合同吗？请说明理由。

我认为这份合同

_____

_____

_____

_____

扫二维码，观看"贸易磋商与合同订立"视频

表单示例

附件 5-4

出口预算表

编号：CK001　　　　币别：USD　　　　汇率：7.0000　　　　预期盈亏率：20%

贸易术语：CIF　　　　付款方式：L/C

预算项目	预算金额(元)	预算金额(美元)	实际发生金额
采购成本	800.00	114.29	
报关费	100.00	14.29	
银行费用	3.39	0.48	
运费	1000.00	142.86	
保险费	23.88	3.41	
出口退税	42.48	6.07	
报价	2261.76	323.11	

1. 银行费用(e.g. banking fees 0.15%)

银行费用=报价×出口结汇银行费率

银行费用=2261.76×0.0015=3.39(元)

2. 保险费(e.g. Premium 0.0096)

保险费=报价×投保加成×保险费率(一切险+战争险+罢工险)

保险费=2261.76×110%×0.0096=23.88(元)

3. 出口退税(e.g. VAT 13%，Tax Refund Rate6%)

出口退税=采购成本/(1+增值税率)×退税率

出口退税=[800/(1+0.13)]×0.06=42.48(元)

4. 运费

运费=内陆运费+海运费+装货费

运费=166.67+750.00+83.33=1000(元)

5. 成本费用

成本费用=采购成本+报关费+运费+报价×(出口结汇银行费率+保险费率×投保加成)-出口退税

成本费用=800+100+1000+2261.76×(0.0015+0.0096×1.1)-42.48=1884.80(元)

6. 报价计算方法一

报价=成本费用×(1+预期盈亏率)=1884.80×(1+0.2)=2261.76(元)

7. 报价计算方法二

$$报价=\frac{(采购成本+报关费+运费-出口退税)×(1+预期盈亏率)}{1-(1+预期盈亏率)×(出口结汇银行费率+保险费率×110\%)}$$

$$报价=\frac{(800+100+1000-42.48)×(1+0.2)}{1-(1+0.2)×(0.0015+0.0096×1.1)}$$

$$=2261.76(元)$$

附件 5-5

进口预算表

编号：JK001　　　　币别：USD　　　　汇率：7.0000

贸易术语：CIF　　　　付款方式：L/C

预算项目	预算金额(元)	预算金额(美元)	实际发生金额
采购成本	2261.76	323.11	
报关费	100.00	14.29	
银行费用	5.65	0.81	
运费	250.00	35.71	
保险费	0.00	0.00	
进口关税	1583.23	226.18	
进口增值税	683.55	97.65	
进口消费税	427.22	61.03	

预算项目	预算金额(元)	预算金额(美元)	实际发生金额
销售单价	3630.00	518.57	
销售成本单价	3000.95	428.71	
预期盈亏率	20.96%		

1. 银行费用

银行费用=采购成本×(开证银行费率+L/C 赎单银行费率)

银行费用=2261.76×(0.001+0.0015)=5.65(元)

2. 运费

运费=内陆运费+装卸费

运费=166.67+83.33=250(元)

3. 进口关税、增值税、消费税(e.g. 从价税)

采购数量	进口税率(%)	进口增值税率(%)	消费税率(%)
2	70	16	10

进口关税=报价×进口税率=2261.76×0.7=1583.23(元)

进口消费税=[(报价+进口关税)×消费税率]/(1-消费税率)= [(2261.76+1583.23)×0.1]/(1-0.1)=427.22 (元)

进口增值税=(报价+进口关税+进口消费税)×增值税率=(2261.76+1583.23+427.22)×0.16=683.55(元)

4. 成本费用

成本费用=采购成本+运费+报关费+银行费用+进口关税+进口增值税+进口消费税

=2261.76+250+100+5.65+1583.23+683.55+427.22

=5311.41(元)

5. 采购成本单价

采购成本单价=成本费用/采购数量

采购成本单价=5311.41/2=2655.705(元)

6. 销售成本单价

销售成本单价=采购成本单价×(1+增值税率)

销售成本单价=2655.705×(1+13%)=3000.95(元)

7. 预期盈亏率 (e.g. 销售单价3630 元)

预期盈亏率=(销售单价-销售成本单价)/销售成本单价

预期盈亏率=(3630-3000.95)/3000.95=20.96%

附件 5-6

购销合同
SALES CONTRACT

卖方 SELLER:	SHANGHAI JINGHANG CO.,LTD. Room 2901, JinHa, GuanJia 85#, Shanghai 200120, P.R.China TEL:021-4711363 FAX:021-4691619	编号 NO.:	DS2015SC205
		日期 DATE:	Mar. 23, 2019
		地点 SIGNED IN:	上海, CHINA
			上海, CHINA
			上海, CHINA
买方 BUYER:	SAMAN AL-ABDUL KARIM AND PARTNERS CO. POB 13552, RIYADH 44166, KSA TEL:4577301/4577312/4577313 FAX:4577461		

1. 品名及规格 Commodity & Specification	2. 数量 Quantity	3. 单价及价格条款 Unit Price & Trade Terms	4. 金额 Amount
CANNED APPLE JAM 24 TINS X 340 GMS	2200CARTONS	USD6.80	USD14,960.00
CANNED STRAWBERRY JAM 24 TINS X 340 GMS	2200CARTONS	USD6.80	USD14,960.00
Total:	4400CARTONS		USD29,920.00

价格条款：CFR TIANJIN PORT, SAUDI ARABIA

允许 With	10 %	溢短装，由卖方决定 More or less of shipment allowed at the sellers' option

5. 总值 Total Value	SAY TOTAL U.S. DOLLARS TWENTY-NINE THOUSAND NINE HUNDRED AND TWENTY ONLY.	
6. 包装 Packing	EXPORT CARTONS	
7. 唛头 Shipping Marks	N/M	
8. 装运期及运输方式 Time of Shipment & means of Transportation	Not Later than Jun. 05, 2019 BY VESSEL	
9. 装运港及目的地 Port of Loading & Destination	From: TIANJIN PORT, P.R. CHINA To: DAMMAM PORT, SAUDI ARABIA	
10. 保险	TO BE COVERED BY THE BUYER.	

Insurance	
11. 付款方式 Terms of Payment	L/C By Irrevocable Letter of Credit to be opened by full amount of S/C, Payment at Sight document to presented within 21 days after date of B/L at beneficiary's account.
12. 备注 Remarks	1) Transshipment allowed, Partial shipment not allowed. 2) Shipment terms will be fulfilled according to the L/C finally.

The Buyer	The Seller
SAMAN AL-ABDUL KARIM AND PARTNERS CO.	SHANGHAIJINGHANG CO.,LTD.

附件 5-7

加工贸易合同

合　同

甲方：_____

地址：_____ 电话：_____ 传真：_____

乙方：_____

地址：_____ 电话：_____ 传真：_____

根据平等互利原则，_____有限公司与_____有限公司友好协商特约签定本合同。

第一条　双方承诺

由乙方提供不作价设备_____ 美元给甲方用于加工生产_____之用(详见设备清单)。产权归乙方所有。使用期限为_____年，在监管期限内，不得擅自在境内销售、串换、转让、抵押或者移作他用。到期后如不续签，则由甲方协助乙方申报海关核准后处理。乙方以免费方式提供设备，不需甲方办理付汇进口，也不需用加工费或差价偿还设备款。

第二条　产品信息

(包括名称、品牌、规格型号、计量单位、数量、单价、金额)

第三条　质量要求

技术标准、卖方应对产品质量承担的责任。

第四条　交货时间、地点及相关责任的承担

第五条　包装要求

包装标准、包装物的供应与回收：按厂家规定的出厂标准严格执行，保证安全运抵交货地点，包装物不回收。

第六条 验收

验收标准、方法及提出异议期限。

第七条 保险费负担

第八条 税

卖方应承担纳税义务,税种和税额必须遵守国家有关法令和规定办理,税金已计入单价中。

第九条 结算方式及期限

第十条 仲裁

因执行本合同所发生的争议或与本合同有关的一切争议,双方应通过友好协商解决,如果协商不能解决,应提交中国国际贸易促进委员会根据该会仲裁程序进行仲裁,仲裁裁决为最终裁决,对双方都有约束力。

第十一条 本合同壹式贰份,自双方签字盖章之日起生效,双方各持壹份,对双方具有同等法律约束力。本合同以传真的方式签订,合同原件、传真件及与原件核对无异的复印件均具有法律效力。

甲方(公章):_____ 　　乙方(公章):_____

法定代表人(签字):_____ 　　法定代表人(签字):_____

_____年___月___日 　　　　　_____年___月___日

附件 5-8

技术贸易合同模板

技术贸易合同

此份合同是一份对外技术贸易合同,涵盖了所有基本点,且对每一点都做了详细展开,可供借鉴。需要注意的是,在与新客户签订对外贸易合同的时候,需要将每个点都详细表明,以避免产生不必要的纠纷。

受让方(甲方):_____国_____公司_____

地址:_____ 电话:_____ 法定代表人:_____ 职务:_____

转让方(乙方):_____国_____公司_____

地址:_____ 电话:_____ 法定代表人:_____ 职务:_____

第一章 合同内容

第一条 乙方同意向甲方提供制造____合同产品的书面及非书面专有技术。用该项技术所生产的合同产品的品种、规格、技术性能等详见本合同附件一。

第二条 乙方负责向甲方提供制造、使用和销售合同产品的专有技术和其他所有有关技术资料。技术资料的内容及有关事项详见本合同附件二。

第三条 乙方负责安排甲方技术人员在乙方工厂进行培训,乙方应采取有效措施使甲方人员掌握制造合同产品的技术,具体内容详见本合同附件三。

第四条 乙方派称职的技术人员赴甲方合同工厂进行技术服务。具体要求详见本合同附件四。

第五条 乙方同意在甲方需要时,以最优惠的价格向甲方提供合同产品的备件,届时双方另签协议。

第六条 乙方有责任对本合同项目甲方需要的关键设备提供有关咨询。

第七条 乙方应向甲方提供合同产品的样机、铸件和备件,具体内容详见本合同附件五。

第八条 甲方销售合同产品和使用乙方商标的规定,见本合同第八章。

第二章 定义

第九条 合同产品是指本合同附件一中所列的全部产品。

第十条 蓝图是指乙方制造合同产品目前所使用的总图、制造图样、材料规范及零件目录等的复制件。

第十一条 技术资料是指为生产合同产品所必须具有的乙方目前正用于生产合同产品的全部专有技术和其他有关设计图纸、技术文件等。

第十二条 标准是指为制造合同产品向甲方提供的技术资料中，由乙方采用制定的标准。

第十三条 入门费是指由于乙方根据本合同第一章第二条、第三条、第四条、第六条、第七条规定的内容以技术资料转让的形式向甲方提供合同产品的设计和制造技术，甲方向乙方支付的费用。

第十四条 提成费是指在本合同有效期内，由于乙方所给予甲方连续的技术咨询和援助，以及甲方在合同有效期内连续使用乙方的商标和专有技术，甲方向乙方支付的费用。

第十五条 合同有效期是指本合同开始生效的时间到本合同第六十四条规定的本合同终止时间的时日。

第三章 价格

第十六条 按本合同第一章规定的内容，甲方向乙方支付的合同费用规定如下。

第十七条 入门费为_____美元(大写_____美元)这是指本合同产品有关的资料转让费和技术培训费，包括技术资料在交付前的一切费用，入门费为固定价格。

第十八条 合同产品考核验收合格后，甲方每销售一台合同产品的提成费为基价的_____%。甲方向乙方购的零件不计入提成费。

第十九条 计算提成费的基价应是甲方生产合同产品当年 12 月 31 日有效的，乙方在_____国_____市公布和使用的每台目录价格的_____%。

第二十条 乙方同意返销甲方生产的合同产品。返销产品的金额为甲方支付乙方全部提成费的_____%。返销的产品应达到乙方提供的技术性能标准。每次返销的产品品种、规格、数量、交货期由双方通过友好协商确定。

第四章 支付和支付条件

第二十一条 本合同项下的一切费用，甲方和乙方均以美元支付。

甲方支付给乙方的款项应通过_____国_____银行和_____国_____银行办理。

如果乙方和甲方偿还金额，则此款项应通过_____银行和_____银行办理。

所有发生在甲方国的银行费用，由甲方负担。发生在甲方国以外的银行费用，由乙方负担。

第二十二条 本合同第三章规定的合同费用，甲方按下列办法和时间向乙方支付。

1. 甲方收到下列单据，并审查无误后____天内向乙方支付入门费_____美元(大写_____美元)。

(a)由乙方出具的保证函。在乙方不能按照合同规定交付技术资料时，保证偿还金额_____美元。

(b)即期汇票正、副本各一份。

(c)应支付金额为入门费总价的形式发票正本一份，副本三份。

(d)_____国政府当局出具的许可证影印件一份。若乙方认为不需要出口许可证，则乙方应提出有关不需要出口许可证的证明信一份。

2. 甲方收到乙方交付第一阶段产品的下列单据并审查无误后_____天内向乙方支付_____美元(大写_____美元)。

(a)即期汇票正、副本各一份。

(b)商业发票正本一份，副本三份。

(c)空运提单正本一份，副本三份。

(d)乙方出具的第二阶段产品的技术资料、样机、铸件和备件交付完毕的证明信正、副本各一份。

3. 甲方收到乙方交付第二阶段产品的下列单据并审查无误后_____天内向乙方支付_____美元

(大写_____美元)。

  (a)即期汇票正、副本一份。

  (b)商业发票正本一份,副本三份。

  (c)空运提单正本一份,副本三份。

  (d)乙方出具的第二阶段产品的技术资料、样机、附件五规定的_____已交付完毕的证明信正副本各一份。

  4. 合同产品第一批样机验收合格后,甲方收到乙方下列单据并审查无误_____天内向乙方支付_____美元(大写_____美元)。

  (a)即期汇票正、副本一份。

  (b)商业发票正本一份、副本三份。

  (c)双方签署的合同产品考核验收合格证书影印本一份。

  注:如果验收试验延迟并是甲方的责任,将不迟于合同生效之日支付。

  第二十三条　本合同第三章规定的提成费,甲方将在抽样产品考核验收合格后按下述办法和条件向乙方支付。

  1. 甲方在每日历年度结束后_____天内,向乙方提交一份甲方在上一日历年度的每种型号的产品实际销售量的报告。

  2. 乙方每年可派代表到合同工厂检查和核实甲方合同产品实际销售量的报告,甲方将给予协助。乙方来华费用由乙方负担。如果汇总和/或报告中所列的合同产品数量在检查时发现出入很大,则甲乙双方应讨论此差距并洽商采取正确的措施。

  3. 甲方收到乙方下列单据并审查无误后的_____天内向乙方支付提成费。

  (a)即期汇票正、副本各一份。

  (b)商业发票正本一份,副本三份。

  (c)该年提成费计算书一式四份。

  4. 在合同期满年度内,甲方在合同终止后_____天内将提交一份最后销售合同产品数量的报告,以便乙方计算提成费。

  第二十四条　按本合同规定,如乙方需向甲方支付罚款或赔偿时,甲方有权从上述任何一次支付中扣除。

第五章　技术资料交付

  第二十五条　乙方应按本合同附件二的规定向甲方提供技术资料。

  第二十六条　乙方应在_____机场或车站交付技术资料,_____机场或车站的印戳日期为技术资料的有效日期。甲方应在收到资料两周内确认资料收悉。

  第二十七条　第一阶段产品的技术资料、样机、铸件和备件。

  1. 在合同生效后的_____周内,乙方必须发出一套蓝图、一套二底图和一套标准。可以分批交货。

  2. 在合同生效后的____周内,乙方必须发出与第一阶段合同产品有关的全部技术资料、样机、铸件和备件。

  第二十八条　第二阶段产品的技术资料和样机。

  1. 第二阶段开始日期后的____周内,乙方必须发出与第二阶段产品有关的一套蓝图、一套二底图和一套标准。可以分期交货。

  2. 第二阶段开始后的____周内,乙方必须尽快发出与第二阶段合同产品有关的全部技术资料和样机、铸件和备件。

  第二十九条　在每批技术资料或样机、铸件和备件发运后的_____小时内,乙方应将空运提单号、空运提单日期、资料编号、合同号、件数和重量电告甲方。同时乙方应以航空信将下列单据寄给甲方。

  (a)空运提单正本一份,副本二份。

(b)所发运技术资料、样机、铸件和备件的详细清单五式二份。

第三十条 若乙方提供的技术资料或样机、铸件和备件在运输途中遗失或损坏，乙方在收到甲方关于遗失或损坏的书面通知后，应尽快不迟于____个月内免费补寄或重寄给甲方。

第三十一条 交付技术资料应具有适用于长途运输、多次搬运、防雨、防潮的坚固包装。

在每件包装箱的内部和外表，都应以英文标明下列内容。

(a)合同号。

(b)运输标记。

(c)收货人。

(d)技术资料目的地。

(e)重量(千克)。

(f)样机、铸件和备件目的地。

第六章 技术资料的改进和修改

第三十二条 为了适应甲方的设计标准、材料、工艺装备和其他生产条件，在不改变乙方基本设计的条件下，甲方有权对乙方的技术资料进行修改和变动。甲方必须将这些修改和变动通知乙方。乙方有责任在培训或技术指导时协助甲方修改技术资料，详见附件三、附件四。

第三十三条 甲方必须在型号后加注尾标，以示区别那些影响形状、配合或功能的修改，并通知乙方。

第三十四条 合同有效期内，双方在合同规定范围内的任何改进和发展，都应相互免费将改进、发展的技术资料提交给对方。

第三十五条 改进和发展的技术，所有权属于改进、发展的一方。

第七章 质量验收试验

第三十六条 为了验证按乙方提供的技术资料制造的合同产品的可靠性，由甲、乙双方共同在合同工厂对考核的合同产品的技术性能和要求进行考核验收。如果有需要，也可以在乙方工厂进行试验或重做。甲方可派指定的人员验证重复试验，乙方负责重复试验和乙方人员的费用，甲方负责甲方参加重复试验的人员和翻译的费用。具体办法见本合同附件七。

第三十七条 考核试验产品的技术性能应符合乙方提供的本合同中的标准规定，即通过鉴定。甲、乙双方签署合同产品考核验收合格证明一式四份，每方各执二份。

第三十八条 如考核试验产品的技术性能达不到附件规定的技术参数，双方应友好协商，共同研究分析原因，采取措施，消除缺陷后进行第二次考核验收。

第三十九条 如考核试验产品不合格是乙方的责任，则乙方派人参加第二次考核验收的一切费用由乙方负担。如系甲方责任，该费用由甲方负担。

第四十条 若考核试验产品第二次试验仍不合格时，如系乙方的责任，乙方应赔偿甲方遭受的直接损失，并采取措施消除缺陷，参加第三次考核，费用由乙方负担。如系甲方责任，该费用由甲方负担。

第四十一条 若考核试验产品第三次考核试验不合格时，双方应讨论执行合同的问题，如系乙方责任，则按合同第五十三条的规定，甲方有权修正合同。如系甲方责任，则由双方共同协商进一步的执行问题。乙方将根据甲方的要求，为改进不合格的样机提供技术咨询。

第八章 合同产品的出口和商标

第四十二条 甲方生产的合同产品可在国内销售/可根据下列条件出口到其他国家。

1. 甲方应首先与乙方协商，要求在乙方的销售/分配网所在地区安排销售(销售/分配网包括乙方子公司和代理商)。

出口销售的数量和项目将通过友好协商决定，若无法安排，则甲方可以自由出口，但是甲方必须在完成交易后一周内将项目、数量和购买商品名称通知乙方。

2. 在乙方销售/分配网不包括的地区，甲方可以自由销售。

第四十三条　对于甲方把合同产品装在甲方国的主机上出售到任何国家(包括在乙方销售/分配网所在地国家)的权利，乙方不得干涉。为维修甲方国出口的主机，甲方可以自由销售作为配件的合同产品。

第四十四条　在合同期间，甲方可以在合同产品上使用乙方使用的商标和标上甲方的商标，并注上＿＿＿国＿＿＿＿＿＿＿制造。商标许可证应由甲方和＿＿＿＿＿＿＿公司单独签订。

第四十五条　当使用商标时，甲方生产的合同产品必须符合本合同项下由乙方提供的标准。在必要的时候，每年乙方可进行一次抽样试验，在抽样试验结果不符合乙方提供的标准时，乙方应建议甲方改进不合格的合同产品并在＿＿＿＿个月内再次进行试验。若结果仍不符合，则乙方就可中止甲方使用其商标的权利。甲方可以再次提交另外的样品给乙方进行试验。再次抽样试验，结果符合乙方提供的标准时，乙方将再次给予甲方使用其商标的权利。

第九章　保证

第四十六条　乙方保证其提供的技术资料是在合同生效时乙方使用的最新技术资料，并与乙方拥有的技术资料完全一致。在合同期间，合同产品设计变化的技术通知书和技术改进、发展资料，乙方将及时送至甲方。

第四十七条　乙方保证其提供的技术资料是完整的、清晰的、可靠的，并按第五章的规定按时交付。有关定义如下。

1. 完整是指乙方提供的资料是本合同附件中规定的全部资料，并与乙方自己工厂目前使用的资料完全一致。

2. 可靠是指甲方按技术资料制造的合同产品应符合乙方按合同提供的合同产品技术规范。

3. 清晰是指资料中的图样、曲线、术语符号等容易看清。

第四十八条　如果乙方提供的技术资料不符合第四十六条、第四十七条的规定时，乙方必须在收到甲方书面通知书后＿＿＿＿天内免费将所缺的资料，或清晰、可靠的资料寄给甲方。

第四十九条　当乙方不能按本合同第五章规定的时间交付资料，则乙方应按下列比例向甲方支付罚款。

迟交＿＿＿至＿＿＿周，每整周罚款为入门费总价的＿＿＿＿%。

迟交＿＿＿至＿＿＿周，每整周罚款为入门费总价的＿＿＿＿%。

迟交超过＿＿＿＿周以上，每整周罚款为入门费总价的＿＿＿＿%。

第五十条　若发生第四十九条事项，乙方支付给甲方的罚款总数不超过＿＿＿＿＿＿＿美元(大写＿＿＿＿＿＿＿美元)。

第五十一条　乙方支付给甲方的第四十九条中规定的罚款，应以迟交的整周数进行计算。

第五十二条　乙方支付给甲方罚款后，并不解除乙方继续交付上述资料的义务。

第五十三条　按第七章的规定，由于乙方的责任，产品考核经三次不合格时，则按以下办法处理。

1. 若考核产品不合格以致甲方不能投产，则必须修改合同，采取有效措施将不合格的产品从合同中删除。乙方应退还甲方已经支付的那部分金额。这部分退还金额仅限于合同产品总的范围中不合格产品所占部分，并加年利＿＿＿＿%的利息。

2. 如果根据第四十一条修改合同，则甲方放弃只涉及不合格的那部分产品和零件的制造权，甲方将退回有助于制造这些不合格产品的全部文件，不可复制或销毁。

第十章　许可证和专有技术

第五十四条　乙方唯自己是根据本合同规定向甲方提供许可证和专有技术的合法者，并能够合法地向甲方转让上述许可证和专有技术而无任何第三者的指控。

如果第三方提出侵权的控诉，则乙方应与第三方处理此控诉并负责法律和经济责任。

第五十五条　与合同有关的完整的____国专利清单列入附件二，本合同生效一个月内，乙方将向甲方提供专利影印本一式二份。但不给予____国专利许可证或不包括此许可证。

第五十六条　本合同终止后，甲方仍有权使用乙方提供的许可证和专有技术，而不承担任何义务和责任。合同终止后，使用____商标的权利也将终止。

第五十七条　双方都应履行本合同，不应以任何方式向第三方透露和公布双方提供的任何技术资料或商业情报。

第十一章　税费

第五十八条　凡因履行本合同而引起的一切税费，发生在甲方国以外的应由乙方承担。

第五十九条　在执行合同期间，乙方在甲方国境内取得的收入应按甲方国税法缴税。此税费由甲方在每次支付时扣缴，并将税务局的收据副本一份交乙方。

第十二章　仲裁

第六十条

1. 凡因执行本合同而引起的一切争执，应由双方通过友好协商来解决。在不能解决时，则提交仲裁解决。

2. 仲裁地点

(1) 由____国_____仲裁委员会按该会仲裁规则进行仲裁。

(2) 仲裁在_____进行，并由_____仲裁院按仲裁院的程序进行仲裁。

3. 仲裁裁决应是终局裁决，对双方均有约束力，双方都应遵照执行。

4. 仲裁费应由败诉一方负担。

5. 在仲裁过程中，本合同中除了接受仲裁的部分外，仍应由双方继续执行。

第十三章　不可抗力

第六十一条　若签约的任何一方，由于战争及严重的火灾、水灾、台风和地震所引起的事件，影响了合同的执行时，则应延迟合同期限，延迟时间应相当于事故所影响的时间。

第六十二条　责任方应尽快地将发生的人力不可抗拒的事故电告另一方，并在____天内以航空挂号信将有关当局出具的证明文件提交另一方确认。

第六十三条　若人力不可抗拒事故延续到____天以上时，双方应通过友好协商尽快解决合同继续执行问题。

第十四章　合同生效及其他

第六十四条　合同在甲方和乙方代表签字之后，双方需向各自政府申请批准，并以最后批准一方的日期作为生效日。双方应尽最大的努力在____天期限内获得批准，并用电报通知对方，随之以信件予以确认。若合同签字后____个月内不能生效，则本合同对甲方和乙方都无约束力，经双方同意，申请批准的期限可以延长。

第六十五条　本合同用____、____文和____文书写各四份，____文文本和____文文本具有同等效力，双方执____、____文文本各二份。

第六十六条　本合同从合同生效之日起_____年内有效。有效期满后，本合同即自动失效，除非在合同有效期内双方另有协议，第二阶段合同产品开始日期将由乙方来甲方指导时，双方签订备忘录予以确认。

附件 5-9

补偿贸易合同模板

补偿贸易合同

甲方：中国_____公司，法定地址：_____电话：_____

法定代表人：_____职务：_____国籍：_____

乙方：____国_____公司，法定地址：_____电话：_____

法定代表人：_____职务：_____国籍：_____

甲、乙双方在平等互利基础上经友好协商，特订立本合同，共同遵守。

第一条 补偿贸易内容

1. 乙方向甲方提供_____台(套)设备及其规格性能资料、辅助设备和零、备、附件及试车用原材料(提供设备另用附件详列)。

2. 甲方将用乙方提供的设备所生产的_____产品，偿付上述设备的价款，也可用其他商品来偿付。偿付商品的品种、数量、价格、交货条件等，详见合同附件。

第二条 补偿方法

1. 甲方分期开出以乙方为受益人的远期信用证，分期、分批支付全部机械设备的价款。

2. 乙方开出以甲方为受益人的即期信用证，支付补偿商品的货款。

3. 当乙方支付货款不能相抵甲方所开远期信用证之金额时，乙方用预付货款方式，在甲方远期信用证到期之前汇付甲方，以便甲方能按时议付所开出的远期信用证。

4. 由于甲方所开立远期信用证的按期付款以乙方开出即期信用证及预付货款为基础，所以乙方特此保证及时按合同规定开出即期信用证及预付货款。

第三条 补偿商品

1. 甲方用乙方提供设备生产的商品(详见附件)，按每公历月____套(件)供应乙方。

2. 对其他商品，双方同意分批签署供货合同。供货条件由双方另议。

第四条 偿还方式

1. 甲方自乙方提供设备在甲方场地试车验收后第____个月起，每月偿还全部设备价款的____%。

2. 甲方可以提前偿还，但应在____天之前通知乙方。

3. 在甲方用补偿商品偿还设备价款期间，乙方按本合同有关规定，开立以甲方为受益人的足额、即期、不可撤销、可分割可转让的信用证。

第五条 偿还期限：限于本合同生效后____个公历月内偿还完毕。

第六条 补偿商品作价

1. 双方商品均以_____(币种)计价。

2. 乙方提供的设备及零、备、附件等均以_____(币种)作价。

3. 甲方提供的补偿商品，按签订本合同时，甲方出口货物的人民币基价，以当时的人民币对____币的汇率折算成_____币，或经甲方主管部门同意后，以____币结算。

第七条 双方的利息计算

1. 双方议定，本合同项下的____币及____币的年利息分别为____%和____%。

2. 甲方所开立的远期信用证及乙方预付货款的利息均由甲方负担。

第八条 技术服务

1. 甲方自行将设备在厂房就位。

2. 在主要设备安装调试时，乙方须自费派遣____人到现场指导，为期____天；如指导错误，乙方负责赔偿损失。

3. 甲方提供安装调试地点的住宿、交通及参加调试、验收的劳务、水、电、汽供应及原材料等。

4. 双方代表共同确认验收合同标准。

第九条 附加设备

在执行本协议过程中，如发现本合同项下的机械设备在配套生产时，还需增添新的设备或测试仪器，可由双方另行协商，予以补充。补充的内容仍应列入本合同范围之内。

第十条 保险

设备进口后由乙方投保。设备所有权在付清货款发生移转后，如发生意外损失先由保险公司向投保人赔偿，再按比例退回甲方已支付的设备货款。

第十一条 税收与费用

本补偿贸易项目中所涉及的一切税收与费用的缴付，均按照中华人民共和国的有关税收法律、法规办理。

第十二条 违约责任

乙方不按合同规定购买补偿商品或甲方不按合同规定提供商品时，均应按合同条款承担违约责任，赔偿由此所造成的经济损失，并向对方支付该项货款总值的____ %的罚款。

第十三条 履约保证

为保证合同条款的有效履行，双方分别向对方提供由各自一方银行出具的保函，予以担保。甲方的担保银行为中国银行____行，乙方的担保银行为____国____ 银行。

第十四条 合同的变更

本合同如有未尽事宜，或遇特殊情况需要补充或变更内容，须经双方协商一致并达成书面协议，方可有效。

第十五条 不可抗力

由于人力不可抗力的原因，致使一方或双方不能履行合同有关条款，应及时向对方通报有关情况，在取得合法机关的有效证明之后，允许延期履行、部分履行或不履行有关合同义务，并可根据情况部分或全部免于承担违约责任。

第十六条 仲裁

凡有关本协议或执行本协议而发生的一切争执，应通过友好协商解决。如不能解决，则应提请____国____仲裁委员会按____仲裁程序在____进行仲裁。仲裁适用法律为_____国法律。该仲裁委员会做出的裁决是最终的，甲乙双方均受其约束，任何一方不得向法院或其他机关申请变更。仲裁费用由败诉一方负担。

第十七条 合同文字和生效时间

本合同用中、____两种文字写成，两种文本具有同等效力。

本合同自签字之日起生效，有效期为____ 年。期满后，双方如愿继续合作，经向中国政府有关部门申请，获得批准后，可延期____年或重新签订合同。

第十八条 合同附件

本合同附件____份，系本合同不可分割的一部分，与合同正文具有同等效力。

甲方：   乙方：

中国_____公司代表(签字)____   ____ 国___公司代表(签字)____

合同订立时间：____年____月____日

知识点三 企业货物流转程序

实训操练

合同成立后，就要进入履行合同阶段了。登录实训平台后，在企业实训界面首页，就可以查看到十一种贸易术语与六种结算方式组合而成的多种贸易流程(见表 5-18)。国际贸易不同于一般境内贸易，只要达成交易，其中途径一般比较灵活。国际贸易由于双方的国际背景相差较大，为避免不必要的误解，所以需要有极其严格的规定流程。《2020 年版根据国际贸易术语解释通则》国际上通行的有十一种贸易术语，其中前六种较为常见。在系统中以简单明了的流程图将过程中的重要步骤展现了出来，操作国际贸易的企业专员只需按照相应流程图进行操作即可(见图 5-20)。需要注意的是，自贸区的相关流程中只涉及了进出自贸区时的通关操作，在出运货物后或提取货物前，以及结算方式的操作则依然要参照一般贸易下的具体进出口贸易流程图。

图 5-20 实训系统界面——流程图

表 5-18 一般贸易流程图列表

序号	流程图	序号	流程图	序号	流程图	序号	流程图	序号	流程图	序号	流程图
5-1	EXW+TT	5-11	FAS+MT	5-21	FOB+LC	5-31	CIF+DA	5-41	CIP+MT	5-51	DPU+LC
5-2	EXW+MT	5-12	FAS+DD	5-22	CFR+TT	5-32	CIF+DP	5-42	CIP+DD	5-52	DAP+TT
5-3	EXW+DD	5-13	FAS+DA	5-23	CFR+MT	5-33	CIF+LC	5-43	CIP+DA	5-53	DAP+MT
5-4	FCA+TT	5-14	FAS+DP	5-24	CFR+DD	5-34	CPT+TT	5-44	CIP+DP	5-54	DAP+DD
5-5	FCA+MT	5-15	FAS+LC	5-25	CFR+DA	5-35	CPT+MT	5-45	CIP+LC	5-55	DAP+DA
5-6	FCA+DD	5-16	FOB+TT	5-26	CFR+DP	5-36	CPT+DD	5-46	DPU+TT	5-56	DAP+DP
5-7	FCA+DA	5-17	FOB+MT	5-27	CFR+LC	5-37	CPT+DA	5-47	DPU+MT	5-57	DAP+LC
5-8	FCA+DP	5-18	FOB+DD	5-28	CIF+TT	5-38	CPT+DP	5-48	DPU+DD	5-58	DDP+TT
5-9	FCA+LC	5-19	FOB+DA	5-29	CIF+MT	5-39	CPT+LC	5-49	DPU+DA	5-59	DDP+MT
5-10	FAS+TT	5-20	FOB+DP	5-30	CIF+DD	5-40	CIP+TT	5-50	DPU+DP	5-60	DDP+DD

(资料来源：http://192.168.195.51:8081/)

1. 订舱装箱

通常贸易合同流程的第一步就是进行订舱委托。根据使用的贸易术语不同，负责进行订舱委托的贸易方也不同，可从流程图箭头始末端看出责任方和办理单位(见图 5-21)。凡外围机构均可在 VSOA 找到相应部门，办理相关业务。订舱阶段，在实训平台中，要在 VSOA 中找到货代公司，左侧找到订舱委托，新增出口订舱委托书，并随附单证。随附单证包括装箱单和商业发票(见图 5-22)，这些单据都可以在贸易企业主页的单证管理中进行新增开立，其中所用到的货物的单位体积、重量等信息可在公共服务区中的信息综合中心中找到。在货代公司确认企业的订舱委托后，会签发一张配舱回单，贸易企业要在货代公司菜单的订舱委托中领取回单，这样订舱就完成了。

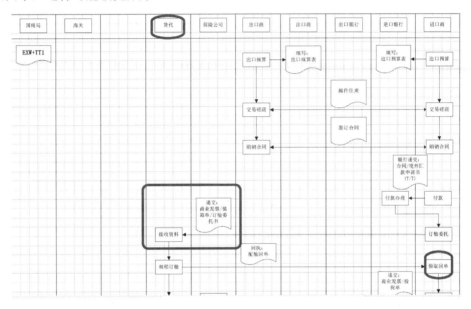

图 5-21　实训系统界面——流程图 EXW+TT

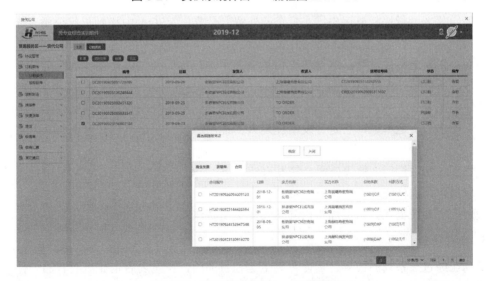

图 5-22　实训系统界面——订舱委托

2. 货运投保

货物在运送时时间长，距离远，有许多不确定的因素，所以给国际贸易的货物投保是国际贸易中必要的一环。在实训中也是如此，我们要在 VSOA 中找到保险公司，然后新增投保单进行投保，随附商业发票交给保险公司。保险公司接收到资料后会签发保单，企业外贸专员需要在保险公司菜单下领取保险单，货运投保就完成了。

3. 海关通关

在国际贸易中，最复杂的一环莫过于海关通关，所有出入境的货物都要在海关进行登记、检查之后才能通关放行。2018 年 8 月 1 日之后，报关与报检合并为单一窗口，通关步骤更便捷了。

在实训操作时，首先要做的不是去 VSOA 中找海关部门，而是要在贸易企业左侧的菜单中选择出入库，进行货物的出库操作。

货物出库后就要到海关进行检查，首先在 VSOA 中找单一窗口，进行出口报关操作，填写出口申报表，随附单据包括商业发票、装箱单和购销合同。海关部门要对企业的出口报关进行审批。

同时，企业还要在单一窗口进行交单操作，将商业发票、装箱单和购销合同交由海关进行审核，接着海关就会进行查验或放行的步骤，查验或放行是由海关所决定的。

在放行的情况下，企业外贸专员领取放行通知书后就可以海关放行，装船出运了。

在需要查验的情况下，企业外贸专员在收到查验通知后，员工需要在单一窗口进行报验，海关查验放行后就可以装船出运了。

或许有人会质疑，商检的流程呢？海关与商检合一后商检被删减了吗？当然不是，关检合一之后，海关除了原本关卡监管的职能外，同时兼具了进出口商检的职能，而商检的流程实际会在海关查验的同时进行，避免了以往报关报检独立而造成的二次拆箱查验的烦琐程序，并降低了查验过程可能发生的货损风险。

4. 货物出运

海关通关之后货物就要运出国了，企业外贸专员要在 VSOA 中找到货代公司，选择装船出运。

而后，先要去支付运费，这里的支付运费并不是在货代公司进行办理，而是在商业银行进行办理，所以要在 VSOA 中找到商业银行，在运费管理中支付运费。

然后，在 VSOA 中再去找货代公司，选择换提单，填制场站收据。场站收据是国际集装箱运输专用出口货运单证，它是签发给托运人的证明已收到托运货物并对货物开始负有责任的凭证。

接收到场站收据后，货代公司会签发海运提单，企业外贸专员要在 VSOA 中找到货代公司，领取提单，这样凭场站收据就完成了。

最后，主要在货代公司页面将内陆运费和装货费结清，出口部分的工作就完成了。

5. 换提货单

货物在经过一系列的关卡之后便可离港运往目的国，在此之后企业需要做的一件事就是换提货单。国际贸易中需要换提货单的一方，通常是进口企业。进口企业的外贸专员，需要在 VSOA 中找到货代公司,在货代公司菜单下找到换提货单,然后提交出口企业发给自己的海运提单。

货代公司在接到资料后就会签发提货单,企业负责国际贸易的员工只需要在同一菜单下领取提货单就可以了。

6. 进口清关

与国际贸易出口步骤相对应的,进口的步骤中海关的通关步骤也是不可缺少的。相比于出口的通关,进口的通关可能稍显复杂一些,因为这涉及目的国的贸易政策,例如货物的税收政策。如未报关并缴纳税费就将货物运送到目的国境内,可能被认定为走私行为。

走 私

走私是指违反《中华人民共和国海关法》(以下称《海关法》)及有关法律、行政法规,逃避海关监管,偷逃应纳税款、逃避国家有关进出境的禁止性或者限制性管理的行为。根据《刑法》的有关规定,走私罪是指单位或者个人违反海关法规,逃避海关监管,运输、携带、邮寄国家禁止进出口货物、物品或者依法应当向国家缴纳税款的货物、物品进出境,数额较大、情节严重的犯罪行为。

进口通关的第一步就是报关。首先,企业在 VSOA 中找到海关部门,在海关部门的菜单下找到进口报关,新增进口货物报关单,随附单据选择商业发票、装箱单、合同和提货单等。

企业外贸专员需要在领取税单后,到 VSOA 中找到商业银行,然后在商业银行菜单下的进口税费中缴付费用。

缴付完成后,企业外贸专员要在海关的菜单中选择核销税单。海关在收到费用后,接下来的手续就和出口流程中的核销环节相似。

海关在完成进口报关审批后会决定查验货物或是放行。在放行的情况下,企业负责国际贸易的员工在海关菜单下的进口报关中领取放行通知书,就可以直接通关放行,进行提货了。

如果要进行货物查验,则企业外贸专员在海关菜单下的进口报关中领取查验通知书后,要同样在海关菜单下的进口报关中进行报验,海关查验后放行,企业就可以提货了。一般属于法定检验商品则实施强制性的检验检疫查验,未经检验检疫或查验不合格的产品不得出口。

7. 卸货入库

经过一系列的贸易过程后,货物终于离入库只有一步之遥了。在这一步,进口企业外贸专员要在 VSOA 中找到货代公司,在货代公司菜单中找到提货,支付内陆运费和卸货费后就能进行最后一步——入库了,只需在贸易企业的主页中找到出入库选项,通过点击让货物入库。一单货物进出口贸易就基本完成了。加工贸易的进出口流程大体与货物贸易相似,主要区别在于增加了海关对加工贸易的手册/账册监管,报关时除提交一般贸易需要准备的单据外,还需提交加工贸易手册/账册,而当下电子手册/账册联网监管已逐渐取代传统的纸质手册登记、核销管理。

流程解读

国际贸易中的货物流转一般涉及以下几个步骤，即内陆运输、订舱装箱、出口通关、货物出运、卸货提货、海关清关等。相较于普通的国际贸易形式，由于自贸区具有一定的特殊性，在多个程序的细节方面和其他形式具有区别，尤其是在涉及保税仓和加工仓方面，学习者有必要将其理解透彻，因此有关这一部分的内容介绍将在下一章具体展开。

这一章主要介绍的是一般的货物流转过程中的关键步骤，而这些步骤在自贸区企业的货物流转过程中，操作也是基本相同的。

影响国际贸易中货物流转程序的最主要因素是国际贸易术语的运用，不同的国际贸易术语对应的操作也会有所区别，一笔国际贸易运用什么国际贸易术语是订立合同时双方就定下的，所以这个内容在上一节就有涉及。然而，国际贸易术语影响最大的还是国际贸易的货物流转程序，所以在这一节中，我们将深入了解国际贸易术语。

1. 国际贸易术语

国际贸易具有运输路线长、交易环节多、涉及方面广、风险大的特点。由于交易双方距离较远，所有被交易的商品需要经过一段较长距离的运输，而这个过程往往会伴随着较大的风险和不确定性。在货物运输、交接过程中需要处理来自多方面的问题，经历多道环节，包括办理进出口清关手续，安排运输与保险，支付各项税捐和运杂费用等。此外货物在装卸、运输过程中，还可能遭受自然灾害、意外事故和其他各种外来风险而导致其损坏或灭失。

有关上述事项由谁负责办理各项手续、由谁负担费用、风险如何划分、需要交接哪些单据，买卖双方在磋商交易签订合同时，必须对其予以明确。在长期的国际贸易实践中，为了简化手续，缩短交易过程，便于双方当事人成交，买卖双方便采用一些专门的用语来概括地表明各自的权利与义务，形成了若干种报价模式。这种用来表示交易双方责任、费用与风险(Responsibilities，Cost，Risks)划分的专门用语，称为贸易术语(Trade Terms)。

贸易术语所表示的贸易条件主要包括两个方面：其一，说明商品的价格构成，是否包括成本以外的主要从属费用，即运费和保险；其二，确定交货条件，即说明买卖双方在交接货物方面彼此所承担的责任、费用和风险的划分。每种贸易术语有其特定的含义。各种不同的贸易术语，表示其具有不同的交货条件和不同的价格构成因素，因而买卖双方各自承担的责任、费用与风险也互不相同。

在国际贸易业务实践中，由于各国法律制度、贸易惯例与习惯做法不同，国际上对同一贸易术语的理解与运用也互有差异，因而容易引起贸易纠纷。为了减少纠纷和避免争议，有些国际商业团体便先后制定了一些统一解释贸易术语的规则，其中包括：国际法协会修订的《1932年华沙—牛津规则》(Warsa-Oxford Rules 1932)；美国一些商业团体制定的《1990年美国对外贸易定义修订本》(Revised American Foreign Trade Definition 1941)和国际商会修订的《2020年国际贸易术语解释通则》(International Rules for the Interpretation of Trade Terms 2020，INCOTERMS 2020)。

上述各项解释贸易术语的规则，在国际贸易中都具有不同程度的影响，因而形成为一般的国际贸易惯例，其中以国际商会国际商业惯例委员会修订的《通则》使用范围最广，也更适应不断革新的电子信息和运输技术的发展，有效地促进了国际贸易的进一步发展。国际商会《国际贸易条件解释通则》,1936年出台,而后分别修改过八次,目前的最新版本是《2020年国际贸易术语解释通则》(INCOTERMS 2020),共包括11种贸易术语。

值得注意的是国际贸易惯例在适用的时间效力上并不存在"新法取代旧法"的说法,即2020通则实施之后并非2010通则就自动废止,当事人在订立贸易合同时仍然可以选择适用2010通则。

> 小讨论:不同类型的货物使用什么类型的国际贸易术语是有优劣之分的吗?大宗低价货物适合用什么样的贸易术语?高端精密仪器又适合用什么贸易术语呢?

_____

_____

_____

_____

2. 企业货物流转程序——以 CIF 为例

下面就以一个贸易术语——CIF为例,还原一单国际贸易流程。

境内出口商与境外客户签订出口合同,确定出口货物出口日期及交货日期等事项和货物体积、重量、件数等装载信息后,由出口商根据成交方式联系运输公司(货代公司)安排货物运输出口事宜。向货代公司提供商业发票、装箱单和购销合同进行订舱,等待货代公司确认后领取配舱回单和发票。

出口商将商业发票和购销合同等凭据交给保险公司,保险公司确认无误后签发保险单给出口商公司,即视为办妥投保手续,保险公司即按预约保险合同的规定对货物负自动承保的责任。

货代公司收到出口商指令后,要进行内陆运输。货代公司向船公司进行订舱并与出口商进行确认,确认订舱信息后将订舱单发给拖车公司,拖车公司准备办理到码头提取空柜后到工厂装货,货代公司此时还要与出口商确认好报关资料如何交接等问题。拖车公司到工厂装完货物后将集装箱运返码头堆场,货物从进入码头堆场开始正式受海关监管。

在此之后,出口企业需要办理出关手续。对列入《出入境检验检疫机构实施检验检疫的进出境商品目录》范围内的出口货物(包括转关运输货物)需要进行法定检验检疫。自2018年8月1日起,通关模式由"先报验,后报关"改为一次申报,即需要报检的出口商品不需要再填报报检单,可以直接在单一窗口填报新的报关单,出口商品将只有一个报关单编号。以前的出口报检改名为出口申报前监管,企业可以先单独申请一次出口申报前监管,即原出口报检,通过后将相关数据在报关申报时返填到出口报关界面中,再补齐其他报关信息后申报。此模式下将货物报检和通关申报共同进行,即关检融合。完成填报后,只需向海关部门提交一套单证,之后等待出口报关审批完成。现场海关审核资料后进行放行或者查验操作。放行后将放行条交给船代公司或者码头公司，然后根据所申报的船名、航次将此批货物装船运往目的国家收货人。

知识窗

查　验

自 2018 年 8 月 28 日起，上海海关启用了新的查验管理系统。新规定或将加大查验难度。在新规定的情况下，查验逐步增多，查验派单将更加随意，不论公司，不论整箱还是拼箱。出口查验也开始有复查了，并且要经过三次复查，组织先复查，然后科长复查，然后放行了电脑随机复查，箱子归位后才能随机复查，所有查验由海关指定全掏还是半掏，申报的所有的品名必须拍照上传。查验单证酌情需要提供正本报关资料。

扫二维码，查看《出入境检验检疫机构实施检验检疫的进出境商品目录》.pdf

出口商按购销合同和货运代理的发票向出口银行支付运费以换取提单，出口商将场站收据交给货代公司，则货代公司会相应地签发海运提单给出口商。

当船舶正式离开码头后，由货代向海关电脑发送装船清洁舱单，该清洁舱单会与之前由报关行录入的装船单信息进行自动对碰，对碰成功后将核销联、退税联以及核销单一同寄回给出口商，出口商到外管局办理外汇核销手续，到国税局办理出口退税手续。

通常国际贸易中，如果我国作为出口方，则进口国应该是进口国家，而关检合一是我国所推行的为促进国际贸易的具有创新性的国策，在境外国家是很少见的。所以进口时报检和报关是分开操作的。但在这里，为了让学习者了解关检合一的操作，在进口部分，本教材还是模拟中国从境外进口的情况。

到卸货地后，进口商要根据所选用的结算方式进行赎单，取得海运提单后，将提单交给货代公司，换取提货单。

需要进行入境检验检疫的货物，企业可通过填写新的报关单进行一次申报，但需要注意的是，入境申报必须具备双资质才能进行一次申报，即具备报关、报检资质的企业。完成报关单填制等待审核，并需要再向海关提交一套单证即可，海关接收相关资料，并对其进行审核，等待海关根据货物价值出具税单。进口商要根据税单向银行缴税，核销税单后，等待进口报关审批完成。现场海关审核资料后进行放行或者查验操作。

放行后进口公司向货代公司进行提货，将内陆运费和卸货费交给货代公司后，货代公司就会负责将这批货卸下并送往进口公司的仓库中，这样一单国际贸易的流程就完成了。

小贴士

相对于以上非自贸区企业烦琐的申报、通关、物流和纳税程序，自贸区企业拥有以下优点。

(1) 申报简化——同一备案清单、批次进出集中申报、一次备案多次使用。

(2) 通关加快——"先进区，后报关"、区内免领进出口许可证、简化无纸通关附单证、智能卡口验收。

(3) 物流高效——区内企业货物流转自行运输、仓储企业联网监管。此外自贸区企业直接出口。

(4) 税收优惠——只在自贸区停留的货物可以享受免征关税和进口环节增值税等优惠政策。

3. 企业货物流转程序——其他贸易术语

在了解了一个贸易术语的具体操作流程之后，其余的贸易术语操作方式只是在各个阶段中操作的对象不同而已。

小讨论：完成一单国际贸易后，和使用不同贸易术语进行操作的学员进行一次交流，谈谈你们的心得体会。

_____

_____

_____

_____

4. 保险

保险是国际贸易中极为重要的一环。国际贸易中货物往往需要经过长途运输，在运输、装卸、存储等过程中，货物有可能遇到各种风险和遭受各种损失。因此为了保障货物在遭受损失时能得到经济上的补偿，买方或卖方就需要办理货物的运输保险。

国际贸易货物的运输保险，就是指保险人在收取约定的保险费后，对被保险货物遭遇承保责任范围内的风险而受到损失时负赔偿责任，它属于财产保险的范畴。国际贸易货物的运输保险，通常作为交易条件之一，由买卖双方在合同中洽定。为了有效地办理货物的运输保险，并使买卖合同中的保险条款规定得合理，我们必须深入了解和认真研究有关货运保险方面的问题。

1) 国际货物运输险的起源

人类社会从一开始就面临自然灾害和意外事故的侵扰。在与大自然抗争的过程中，古代人们就萌生了对付灾害事故的保险思想和原始形态的保险方法。我国历代王朝都非常重视积谷备荒，春秋时期孔子"耕三余一"的思想就是颇有代表性的见解。在境外，保险思想和原始的保险雏形在古代就已经产生：在古埃及石匠中曾有一种互助基金组织，该组织向每一成员收取会费以支付个别成员死亡后的丧葬费；还有古罗马军队中的士兵组织，以收取的会费作为士兵阵亡后对其遗属的抚恤费用。

近代保险中起源最早的是海上保险，这也是国际货物运输险的由来。正是海上保险的兴起，带动了整个保险业的繁荣与发展。

早在公元 2000 年前，地中海一带就有了广泛的海上贸易活动。当时由于生产条件和技术水平落后，航海是一项非常冒险的活动。如果不幸在航海过程中遇到大风大浪，为了避免沉没，人们发明了一种有效的解决办法：抛弃部分货物，以减轻载重量，造成的损失由全体共担。这条规则甚至被写到公元前916年罗地安海的立法中："为了全体利益，减轻船只载重而抛弃船上货物，其损失由全体受益方来分摊。"人类在长期的航海实践中所形成的这种共同海损分摊思想，可以看作是海上保险的萌芽。

现代海上保险是由古代的巴比伦和腓尼基的船货抵押借款思想逐渐演化而来的。直到1384年，在佛罗伦萨诞生了世界上第一份具有现代意义的保险单。这张保单承保一批货物从法国南部阿尔兹安全运抵意大利的比萨。在这张保单中有明确的保险标的、明确的保险责任，如"海难事故，其中包括船舶破损、搁浅、火灾或沉没造成的损失或伤害事故"。

16世纪时，英国商人从外国商人手里夺回了海外贸易权，积极发展贸易及保险业务。1720年经英国女王批准，英国的"皇家交易"和"伦敦"两家保险公司正式成为经营海上保险的专业公司。

1688年，爱德华·劳埃德在伦敦塔街附近开设了一家以自己名字命名的咖啡馆。由于这里海事消息灵通，每天富商满座，保险经纪人利用这一时机，将承保便条递给每个饮咖啡的保险商。随着海上保险的不断发展，劳埃德承保人的队伍日益壮大，影响不断扩大。1871年英国议会正式通过一项法案，使它成为一个社团组织——劳合社。到目前为止，劳合社的承保人队伍达到14 000人，现今其承保范围已不仅是单纯的海上保险。

2) 海运货物保险险别

我国现行的货物运输条款是根据中国人民保险公司1981年制定的《中国保险条款》进行修订，不同运输方式有差异，以《海洋货物运输保险条款》应用最普遍，可分为三种基本险别。

(1) 平安险(Free from Particular Average，F.P.A)。

平安险英文原意是"不负单独海损责任"，也就是说，被保险标的所遭受的单独海损的损失，原则上不在保险人承保范围之内。但下列损失，仍在平安险承保的责任范围之内。

第一，由于船舶或驳运工具发生搁浅、触礁、沉没或者焚毁所引起的单独海损以及在航运中发生上述意外事故之前或之后，即在航程中曾有过搁浅、触礁、沉没、焚毁而又遭遇恶劣气候，如暴雨、巨浪等自然灾害所致的部分损失。

第二，被保险货物在装载、转载或卸载时因落水所遭到的一件或数件的完全灭失。

第三，可合理归因于船舶或驳运工具发生失火、爆炸或除水以外的其他外来物体或船舶碰撞所造成被保险货物部分的损失。

第四，由于共同海损引起的牺牲、分摊和救助费用。

(2) 水渍险(With Particular Average，W.P.A)。

水渍险除包括平安险的各项责任外，还负责被保险货物由于自然灾害所造成的部分损失。

按照"协会货物条款"的规定，承保平安险时，保险人仅对自然灾害和海上意外事故所造成的全部损失负赔偿责任，而对单独海损不负责任。英文原意为"负单独海损责任"。其责任范围如下。

第一，平安险责任范围以内的全部责任。

第二，由于恶劣气候，如暴风、巨浪等自然灾害引起的部分损失。

以上说明，水渍险的责任范围比平安险的责任范围大。

(3) 一切险(All Risks，A.R.)。

一切险责任范围是除包括平安险和水渍险的各项责任外，保险人对于被保险货物因遭受所有因意外事故所发生的损失，不论是共同海损、单独海损、全部损失、部分损失，还是其他外来原因造成的偷窃、淡水雨淋、破碎等损失，均包括在一切险承保责任范围之内。但是，由于货物本身特性所造成的损失、物价跌落的损失等，却不包括在一切险承保范围之内。

(4) 附加险(Extraneous Risks)。

除以上三种险别外，还有附加险条款。在附加险条款中，有一般附加险条款和特殊附加险条款两类。由于货物种类繁多，各有其特点，所以投保附加险的险别各异，投保人可根据需要选择投保一种或若干种附加险。一般附加险的种类很多，其中主要包括：偷窃提货不着险(Theft，Pilferage and Non-de1ivery，T.P.N.D.)、渗漏险(Risk of Leakage)、钩损险(Risk of Hook Damage)、污染险(Risk of Contamination)、生锈险(Risk of Rust)、串味险(Risk of Odour)和受潮受热险(Sweating and / or Heating)等。凡保险人对承保这些附加险货物如在运输途中发生损失，均按条款规定的责任范围予以赔偿。特殊附加险包括罢工险、舱面险、进口关税险、拒收险、黄曲霉素险、交货不到险等。

3) 陆上运输货物保险

货物通过火车或汽车在陆上运输时，可能遇到各种风险和发生各种损失。例如，由于车辆遭受碰撞、倾覆或脱轨所引起的货物的损失，或由于遭受隧道坍塌、崖崩、火灾、雷电、爆炸、风暴等所引起的货物损失，以及在运输途中由于其他外来原因所造成的货物短少、短量、雨淋、生锈、受潮、受热、发霉、串味、玷污等全部或部分损失。

根据制定的《中国保险条款》进行的中国人民保险公司的陆上运输货物保险条款，陆上运输货物的基本险别分为陆运险(Overland Transportation Risks)和陆运一切险(Overland Transportation All Risks)两种。此外，还有适用于陆运冷藏货物的专门保险——陆上运输冷藏货物险(也属基本险性质)以及附加险：陆上运输货物战争险(火车)。陆上运输保险责任的起讫也采用"仓至仓"责任条款，即自被保险货物运输保险单所载明的启运地发货人的仓库或储存处所时生效，但被保险货物到达最后卸载的车站后的60天，保险责任即终止。

4) 航空运输货物保险

货物通过航空运输时，可能遇到各种风险和损失，例如，由于飞机碰撞、倾覆、坠落和失踪所引起的货物损失，或由于遭受恶劣气候、火灾、雷电、爆炸、风暴、台风或其他危难事故所引起的货物的损失，以及由于外来原因造成的损失(如偷窃、短少等)。航空运输保险的基本险分为航空运输险和航空运输一切险，以及附加险、航空运输货物战争险。保险责任的起讫是自货物经航运公司收讫并签发航空运单时起开始生效，直至该项货物运抵目的地交给收货人为止。但保险货物到达目的地后航空公司保管期间的保险责任，以自航空公司发出到货通知书给收货人当日午夜起算30天为限。

5) 邮包运输货物保险

货物在邮运途中可能遭遇各种意外灾害或事故所引起的损失，如由于遭遇暴风、雷电、流冰、海啸、地震、洪水等自然灾害，或由于运输工具搁浅、触礁、沉没、碰撞、出轨、倾覆、坠落或失踪，或由于失火和爆炸等意外事故造成的损失，以及由于外来原因造成的损失(如偷窃、短少等)。邮包保险基本险别分为邮包险和邮包一切险两种。此外，还有附加险——

邮包战争险。

邮包运输保险责任的起讫，是被保险货物经邮局收讫并签发邮包收据时开始生效，直至该项货物到达保险单所载明目的地邮局送交收件人为止。但保险货物到达目的地后在邮局保管的最长保险责任期限，以邮局发出通知书给收件人当日午夜起算15天为限。

扫二维码，观看"国际贸易货物运输保险"视频

小练习

在计算保险金额时，要准确计算出 CIF 货价，如用 CFR 报价，要换算成 CIF 价，具体可用下列公式计算保险费：

保险费 = 保险金额×保险费率

保险金额 = CIF 货价×(1 + 保险加成率)

CIF = FOB + F + I，CIF = CFR + I，CIF = CFR+CIF×投保加成×保险费率，CIF-CIF×投保加成×保险费率 = CFR，CIF×(1-投保加成×保险费率) = CFR，CIF = CFR×(1-投保加成×保险费率)

举例：商品，CFR London USD 220 per M/T，投保加一成，投保一切险，费率为 8‰。试计算：

(1) CIF London 每公吨价格。

(2) 投保金额。

(3) 保险费。

6) 国际知名保险公司简介

美国《财富》杂志公布的世界 500 强企业榜单中，有 60 多家保险公司，其中排名前十的保险公司如下。

(1) 伯克希尔-哈撒韦公司。

伯克希尔-哈撒韦公司(Berkshire Hathaway Incorperation)，是一家世界著名的保险和多元化投资集团，总部在美国，创立于 1956 年，创始人是沃伦·巴菲特。伯克希尔-哈撒韦公司持有美国运通、可口可乐、吉列、华盛顿邮报、富国银行以及中美洲能源公司的部分股权。

(2) 联合健康集团。

联合健康集团(United Health Group)创建于 1974 年，同样是美国的一家多元化的公司，总部位于美国明尼苏达州的明尼托卡(Minnetonka)，共有 75 000 名员工。其主要业务是关于健康和福利的，是一个为各行各业提供全面健保服务的健保业者。旗下拥有众多实力强大的子公司，在美国有着很高的声誉。在 2019 年 6 月 7 日发布的 2019 年《财富》世界 500 强排行榜中，排名第 14 位。

(3) 安盛公司。

安盛公司(AXA)创建于 1816 年，是法国的一家保险公司，也是全球最大的保险集团，在海外开设有众多子公司。它起初是众多互助型保险公司的机械联合企业，现在是当今世界上最大的一家保险公司(同德国 Allianz 和荷兰 ING 一样)，也是一个资产管理巨头。AXA 在美国有子公司安盛金融公司(AXA Financial)，该子公司持有联合资产管理公司(Alliance Capital Management)的绝大多数股份；同时在海外其他地方都有众多子公司。安盛公司长年入围世界 500 强企业榜单，还是全球第三大国际资产管理集团。

(4) 日本邮政控股公司。

日本邮政控股公司约是 1871 年成立的，原本是日本典型的国营体制，经历过几次改革，成为今天的日本邮政控股公司。公司的业务主要有邮递、储蓄、保险，日本邮政控股公司与国际邮政及国际组织关系密切。

(5) 安联保险集团。

安联保险集团是德国最大的一家金融集团，创立时间是 1890 年，总部设于德国巴伐利亚州首府慕尼黑市，2019 年位居世界 500 强第 45 位。公司综合性发展，业务涉及范围宽广，有包含寿险、财产险等在内的、再保险领域所有的险种以及风险管理资讯等业务。

(6) 中国平安保险(集团)股份有限公司。

中国平安是 1988 年在深圳创办的，按规模保费来衡量，平安人寿是中国第二大寿险公司，还是中国第一家股份制保险企业。该公司目前发展比较好，业务范围涉及面很广，是一家多元的综合金融服务集团。2017 年 9 月，中国平安保险(集团)股份有限公司在 2019 世界 500 强中，排名第 29 位。

(7) 英国法通保险公司。

英国法通保险公司在英国非常有名，是一家 3A 级的公司，在英国公司 TOP50 中位居前列。每年都有非常多的用户在公司投长期保单。英国法通保险公司在公益慈善方面也做得非常好，多次赞助非营利性慈善机构。

(8) 中国人寿保险(集团)公司。

中国人寿 1949 年创办，总部设在北京，是中国最大的商业保险集团，常年占据中国 500 强企业和世界品牌 500 强企业榜单名次，是中国保险业的"中流砥柱"，也是中国资本市场最大的机构投资者之一。

(9) 英国保诚集团。

英国保诚集团创办时间是 1848 年，早期是英国最大的人寿保险公司，现在依旧是。英国保诚集团的业务广泛，在欧洲、亚洲等国家和地区都有分公司，而且还是全世界最大的上市人寿保险公司。

(10) 意大利忠利保险公司。

意大利忠利保险公司所属于意大利忠利集团，是意大利最大的一家保险公司。单从险种数来看，意大利忠利保险公司在欧洲保险集团中排名第四；从营业额来说，进入了世界十大保险集团榜单中。

案例思考

> 我国某出口公司对外签订一份以 FOB 为条件的农产品合同，买方已向保险公司投保仓至仓条款的一切险。货物从卖方公司仓库运往装运港码头时发生承保范围内的损失，事后卖方公司以保险单含有仓至仓条款要求保险公司赔偿，被拒绝，后卖方公司又请买方以买方的名义凭保险单向保险公司索赔同样遭拒绝。保险公司是否有权利拒绝呢？为什么？

我认为

_____

_____

_____

5. 货运

货物的运输是国际贸易的一个重要环节，不同于境内贸易。国际贸易中商品流通的空间距离较大，一般需要通过长途运输。在运输过程中，往往需要经过多次装卸搬运，使用各种运输工具，并变换不同的运输方式。故货物的运输，线长面广，中间环节多，情况变化大，涉及的问题也较多，它远比境内运输复杂。

我国对外贸易货物的运输，主要是通过交通运输部门来进行的。对外贸易货物的运输，是一项非常复杂的工作，它涉及运输方式的选择、各项装运条款的规定及装运单据的运用等各项内容。

1) 运输方式

运输方式的种类很多，其中包括海洋运输、铁路运输、公路运输、航空运输、邮政运输、江河运输、管道运输和联合运输等，具体应由买卖双方在磋商交易时约定。我国对外贸易货物，绝大部分是通过海洋运输，少部分是通过铁路运输，也有一些货物是通过空运等其他运输方式进行的。在我国境外贸企业中，根据进出口货物的特点、运量的大小、路程的远近、需要的缓急、运费的高低、风险的程度、装卸的情况、气候与自然条件以及国际政治形势的变化等因素，审慎选择合理的运输方式，对多快好省地完成进出口货物运输任务，有着十分重要的意义。

(1) 海洋运输。

海洋运输(Ocean Transportation)不受道路和轨道的限制，且万吨以上甚至数十万吨的巨轮都可以在海洋中航行，正是由于海洋运输的运量很大，而运输成本较低，所以许多国家特别是各沿海国家的进出口货物，大部分都采用海洋运输。在国际贸易总量中，通过海洋运输的货物约占 80%。但是，海洋运输也有一定的缺点，如易受自然条件限制和季节性影响(如暴风巨浪、港口冰封)、航行速度较慢、风险较大等。因此，对于不宜经受长期运输的货物以及需用急切和易受气候条件影响的货物，一般不宜采用海洋运输方式。

按照经营方式，海洋商船又可分为班轮(Liner)和不定期船(Trafnp)两大类。所谓班轮，即指在预先固定的航线上，按照规定的时间和停靠港口航行的船舶。所谓不定期船，即指航行线路、航行时间和停靠港口并不固定的船舶。由于这两类船舶在经营上各有自己的特点，所以在国际航运中又可分为班轮运输和租船运输两种情况。这两种方式，不论是在洽租舱位的办法和办理运输的手续上，还是在承运货物的类别、数量及计收运费的方法上，以及船货双方各应承担的责任与义务等方面，都各有不同之处。

工作笔记

查阅资料，说说班轮运输和租船运输的异同点，各自优势在哪里？

_____

_____

_____

_____

(2) 铁路运输。

在国际贸易货物运输中，铁路运输(Railway Transportation)占着相当重要的地位，特别是在内陆国家或地区之间的贸易，铁路运输的作用更为显著。铁路运输具有许多特点，例如铁路火车运行速度较快，载运量较大，不易受气候条件的影响，能终年正常运行，而且在运输途中遭受的风险较小，所以铁路运输具有高度的连续性。根据运输的范围和运送规则的不同，对外贸易货物的铁路运输可以分为国际铁路联运和境内铁路运输。

国际铁路货物联运(International Railway Transportation)是指凡两个或两个以上国家的铁路，使用一份联运单，并以连带责任办理货物的全程运输任务，无须发货人、收货人参与运输过程的运输方式。我国从 1954 年 1 月起参加了由苏联发起的 12 个国家签订的《国际铁路货物联运协定》(简称"国际货协")。在欧洲，各国之间签订了《国际铁路货物运送公约》(简称"国际货约")。开展国际铁路货物联运，对于简化货运手续、加速货物流转、降低运杂费用，从而促进国际贸易的发展，有着积极的作用。

境内铁路运输(Domestic Railway Transportation)是指仅在本国范围内，并按《境内铁路货物运输规程》的规定办理的货物运输。我国对外贸易货物在境内的调拨和集散，有很多需要通过铁路运输，如出口货物经由铁路运往港口装船，或进口货物卸船后从港口经由铁路运至内地。

(3) 航空运输。

航空运输(Air Transport)是一种现代化的运输方式，它不受地面条件的限制，航行便利，运输速度很快，航行时间很短，货物中途破损率小。因此，某些急需物资、易损货物和贵重商品适于利用航空运输。航空运输的运费，就其绝对值而言，一般比海洋运输和铁路运输高，但有些商品利用航空运输，其运费反而可以降低。这是因为一方面航空运输计收运费的方法不同于其他运输方式，另一方面，采用航空运输还有助于减少包装费、装卸搬运费、仓储费、保险费和利息开支等附属费用。

航空运输包括班机运输、包机运输、集中托运三种方式。所谓班机运输，是指客、货班机定时、定点、定线的运输，它适用于载运数量较小的货物。所谓包机运输，是指包租整架飞机运输货物而言，它适用于载运数量较大、有急需或有特殊要求的货物。集中托运是指航空货运公司把若干单独发运的货物组成一整批货物，用一份总运单整批发运到预定目的地，由航空货运公司在那里的代理人收货、报关、分拨后交给实际收货人。

(4) 邮包运输。

邮包运输(Parcel Post Transport)是一种很简便的运输方式，手续简便，费用也不高。若买卖双方商定采用这种运输方式时，卖方只要根据买卖合同规定的条件，遵照邮局有关规定，向邮局办理商品包裹的投寄手续，并取得邮包收据，即完成交货义务。国际邮包运输具有国际多式联运和门到门运输的性质。但是邮包运输运量有限。一般每件包裹重量不得超过 20千克，长度不得超过 1.5 米。因此只有某些机器零件、药品和急需的零星物资及样品等才适于采用邮包运输。

(5) 公路运输。

公路运输(Road Transportation)是一种比较灵活、方便的运输方式。它除了适用于内地集散进出口货物外，还适用于邻国之间的进出口货物运输。我国同越南、朝鲜、尼泊尔、缅甸等邻国都有公路相连通，我国同这些国家的部分进出口货物，可以经由国境公路运输。

(6) 管道运输。

管道运输(Pipeline Transportation)是一种现代化运输方式。许多盛产石油的国家都积极发展管道运输，因为管道运输速度快，流量大，减少了中途装卸环节，运费低廉。近年来，我国管道运输也迅速发展起来。我国同朝鲜之间已有管道相连通，我国向朝鲜出口石油，主要是通过管道运输。

(7) 内河运输。

我国江河密布，除有边境河流外，内地还分布许多终年通航的河流，特别是长江、珠江水系，航运十分便利。我国部分进出口货物，不仅可以通过内河运输(Inland Water Transportation)集散，而且有些河港还能直接停靠海洋货轮和装卸进出口货物，这就为发展我国对外贸易货物的江河运输提供了有利条件。

(8) 联合运输。

联合运输(Combined Transportation)是指通过两种或两种以上不同的运输方式来完成某项运输任务而言，它包括陆海联运、陆空联运、海空联运、陆空陆联运、大陆桥运输和国际多式联运。

(9) 集装箱、托盘运输。

集装箱运输(Container Transportation)和托盘运输(Pallet Transportation)都是成组运输的重要方式。所谓成组运输，就是把零散的货物合并组成大件进行运输。随着国际贸易的日益发展和运输装载工具的不断革新，近年来，集装箱运输和托盘运输也相应迅速发展起来，并成为国际货物运输中的重要方式。

集装箱运输是一种新型的现代运输方式，多用于陆、海(空)多种运输方式的联合运输。集装箱(Container)是成组运输中比较好的一种工具，采用这种工具进行运输，可以大大提高货运质量和营运效果，所以许多国家都竞相采用这种新的运输方式。采用集装箱运输时，可以在收货人的工厂、仓库、场地或集装箱货运站直接将货物装进特制的标准规格的集装箱内，经当地海关铅封后，由各有关承运人将货箱直接运交收货人。

除集装箱运输外，托盘运输也是一种比较先进的运输方式。发达国家普遍通过建立"托盘共用系统"来发展"托盘一贯化运输"。因为托盘化不需大量投资，普通库场、码头都可使用，一般船舶只要甲板、货仓平整，能允许铲车作业，即能承运托盘装运的货物。

小思考：使用哪种运输方式最能体现上海自贸区企业的区位优势？为什么？

_____

_____

_____

参考资料

货运价格参考

虽然每个货运公司和不同的船公司的报价稍有不同，但总体价格还是保持在同一水平线上的，下面以上海到新德里为例，列举环球货运网所列出的参考价。

方　式	参　考　价		
整箱运输	20GP	40GP	40HQ
	1027	1874	1914
拼箱运输	KGS		CBM
	29		24
空运	+100		+300
	15		14

单位说明：

　　20GP：集装箱长 20 英尺的干货柜。

　　40GP：集装箱长 40 英尺干货柜。

　　40HQ：集装箱长 40 英尺高柜。

　　KGS：重量单位，千克。

　　CBM：体积单位，通常 1CBM=1000KGS。

　　+100：100kg 以上的单价。

　　+300：300kg 以上的单价。

2)　货运相关的专业术语

在对外磋商交易和签订买卖合同时，必然涉及装运条件。装运条件规定得合理和明确，是保证装运工作顺利进行和及时完成进出口任务的一个很重要的环节。如果不了解货运相关专业术语，外贸风险会增加。货运相关的专业术语，主要有装运期和交货期、装运港和目的港、装卸时间、装卸率、装运通知、分批装运和转船等内容。

(1) 装运期和交货期。

装运期(Time of Shipment)和交货期(Time of Delivery)是两个不同的概念。交货期是指货物完成交割的时间。装运期是指货物装载出运的时间。装运期作为买卖合同中的主要条件，如卖方违反这一条件，买方有权撤销合同，并要求卖方赔偿其损失。一般有以下几种规定方法。

明确规定具体装运期限。

规定在收到信用证后若干天装运。

规定在收到信汇、电汇和票汇后若干天装运。

笼统规定近期装运表达这类规定的词语有"立即装运"(Immediate Shipment)、"即期装运"(Prompt Shipment)、"尽速装运"(Shipment as Soon as Possible)等。在国际商会的《跟单信用证统一惯例》中规定，不应使用如"迅速""立即""尽速"和类似词语，如使用这类表述，银行将不予置理。

(2) 装运港和目的港。

在国际贸易中，装运港(Port of Shipment)和目的港(Port of Destination)是买卖合同中不可缺少的重要内容，它同商品的价格和买卖双方所承担的运输责任有关。因此，在磋商交易和签订买卖合同时，必须对装运港和目的港做出明确、合理的规定。

(3) 装卸时间。

装卸时间的规定，通常有以下几种。

① 按连续日(Running 或 Consecutive Days)计算。

采用这种方法计算时，从装卸日开始后，即使中间遇到实际不进行装卸的星期日、节假日和雨雪日，也不扣除，一律作为装卸日计算。这种计算方法对租船人十分不利，因而一般很少使用。

② 按连续 24 小时晴天工作日(Weather Working Days of 24 Consecutive Hours)计算。

这一术语表示以实际的昼夜连续 24 小时为一个晴天工作日。采用此术语时，只要港口气候条件适合进行正常装卸作业，即使港口规定的工作时间是每天 8 小时，则其余的 16 小时也应按规定计入装卸时间。在使用此术语的同时，也可注明"星期日、节假日除外"，以表示在星期日、节假日内，即使进行装卸，也不按装卸日计。但有时也规定，"星期日、节假日未进行装卸者可不计，如进行装卸时，仍按装卸日计。"在我国进出口合同中一般都采用这种术语来计算装卸时间。

③ 按港口习惯快速装卸(Customary Quick Despatch，C. Q. D.)。

这一术语表明不具体规定可用于装卸的天数或装卸率，而是指在晴天工作日内，按港口正常装卸速度进行装卸，但星期日、节假日及因天气影响而不能进行装卸的时间，都不按装卸日计。这项规定，除港口装卸条件好、装卸效率高时采用外，一般不宜使用。

(4) 分批装运和转运。

① 分批装运。

凡一笔成交的货物，分若干批次装运，叫作分批装运(Partial Shipment)。但同一船只，同一航次中多次装运的货物，即使提单表示不同装船日期及(或)不同装货港口，也不作为分批装运。在大宗货物交易时，买卖双方根据交货数量、运输条件和市场销售需要等因素，可在合同中订立分批装运的条款。

根据国际商会《跟单信用证统一惯例》的规定："除非信用证有不同规定，可准许分批装运。"为了避免发生争论，买卖双方在商订装运条件时，如限一次装运完毕，即应明确规定不准分批装运的限制性条款；如需分批装运，则对分批装运的时间和数量，应在合同中具体订明。

当买卖合同规定有分批、定期、定量装运条款时，买卖双方应当严格按照合同和信用证的有关规定办理；否则，视为违约。

② 转运。

当国际贸易货物没有直达船或一时无合适的船舶运输，而需通过某中途港转运时，买卖双方可以在合同中商订"允许转船"(Transhipment to be Allowed)的条款。由于货物中途转船有可能发生损失，故买方一般不轻易接受货物转船的条款。不仅如此，买方有时还提出限制转船的条款。为了缩短货物运输时间、减少因转船所造成的货物破损和节省转船费用，各进出口公司成交时，应多争取直达运输，或争取与中国香港有直达船的港口成交，对需经多次转船的交易，要权衡利弊，不宜轻易成交。

装运条款涉及的面很广，除上述内容外，还包括一些与装运有关的其他附带条款，如指定航线或船舶、限制运抵目的港和指定装船部位等条款。对这些条款应当进行具体分析，权衡利弊。

小练习

根据所学知识，完成以下名词解释。

装运期	
交货期	
装运港	
目的港	
装卸时间	
分批转运	
转船	

扫二维码，观看"货物运输与货运代理"视频

3) 境内知名货运企业

随着世界经济贸易的日益频繁、跨国经济活动的增多、世界经济一体化进程的加快、国际货运代理业在世界范围内迅速发展，国际货运代理业务也稳步增长，货物代理已成为促进国际经济发展、运输经济繁荣和货物满意度的重要力量。

货运代理(Freight Forwarder)是指接受货主的委托，代表货主办理有关货物报关、交接、仓储、调拨、检验、包装、转运、订舱等业务的人，主要有订舱揽货代理、货物装卸代理、货物报关代理、转运代理、理货代理、储存代理、集装箱代理等。货运代是理货主和承运人之间的纽带，国际运货代理则是以国际货运代理业务为主要服务的企业，他们本身不是承运人，只是帮货主代办各项事务。下面介绍中国十大知名货运企业。

(1) 中境外运长航集团有限公司。

国务院国资委直属管理的大型国际化现代企业集团，是以物流为核心主业、航运为重要支柱业务、船舶重工为相关配套业务的中国最大的综合物流服务供应商，也是目前中国物流标准委员会审定的中国唯一一家集团整体 5A 级(中国最高级)综合服务型物流企业。

(2) 中远国际货运有限公司。

中远国际货运有限公司(中远集装箱船务代理有限公司)是中国远洋控股股份有限公司的成员企业之一，是中远集装箱运输有限公司直属的大型国际货运及班轮代理公司。其经营范围包括：国际、境内海上集装箱货运代理，国际、境内集装箱及其他船舶代理，沿海货物运输、拼箱、项目运输、多式联运、报关、供应链融资、货运保险等业务。在国际货运、集装箱船代、多式联运、拼箱、项目开发等方面，业务规模和综合实力均位居境内同业前列。

(3) 敦豪全球货运(中国)有限公司(英文缩写为 DHL)。

作为全球最庞大的快递与物流网络，DHL 是全球范围内国际快递、陆地运输以及航空货运市场的领导者。它也是全球最大的海运与合同物流服务供应商。从文件快递到供应链管理，DHL 为客户提供全系列的定制化解决方案。

(4) 中国物资储运集团有限公司。

中国物资储运集团有限公司隶属于国务院国资委监管的大型中央企业中国诚通控股集团有限公司，总资产近 200 亿元，是国家首批 5A 级、具有 50 多年历史的专业物流企业，实体网络覆盖全国主要城市和全球主要经济区域，业务涵盖期现货交割物流、大宗商品供应链、互联网+物流、工程物流、消费品物流、金融物流等领域。中国储运仓储网络覆盖亚洲、欧洲、美洲等世界主要经济区域；在国内 20 多个省、直辖市和自治区投资运营了物流园区。依托通达全国、辐射海外的物流网络，不断拓展供应链服务空间，构建了面向国内外的公共物流平台。

(5) 中钢国际货运有限公司。

中国中钢集团公司(简称中钢集团)是国务院国资委管理的中央企业，主要从事冶金矿产资源开发与加工；冶金原料、产品贸易与物流；相关工程技术服务与设备制造，是一家为钢铁工业和钢铁生产企业及相关战略性新兴产业提供综合配套、系统集成服务的集资源开发、贸易物流、工程科技、设备制造、专业服务为一体的大型跨国企业集团。

(6) 锦程国际物流集团股份有限公司。

锦程国际物流集团创立于 1990 年 6 月，主要为客户提供门到门的全程国际物流服务，是中国最大的国际物流企业之一。本着"先做资源整合，再做产业整合"的发展战略，锦程国际物流集团以独特的经营理念和不懈的创新精神，借鉴连锁经营的商业模式，在境内主要口岸城市、内陆大中型城市以及境外设有 200 多家集团成员企业，与数十家境内外大型船公司建立了战略合作关系，与海外 300 余家国际物流企业保持着长期稳定的业务合作关系，形成了覆盖全球的国际物流服务网络。

(7) 港中旅华贸国际物流股份有限公司。

港中旅华贸国际物流股份有限公司(以下简称"华贸")是一家由国务院国资委管辖的中央骨干企业，作为轻资产型物流企业，在包括大型重资产型物流企业、跨国货代物流企业在内的中国同业百强企业评比中名列第七位，在多个重要港口城市行业内排名长期位列第一或前三名。华贸旗下有 30 余个分子机构遍布中国主要港口和内陆经济发达城市以及中国香港、纽约、洛杉矶、德国法兰克福，长期合作的海外网络遍布世界 150 多个国家和地区。

(8) 振华物流集团有限公司。

振华物流集团有限公司成立于 1993 年，股东方为中国交通建设股份有限公司和中国国际海运集装箱(集团)股份有限公司。历经十余年快速跨越式发展，总资产达 24 亿元人民币，净资产 11 亿元人民币，年销售额突破 60 亿元人民币，员工总数超过 3000 人，已成长为中国极具生产力的综合物流供应商，成为中国最优秀的第三方物流供应商之一。

(9) 嘉里大通物流有限公司。

始建于 1985 年的嘉里大通物流，是中国大陆最早成立的国际货运代理企业。母公司嘉里物流联网总部设于中国香港，是亚太地区最具领导地位的第三方物流供应商之一。

(10) 中通远洋物流集团有限公司。

公司经营范围：承办海运、空运进出口货物的国际运输业务和国际运输代理业务，包括揽货、租船、定仓、仓储、中转、集装箱拼箱拆箱、结算运杂费、报关、报险、相关的短途运输服务、咨询及相关业务。公司自成立以来开辟了以天津新港、大连港为中心的中国各港口至东南亚的定期班轮等多条航线，年散杂货出口量约为 100 万吨，出口箱量 4 万 TEU。拥有自己的集装箱站点和海关批准的监管车队和进出口监管库场，设有海关批准的报关行。

知识窗

世界十大知名货运公司

- ✓ UPS，美国公司，主要从事国际包裹递送业务。
- ✓ FEDEX，美国公司，主要从事国际运输业务。
- ✓ DPWN，德国邮政，主要从事邮政与速递业务。
- ✓ MAERSK，丹麦公司，主要从事航运业务。
- ✓ NIPPON EXPRESS，日本公司，主要从事汽车运输与空运业务。
- ✓ RYDER，美国公司，主要从事供应链管理与租赁。
- ✓ TNT，荷兰邮政，主要从事国际速递与邮政服务业务。
- ✓ EXPEDITORS，美国公司，主要从事空运与海运业务。
- ✓ PANALPINA，欧洲公司，主要从事综合运输业务。
- ✓ EXEL，英国公司，主要从事运输配送业务(逆向物流世界第一)。

6. 海关与检验检疫

2018 年 8 月 1 日，关检合一的政策正式实施，意味着海关与法定检验合二为一，则我国进出口的通关速度会更快捷，这个政策的具体内容到底有哪些呢？接下来学习这个政策的相关知识。

1) 关检合一政策

国家出入境检验检疫局与海关总署自 2000 年 1 月 1 日起实施的检验检疫货物通关模式为"先报验，后报关"。该检验检疫制度对原卫检局、动植物局、商检局进行"三检合一"，全面推行"一次报检、一次取样，一次检验检疫，一次卫生除害处理，一次收费，一次发证放行"的工作规程和"一口对外"的国际通用的检验检疫模式。对实施进出口检疫的货物启用"入境货物通关单"和"出境货物通关单"，并在通关单上加盖检验检疫专用章，对列入

《出入境检验检疫机构实施检验检疫的进出口商品目录》范围内的进出口货物(包括转关运输货物),海关一律凭货物报关地出入境检验检疫局签发的"入境货物通关单"或"出境货物通关单"验放,取消原"商检、动植检、卫检"以放行单、证书及在报关单上加盖放行章通关的形式。同时,正式启用出入境检验检疫证书,原来以"三检"名义对外签发的证书自2000年4月1日起一律停止使用。

在此检验检疫制度基础上进一步简化了通关手续。2018年6月,海关总署相继发布了第60号公告及第61号公告,修订了《中华人民共和国海关进出口货物报关单填制规范》,修改了《进出口货物报关单和进出境货物备案清单格式》,并于2018年8月1日实施。即原通过榕基、九城、QP等系统完成的货物报检、报关申报,将融合为统一报关申报。此新模式称为关检融合统一申报。申报企业通过国际贸易"单一窗口"或海关互联网+完成货物(包含关务、检务)申报。

进出口通关流程发生了较大改变,对一部分相关报关参数进行了修改。自2018年8月1日起取消报检单,已注册企业,报检报关资质缺一,需补充资料申请方可办理通关业务,新注册企业,双资质同时拥有。企业将没有报检编号,而只有一个报关单编号。对于入境申报企业而言,必须具备双资质才能进行一次申报。如在报关单中一直是消费使用单位或者生产加工单位,不是境内收发货人和申报单位的企业不受影响,境内收发货人和申报单位就必须要具备双资质。而出境申报企业暂不需要双资质,原来仅报检不报关的企业,可以通过出口申报前监管生成电子底账数据后,再委托其他企业报关。

关检融合模式将进出口货物报关报检整合申报,合并为一张报关单、一套随附单证、一套通关手续,减少了申报手续,使企业申报更加便捷。原报关、报检共229个申报项目合并精简至105个,统一了国别(地区)、港口、币制等8个原报关、报检共有项的代码,其中7个采用国家标准代码或与国家标准建立对应关系。同时,海关简化整合进口申报随附单证,将原报关、报检74项随附单据合并整合成10项,102项监管证件合并简化成64项。整合申报改变了企业现有报关流程和作业模式,为广大进出口企业提供更便捷的通关服务。2018年7月,关检融合申报模式在宁波海关试运行。7月26日,宁波华捷报关代理有限公司通过国际贸易"单一窗口"货物申报系统申报进口一批铜版纸,感受申报项目更精简、输单操作更快捷,输单量明显减少,一些重复项目也只填写一次即可,企业办理缴税后货物快速放行。申报更快更简便,随着试运行的不断推进,宁波数万家外贸相关企业从中受益。

扫二维码,查看海关总署2018年第60号公告(关于修订
《中华人民共和国海关进出口货物报关单填制规范》的公告)

扫二维码,查看海关总署2018年第61号公告(关于修改
进出口货物报关单和进出境货物备案清单格式的公告).pdf

2) 商品的检验检疫

关检合一统一申报后，由于企业只要提交一张报关单，而省略了原来的报检单，部分人会误以为现在商品货物出入境不需要检验检疫了。依据国家出入境检验检疫部门根据国家法律法规规定，对规定的进出口商品或有关的检验检疫事项实施强制性的检验检疫，未经检验检疫或经检验检疫不符合法律法规规定要求的，是不允许进口或出口的。

商检(Commodity Inspection)，即商品检验，一般用于进出口贸易，有时候也会运用到内贸异地交易中。由商检机构对卖方交付商品的品质和数量进行鉴定，以确定交货的品质、数量和包装是否与合同的规定一致，并开具单据进行证明。进出口商品实施检验的内容，包括商品的质量、规格、数量、重量、包装，以及是否符合安全、卫生要求。买方将凭借对方出具的商检单了解到货物的品质是否与其需求的一致，有时会将其列为议付单据之一。商检一般可以分为两类，即法检(legal inspection)和非法检。

法检，即法检就是法定检验检疫，也称强制性检验检疫，是指对列入《出入境检验检疫机构实施检验检疫的进出境商品目录》的商品必须经出入境检验检疫机构检验检疫实施强制性检验检疫。出入境检验检疫机构对进出口商品实施检验的内容，包括是否符合安全、卫生、健康、环境保护、防止欺诈等要求，以及相关的品质、数量、重量等项目。目录上面的监管条件是 A(进口)或 B(出口)的货物，在报关的时候必须向海关提供商检局的通关单。如果没有 A 或 B，就不算是法定检验货物，报关时候不需要提供通关单。

凡是在《出入境检验检疫机构实施检验检疫的进出境商品目录》内的商品即为法检商品，其余的就是非法检商品。非法检是对法检内容的补充，帮助买方掌握更多货物相关信息并作出判断。非法检的单证商检局将不再进行监管，报检时不需要打印通关单，但一些有特殊要求的证书还是需要提供的。国家质检总局每年对《出入境检验检疫机构实施检验检疫的进出境商品目录》进行次调整，调整内容在国家质检总局网站上有明确列举。

案例思考

合同商品检验条款中规定以装船地商检报告为准。但在目的港交付货物时却发现品质与约定规格不符。买方经当地商检机构检验并凭其出具的检验证书向卖方索赔，卖方却以上述商检条款拒赔。卖方拒赔是否合理？

我认为

_____

_____

_____

判断商品是否需要做法检，可以通过《中国海关报关实用手册》查询到。该手册每年都会更新，可到中华人民共和国海关总署网站进行查询，找到《中国海关报关实用手册》，找到"查询"-"商品信息"，单击"商品信息"进入查询页面，输入商品的中文名称或者 HS 编码即可查询。查询结果出来后，单击"更多"即可显示详细的信息，最后一栏为"监管条件"，如果有"A"，或者"B"，或者"AB"，则该类商品必须做法检。

3) 世界各国的相关国际认证

在国际贸易中,部分出口产品除了需要通过基本的商检,还必须要获得一些安全认证才能被进口方接受。下面介绍目前全球主流的 15 种国际知名认证标志及其含义。

(1) CE。

CE 标志是一种安全认证标志,被视为制造商打开并进入欧洲市场的"护照"。凡是贴有"CE"标志的产品就可在欧盟各成员国内销售,无须符合每个成员国的要求,从而实现了商品在欧盟成员国范围内的自由流通。

(2) ROHS。

ROHS 是《电气、电子设备中限制使用某些有害物质指令》(the Restriction of the Use of Certain Hazardous Substances Electrical and Electronic Equipment)的英文缩写。ROHS 一共列出六种有害物质,包括:铅 Pb、镉 Cd、汞 Hg 等。欧盟在 2006 年 7 月开始实施 ROHS,使用或含有重金属以及多溴二苯醚 PBDE 等阻燃剂的电气电子产品都不允许进入欧盟市场。

(3) UL。

UL 是英文保险商试验所(Underwriter Laboratories Inc.)的简写。UL 保险商试验所是美国最有权威的,也是世界上从事安全试验和鉴定的较大的民间机构。它是一个独立的、非营利的、为公共安全做试验的专业机构,采用科学的测试方法来研究确定各种材料、装置、产品、设备、建筑等对生命、财产有无危害和危害的程度;编写、发行相应的标准和相关资料,同时开展调研业务。

(4) FDA。

美国食品和药物管理局(Food and Drug Administration,FDA)是美国政府在健康与人类服务部(DHHS)和公共卫生部(PHS)中设立的执行机构之一。FDA 的职责是确保美国本国生产或进口的食品、化妆品、药物、生物制剂、医疗设备和放射产品的安全。

(5) FCC。

FCC(Federal Communications Commission,美国联邦通信委员会)于 1934 年建立,是美国政府的一个独立机构,直接对国会负责。FCC 通过控制无线电广播、电视、电信、卫星和电缆来协调国内和国际的通信,确保与生命财产有关的无线电和电线通信产品的安全性。许多无线电应用产品、通信产品和数字产品要进入美国市场,都要求 FCC 的认可,即拿到 FCC 许可证。

(6) CCC。

根据中国入世承诺和体现国民待遇的原则,国家对强制性产品认证使用统一的标志。新的国家强制性认证标志名称为"中国强制认证",英文名称为"China Compulsory Certification",英文缩写为"CCC"。中国强制认证标志实施以后,将逐步取代原来实行的"长城"标志和"CCIB"标志。

(7) CSA。

CSA 是加拿大标准协会(Canadian Standards Association)的简称。它成立于 1919 年,是加拿大首家专为制定工业标准的非营利性机构,也是加拿大最大的安全认证机构。其能对机械、建材、电器、电脑设备、办公设备、环保、医疗防火安全、运动及娱乐等方面的所有类型的产品提供安全认证。

(8) DIN。

德国标准化学会(Deutsches Institut fur Normung,DIN)是德国的标准化主管机关,作为全国性标准化机构参加国际和区域的非政府性标准化机构。DIN 于 1951 年参加国际标准化组织。由 DIN 和德国电气工程师协会(VDE)联合组成的德国电工委员会(DKE)代表德国参加国际电工委员会。DIN 还是欧洲标准化委员会、欧洲电工标准。

(9) BSI。

英国标准学会(British Standards Institution，BSI)是世界上最早的全国性标准化机构，它不受政府控制，但得到了政府的大力支持。BSI 制定和修订英国标准，并促进其贯彻执行。

(10) EMC。

电子、电器产品的电磁兼容性(EMC)是一项非常重要的质量指标，它不仅关系到产品本身的工作可靠性和使用安全性，而且还可能影响到其他设备和系统的正常工作，关系到电磁环境的保护问题。欧盟规定，从 1996 年 1 月起，所有电气电子产品必须通过 EMC 认证后才能在欧共体市场上销售。此举在世界上引起了广泛影响，各国纷纷采取措施，对电气电子产品 EMC 性能实行强制性管理。国际上比较有影响的，例如欧盟 89/336/EEC 等。

(11) PSE。

PSE 是日本 JET(Japan Electrical Safety & Environment)针对符合日本安全规定的电子电器产品所给予的认证标章。根据日本的 DENTORL 法(电器装置和材料控制法)规定，498 种产品进入日本市场必须通过安全认证。

(12) GS。

GS 标志是德国劳工部授权 TUV、VDE 等机构颁发的安全认证标志。GS 标志是被欧洲广大顾客接受的安全标志。通常 GS 认证产品销售单价更高而且更加畅销。

(13) ISO。

国际标准化组织(International Organization for Standardization，ISO)是世界上最大的非政府性标准化专门机构，它在国际标准化中占主导地位。ISO 的主要活动是制定国际标准，协调世界范围内的标准化工作，组织各成员国和技术委员会进行情报交流，以及与其他国际性组织进行合作，共同研究有关标准化问题。

(14) HACCP。

HACCP 是 "Hazard Analysis Critical Control Point" 的英文缩写，即危害分析和关键控制点。HACCP 体系被认为是控制食品安全和风味品质的最好、最有效的管理体系。国家标准 GB/T15091—1994《食品工业基本术语》对 HACCP 的定义为：生产(加工)安全食品的一种控制手段；对原料、关键生产工序及影响产品安全的人为因素进行分析，确定加工过程中的关键环节，建立、完善监控程序和监控标准，采取规范的纠正措施。国际标准 CAC/RCP-1《食品卫生通则 2003 版》对 HACCP 的定义为：对食品安全性重要危害进行识别、评定和控制的一种体系。

(15) Halal。

Halal 本意是"合法的"，中文译为"清真"，即符合特殊生活习惯和需求的食品、药品、化妆品以及食品、药品、化妆品添加剂。马来西亚就一直致力于 Halal(清真)产业的发展，他们颁发的 Halal(清真)认证在国际上具有很高的信誉度，得到了大众的信赖。包括北美、欧洲市场也逐步意识到 Halal(清真)产品所具有的巨大潜力，不遗余力地开始相关产品的研发和生产，并且在 Halal(清真)认证方面也制定了相应的标准及流程。

小思考：为何已经有了国际标准，各国还要制定自己的标准要求检验呢？否是多此一举呢？

_____

_____

_____

扫二维码，观看"进出口货物通关流程"视频

表单示例

附件 5-10

订 舱 委 托 书   日 期：

1)发货人	4)信用证号码	
	5)开证银行	
	6)合同号码	7)成交金额
	8) 装运口岸	9)目的港
2)收货人	10)转船运输	11)分批装运
	12)信用证效期	13)装船期限
	14)运费	15)成交条件
	16)公司联系人	17)电话/传真
3)通知人	18)公司开户行	19)银行账号
	20)特别要求	

21)标记唛码	22)货号规格	23)包装件数	24)毛重	25)净重	26)数量	27)单价	28)总价
		29)总件数	30)总毛重	31)总净重	32)总尺码		33)总金额

34)备注

附件 5-11

装箱单

THIELENHAUS MACHINERY SHANGHAI CO LTD,

JIANTIAN DONG LU 92 SHANGHAI SONG JIA-201613 CHINA

PACKING LIST

INVOICE NO.:1383

DATE:2019.11.22

To: LAKSHMI MACHINE WORKS LIMITED

REGD OFFICE: PERIANAICKENPALAYAM COIMBATORE641020 INDIA

LC NUMBER:0022317FL39228

SHIPPING MARKS: N/M

FROM: SHANGHAI SEAPORT   TO: CHENNAI SEAPORT

ITEMS	Description of Goods	Quantity	PKGS	Net Weight KGS	Gross Weight KGS	Measurement CUB.M
1	**1-STATION MICROFINISH-MACHINE, TYPE BEARINGSTAR MINI 11 FOR HLOYTER RING/OUTERRACE FOB FREIGHT TO PAY LC NUMBER:0022317FL39228**	**1 SET**	**2**	1000 500	1200 600	 10.436
	TOTAL	**1 SET**	**2PACKAGES**	**1500KGS**	**1800KGS**	**10.436CUB.M**

PACKAGE 1: MICROFINISH-MACHINE TYPE BEARINGSTAR MINI 11

PACKAGE 2: FILTRATION EQUIPMENT

附件 5-12

商业发票

THIELENHAUS MACHINERY SHANGHAI CO LTD,

JIANTIAN DONG LU 92 SHANGHAI SONG JIA-201613 CHINA

INVOICE

INVOICE NO.:1383

DATE:2019.11.22

To: LAKSHMI MACHINE WORKS LIMITED

REGD OFFICE: PERIANAICKENPALAYAM COIMBATORE641020 INDIA

LC NUMBER:0022317FL39228

SHIPPING MARKS:N/M

FROM:SHANGHAI SEAPORT   TO:CHENNAI SEAPORT

ITEMS	DESCRIPTION OF GOODS	QUANTITIES	TOTAL PRICE (USD)
1	1-STATION MICROFINISH-MACHINE,TYPE BEARINGSTAR MINI 11 FOR HLOYTER RING/OUTERRACE FOB FREIGHT TO PAY LC NUMBER:0022317FL39228	1 SET	275,000.00

QUOTING IMPORT LICENCE NO. FOREIGN TRADE POLICY NO.2015-2020

ORIGIN OF GOODS: CHINA

WE CERTIFYING THAT THE GOODS ARE AS PER ORDER NO.11CG/1705786UNQUOTE

PAYMENT TERMS:

30 PCT OF THE ORDER VALUE ALREADY PAID AS ADVANCE AGAINST BANK GUARANTEE.70 PERCENT OF THE ORDER VALUE.USD 192500/BY THIS LETTER OF CREDIT,OUT OF WHICH 60 PERCENT OF THE ORDER VALUE USD 165000/WILL BE PAID AGAINST SUBMISSION OF SHIPPING DOCUMENTS AND BALANCE 10 PCT OF THE ORDER VALUE USD 27500/WILL BE PAID AFTER COMMISSIONING AND FINAL ACCEPTANCE AT OUR END.UNQUOTE

附件 5-13

配舱回单

Shipper(发货人)	D/R NO.(编号)
Consignee(收货人)	配舱回单
Notify Party(通知人)	

Pre-Carriage By(前程运输)	Place of Receipt(收货地点)

Ocean Vessel(船名)	Voy No.(航次)	Port of Loading (装货港)

Port of Discharge(卸货港)	Place of Deivery (交货地点)	Final Destination for the Merchant's Reference (目的地)

Container No. (集装箱号)	Seal No. (标志号)	Containers or Pkgs (箱数或件数)	Kind of Packages: Description of Goods (包装种类与货名)	Gross Weight (毛重)千克	Measurement (尺码)立方米
TOTAL NUMBER OF CONTAINERS OR PACKAGES(IN WORDS) 集装箱数或件数合计					

FREIGHT&CHARGES (运费与附加费)	Revenue Tons (运费吨)	Rate (运费率)	Per (每)	Prepaid (运费到付)	Collect (到付)
	Prepaid at(预付地点)		Payable at(到付地点)	Place of Issue(签发地点)	
Em Rate(兑换率)	Total Prepaid(预付总额)		No. of OriginalB(s)/L (正本提单份数)		

Service Type on Receiving □-CY □-CFS □-DOOR		Service Type on Delivery □-CY □-CFS □-DOOR		Reefer Temperature Required(冷藏温度)	
TYPE OF GOODS(种类)	□Ordinary(普通) □Reefer(冷藏) □Danagerous(危险品) □Auto(裸装车辆) □Liquid(液体) □Live Animal(活动物) □Bulk(散货)				
可否转船	可否分批	金额		制单日期	
装期	效期				

附件 5-14

国 际 货 物 运 输 代 理 业 专 用 发 票
INTERNATIONAL FREIGHT FORWARDING SPECIAL INVOICE

发票代码

发票号码

购 付 汇 联
FOREIGN EXCHANGE

开户银行名称：

账　　　　号：
BANK ACCOUNT

付款单位 PAYER	开票日期 DATE ISSUED	
船名/航次/航班/车次 VESSEL/VOY/FRT/TRAIN NO.	提(运)单号 B/L NO.	开航日期 DATE SAILED
起运港 LOAD PORT	卸货港 DIS.PORT	目的港 DESTINATION

收费内容(货物名称、数量、单价) PARTICULARS(DESCRIPTION,QUANTITY,UNIT PRICE)	金额 AMOUNT	备注 REMARKS
金额合计(大写) TOTAL IN CAPIAL	合计 LUMP SUM	

企业签章 BUSINESS SEAL	工商登记号 BUSINESS REGISTER NO. 税务登记号 TAX RECISTER NO.	复核 CHECKED BY (手开无效) HAND WRITING NULL AND VOID	制单 ISSUED BY

第 四 联　购 付 汇 款

附件 5-15

场站收据

SHIPPER(发货人):	D/R NO(编号).		
CONSIGNEE(收货人):	场站收据		
NOTIFY PARTY(通知人)	DOCK RECEIPT (场站收据)		第 七 联
PRE-CARRIAGE BY(前程运输): PLACE OF RECEIPT(接货地点)			
OCEAN VESSEL (船名): VOY.NO.(船次): PORT OF LOADING(装货港):			
PORT OF DISCHARGE(卸货港): PLACE OF DELIVERY(交货地点):	FINAL DESTINATION FOR THE MERCHANT'S RETER-ENCE (目的地):		

CONTAINER NO.(集装箱号):	SEAL NO(铅封号)	NO. OF CONTAINERS OR KGS (箱数或件数):	KIND OF PACKAGES: DESCRIPTION OF GOODS (包装种类与货名):	GROSS WEIGHT (毛重)	MEAS UREMENT (立方米)
TOTAL NUMBER OF CONTAINERS OR PACKAGES (IN WORDS)) (集装箱数或件数合计(大写))		SAY _____ONLY			
FREIGHT & CHARGE (货物的运费):	PREPAID AT (预付地点):	PAYABLE AT (到付地点)		PLACE OF ISSUE (签发地点):
	TOTAL PREPAID (预付总额):	NO. OF ORIGINAL B/L THREE(正本提单份数):		

附件 5-16

大副联(场站收据副本)

SHIPPER:			D/R NO.		
CONSIGNEE:			场站收据副本 COPY OF DOCK RECEIPT		
NOTIFY PARTY(通知人):			大副联 (FOR CHIEF OFFICE)	第 六 联	
PRE-CARRIAGE BY (前程运输) PLACE OF RECEIPT(收货地点)					
OCEAN VESSEL VOY.NO. PORT OF LOADING(船名、航次、装货港)					
PORT OF DISCHARGE PLACE OF DELIVERY (卸货港、交货地点)			FINAL DESTINATION FOR THE MERCHANT'S RETER-ENCE (目的地):		
CONTAINER NO. (集装箱号)	SEAL NO. (封 志号)	NO. OF CONTAIN ERS OR PKGS(箱数 或件数)	KIND OF PACKAGES: DESCRIPTION OF GOODS (包 装种类与货名)	GROSS WEIGHT (毛重)千克	MEASUREMENT 尺 码(立方米)
TOTAL NUMBER OF CONTAINERS OR PACKAGES (IN WORDS) (集装箱数或件数合计)		SAY _____ONLY			
CONTAINER NO. (箱号)	SEAL NO. (封志号)	PKGS(件数)		CONTAINER NO. SEAL NO. PKGS(箱 数或件数)	
				RECEIVED CCCCCCCBY TERMINAL (场站员实收)	
FREIGHT & CHARGE	PREPAID AT (预付地点)		PAYABLE AT (到付地点)	PLACE OF ISSUE (签发地点)	
	TOTAL PREPAID(预 付总额)		NO. OF ORIGINAL B/L THREE (正本提单份数)		

附件 5-17

海运提单

BILL OF LADING

1.SHIPPER (托运人)		B/L NO.
2.CONSIGNEE(收货人)		COSCO
3.NOTIFY PARTY(通知人)		中国远洋运输(集团)总公司 **CHINA OCEAN SHIPPING (GROUP) CO.**
4.PR-CARRIAGE BY (前程运输)	5.PLACE OF RECEIPT (收货地)	
6. OCEAN VESSEL VOY. NO.(船名及航次)	7.PORT OF LOADING (装货港)	*ORIGINAL* Combined Transport Bill of Lading
8.PORT OF DISCHARGE (卸货港)	9.PLACE OF DELIVERY (交货地)	10.FINAL DESTINATION FOR THE MERCHANT'S REFERENCE (目的地)

11.MARKS (唛头)	12.NOS. & KINDS OF PKGS(包装种类和数量)	13.DESCRIPTION OF GOODS (货物名称)	14. G.W.(KG) (毛重)	15. MEAS(M^3) (体积)

16. TOTAL NUMBER OF CONTAINERS OR PACKAGES(IN WORDS) (总件数)

17.FREIGHT & CHARGES(运费)	REVENUE TONS (运费吨)	RATE (运费率)	PER (计费单位)	PREPAID (运费预付)	COLLECT (运费到付)
PREPAID AT (预付地点)	PAYABLE AT (到付地点)	18.PLACE AND DATE OF ISSUE (出单地点和时间)			
TOTAL PREPAID (预付总金额)	19.NUMBER OF ORIGINAL B(S)L (正本提单的份数)	22.SIGNED FOR THE CARRIER (承运人签章) 中国远洋运输(集团)总公司 CHINA OCEAN SHIPPING (GROUP) CO. ×××			
20.DATE (装船日期)	21.LOADING ON BOARD THE VESSEL BY(船名)				

附件 5-18

境 内 汇 款 申 请 书
APPLICATION FOR FUNDS TRANSFERS(DOMESTIC)

致: TO:				日期: DATE:	

□电汇 T/T □票汇 D/D □信汇 M/T	发电等级 □普通 Normal □加急 Urgent Priority

申报号码 BOP Reporting NO.		

20	银行业务编号 Bank Transac.ref.no.		收电行/付款行 Receiver/Drawn on	
32A	汇款币种及金额 Currency&Interbank Settlement Amount	[ ][ ]	金额大写 Amount in Words	
其中	现汇金额 Amount in FX	[ ][ ]	账号 Amount NO./Credit Card NO.	
	购汇金额 Amount of Purchase	[ ][ ]	账号 Amount NO./Credit Card NO.	
	其他金额 Amount og Others		账号 Amount NO./Credit Card NO.	

50a	汇款人名称及地址 Remitter's Name & Address		对私	个人身份证号码 Individual ID No.
	□对公 组织机构代码 Urut Code			中国居民个人 Resident individual 中国非居民个人

54/56a	收款银行之代理行名称及地址 Correspondent of Beneficitry's Bank Name & Address	---------------

57a	收款人开户银行名称及地址 Beneficiary's Bank Name & Address	收款人开户银行在其代理行账号 Bene's Bank A/C NO.

59a	收款人名称及地址 Beneficiary's Name & Address	收款人账号 Bene's A/C NO.

70	汇款附言 remittance information	只限 140 个字位 Not Exceeding 140 Characters	71A	国内外费用承担 All Bank's Charges if Any To Be Borne By □汇款人 OUR □收款人 BEN □共同 SHA

收款人常驻国家(地区)名称及代码 Resident Country/Region Name & Code

请选择:□预付货款 Advance Payment □货到付款 Payment Against Delivery □退款 Refund □其他 Other	最迟装运日期

交易编码 BOP Transac Code		相应币种及金额 Currency & Amount	[ ][ ]	交易附言 Transac.Remark
是否为进口核销项下付款	□是 □否	合同号		发票号
外汇局批件/备案表号		报关单经营单位代码		
报关单号	报关单币种及总金额	[ ][ ]		本次核注金额
报关单号	报关单币种及总金额			本次核注金额

银行专用栏 For Bank Use Only		申请人签章 Applicant's Signature	银行签章 Bank's Signature
购汇汇率 Rate		请按照贵行背页所列条款代办以上汇款并进行申报 Please Effect The Upwards Remittance,Subject To The Conditions Overleaf:	
等值人民币 RMB Equivalent			
手续费 Commission			
电报费 Cable Charges			
合计 Total Charges		申请人姓名 Name of Applicant 电话 Phone No.	核准人签字 Authorized Person 日期 Date
支付费方式 In Payment of the Remittance	现金 by Cash 支票 by Check 账户 from Account		
核印 Sig. Ver,		经办 Maker	复核 Checker

填 写 前 请 仔 细 阅 读 各 项 背 面 条 款 及 填 报 说 明
Please read the conditions and instructions overleaf before filling in this application

附件 5-19

X X X 有 限 公 司

提 货 单

购货单位   日期　　年　月　日

商品名称及规格	件数及包装	单位	数量	单价	金额	备注
合　　　计						
人民币金额	拾　　万　　仟　　佰　　拾　　元　　角　　分					

第
一
联

存
根
联

供需双方约定事项

1.需方所购产品经仓库保管员或其他取办人签字或盖章，或单位盖章，视为已收到供方产品。

2.需方如认为所购商品质量、数量存在问题，即在收货后拾天内向供方提出书面异议。

3.本合同的履行地点在供方。

供方：　　　　　　　　　　　　需方：

手机：　　　　　　　电话：　　　　　　　仓库：

附件 5-20

中国人民财产保险股份有限公司
(PICC Property and Casualty Company Limited)
出 口 货 物 运 输 保 险 投 保 单
(APPLICATION FORM FOR EXPORTING CARGO TRANSPORTATION INSURANCE

投保日期(Date)：

		投保条款和险别 (Insurance clauses and risks)
发票号码(Invoice NO.) 合同号 Contract №. 信用证号 L/C №.		( ) PICC CLAUSE 中国人民保险公司保险条款
A statement Insurance is required on the following commodities: 兹有下列物品投保：		( ) ICC CLAUSE 英国协会货物险条款
MARKS & NOS. 唛头	packing and quantity 包装及其数量 / description of goods 货物描述	(√) ALL RISKS 一切险 ( ) W.A.水渍险 ( ) F.P.A.平安险 ( ) WAR RISKS 战争险 ( ) S.R.C.C.罢工，暴动，民变险 ( ) ICC Clause B 英国协会货物险条款 B ( )ICC Clause C 英国协会货物险条款 C ( )Air TPT All Risk 航空运输综合险 ( )Air TPT Risk 航空运输险 ( )O/L TPT All Risk 陆路运输综合险 ( )O/L TPT Risk 陆路运输险 ( )Transshipment Risks 转运险 ( )W/W 仓至仓条款 ( )TPND 偷窃提货不着险 ( )FREC 火险责任扩展条款 ( )IOP 无免赔率 (√)RFWD 淡水雨淋险 Risk of Breakage
保险金额 (Insured amount)	USD( )	
起运港 (The Loading Port)		
开航日期 (Date of Commencement) / 船名 (Conveyance)		
转内陆 Via		
目的港(Destination)		
赔款地点 Claims Payable At)		
赔付币种 (Claims Payable At)		
保单份数 (Original No.s)		

其他特别条款 (Other Clauses)	THE INSURED CONFIRMS HEREWITH THE TERMS AND CONDITIONS OF THESE INSURANCE CONTRACT FULLY UNDERSTOOD 被保险人确认本保险合同条款和内容已经完全了解。 The interpretation of this proposal shall be subject to English version 本投保单内容以英文为准。 Only the written form contract will be operated, any other form will be not approved. 本保险合同一律采用书面形式，双方不认可其他形式的约定。 This Insurance contract will be effective when the policy is issued by the underwriter and when the insurance premium is received according to the terms of the contract by this company. 本保险合同自保险人核保并签发保险单后成立，自投保人依约缴费后生效，保险人自本保险合同生效后开始承担保险责任。 In the event of any dispute arising from its implementation or enforcement, either of the parties to the Contract of Insurance may make application to the China International Arbitration Committee, whose judgements shall be given in accordance with such rules of arbitration as are then in effect. 因履行保险合同发生争议的，一方可向中国国际仲裁委员会依该会届时有效的仲裁规则申请仲裁。
Together With The Following Documents 随附产品资料	
以下由保险公司填写 Following insurance companies to fill	
保单号码(Proposal №.)	签 单 日 期 (Date)	

投保人(The Insured)

附件 5-21

货物运输保险单

PICC

中国人民保险公司
The People's Insurance Company of China
总公司设于北京   一九四九年创立
Head Office Beijing   Established in 194

货物运输保险单
CARGO TRANSPORTATION INSURANCE POLICY
发票号(INVOICE NO.)
合同号(CONTRACT NO.)
信用证号(L/C NO.)

保单号次
POLICY NO.

被保险人:
INSURED:

中国人民保险公司(以下简称本公司)根据被保险人的要求，由被保险人向本公司缴付约定的保险费，按照本保险单承保险别和背面所载条款与下列特款承保下述货物运输保险，特立本保险单。

THIS POLICY OF INSURANCE WITNESSES THAT THE PEOPLE'S INSURANCE COMPANY OF CHINA (HEREINAFTER CALLED "THE COMPANY") AT THE REQUEST OF THE INSURED AND IN CONSIDERATION OF THE AGREED PREMIUM PAID TO THE COMPANY BY THE INSURED, UNDERTAKES TO INSURE THE UNDERMENTIONED GOODS IN TRANSPORTATION SUBJECT TO THE CONDITIONS OF THIS OF THIS POLICY AS PER THE CLAUSES PRINTED OVERLEAF AND OTHER SPECIAL CLAUSES ATTACHED HEREON.

标 记 MARKS&NOS	包装及数量 QUANTITY	保险货物项目 DESCRIPTION OF GOODS	保险金额 AMOUNT INSURED

总保险金额
TOTAL   AMOUNT
INSURED: _____

保费: 启运日期   装载运输工具:
PERMIUM _____ DATE OF COMMENCEMENT: _____ PER CONVEYANCE: _____

自   经   至
FROM: _____ VIA _____ TO _____

承保险别:
CONDITIONS:

所保货物，如发生保险单项下可能引起索赔的损失或损坏，应立即通知本公司下述代理人查勘。如有索赔，应向本公司提交保单正本(本保险单共有 3 份正本)及有关文件。如一份正本已用于索赔，其余正本自动失效。

IN THE EVENT OF LOSS OR DAMAGE WITCH MAY RESULT IN A CLAIM UNDER THIS POLICY, IMMEDIATE NOTICE MUST BE GIVEN TO THE
COMPANY'S AGENT AS MENTIONED HEREUNDER. CLAIMS, IF ANY, ONE OF THE ORIGINAL POLICY WHICH HAS BEEN ISSUED IN 3 ORIGINAL(S)
TOGETHER WITH THE RELEVANT DOCUMENTS SHALL BE SURRENDERED TO THE COMPANY. IF ONE OF THE ORIGINAL POLICY HAS BEEN
ACCOMPLISHED. THE OTHERS TO BE VOID.

中国人民保险公司
The People's Insurance Company of China

赔款偿付地点
CLAIM PAYABLE AT _____
出单日期
ISSUING DATE_____

Authorized Signature _____

附件 5-22

 中华人民共和国海关出口货物报关单

预录入编号：　　　　　　　海关编号：　　(xx 海关)　　　　　　　　页码/页数

境内发货人	出境关别		出口日期		申报日期	备案号
境外收货人	运输方式		运输工具名称及航次号		提运单号	
生产销售单位	监管方式		征免性质		许可证号	
合同协议号	贸易国(地区)		运抵国(地区)	指运港	离境口岸	

包装种类	件数	毛重(千克)	净重(千克)	成交方式	运费	保费	杂费

随附单证及编号

标记唛码及备注

项号　商品编号　商品名称及规格型号　数量及单位　单价/总价/币制　原产国(地区)　最终目的国(地区)境内货源地　征免

报关人员　报关人员证号　电话　兹申明对以上内容承担如实申报、依法纳税之法律责任 申报单位　　　　　　　　　　　　　申报单位(签章)	海关批注及签章

附件 5-23

通关无纸化　出口查验/放行通知书

申报单位：　　　　　　　　　　　　　　　海关编号：

出口口岸	备案号		出口日期	申报日期
经营单位	运输方式		运输工具名称	提运单号
发货单位	贸易方式		征免性质	结汇方式
许可证号	运抵国(地区)		指运港	境内货源地
批准文号	成交方式		运费	保费	杂费
合同协议号	件数		包装种类	毛重(千克)	净重(千克)
集装箱号	随附单据			生产厂家
备注				

项号	商品名称	数量及单位	最终目的国(地区)	单价	总价	币制
1						
2						
3						
4						
5						

以上内容与我司向海关申报和实际货物相符。

如有不符，我司愿承担一切法律责任。

经营或申报单位盖章　　　　　　　　　海关签注

　　年　　　月　　　日　　　　　　　　年　　　月　　　日

附件 5-24

通关无纸化　出口查验通知书

_____:

　　你单位于_____年____月____日所申报货物(海关编号:　　　　　),经审核现决定实施查验,请联系港务等相关部门做好准备,于_____月_____日派员配合海关查验。

特此通知。

申报单位:　　　　　　　　　　海关编号:

出口口岸	备案号		出口日期	申报日期
经营单位	运输方式		运输工具名称	提运单号
发货单位	贸易方式		征免性质	结汇方式
许可证号	运抵国(地区)		指运港	境内货源地
批准文号	成交方式	运费	保费	杂费
合同协议号	件数	包装种类	毛重(千克)	净重(千克)
集装箱号	随附单据		生产厂家	
备注				

项号	商品名称	数量及单位	最终目的国(地区)	单价	总价	币制
1						
2						
3						
4						
5						

以上内容与我司向海关申报和实际货物相符。

如有不符,我司愿承担一切法律责任。

经营或申报单位盖章　　　　　　　　海关签注

年　　月　　日	年　　月　　日

附件 5-25

 中华人民共和国海关进口货物报关单

预录入编号：　　　　　　　　海关编号：　　(××海关)　　　　页码/页数

境内收货人	进境关别	进口日期		申报日期	备案号
境外发货人	运输方式	运输工具名称及航次号		提运单号	货物存放地点
消费使用单位	监管方式	征免性质		许可证号	启运港
合同协议号	贸易国(地区)	启运国(地区)		经停港	入境口岸

包装种类	件数	毛重(千克)	净重(千克)	成交方式	运费	保费	杂费

随附单证及编号

标记唛码及备注

项号 商品编号 商品名称及规格型号 数量及单位 单价/总价/币制 原产国(地区) 最终目的国(地区)境内目的地 征免

报关人员　报关人员证号　电话　兹申明对以上内容承担如实申报、依法纳税之法律责任。 申报单位	海关批注及签章
申报单位(签章)	

附件 5-26

通关无纸化　进口查验/放行通知书

申报单位：　　　　　　　　　海关编号：

进口口岸	备案号	进口日期		申报日期
经营单位	运输方式	运输工具名称		提运单号
收货单位	贸易方式	征免性质		征税比例
许可证号	起运国(地区)	装货港		境内目的地
批准文号	成交方式	运费	保费	杂费
合同协议号	件数	包装种类	毛重(千克)	净重(千克)
集装箱号	随附单据		用途	
备注				

项号	商品名称	数量及单位	原产国(地区)	单价	总价	币制
1						
2						
3						
4						
5						

以上内容与我司向海关申报和实际货物相符。

如有不符，我司愿承担一切法律责任。

经营或申报单位盖章　　　　　　　　　海关签注
　　　　年　　月　　日　　　　　　　　年　　月　　日

附件 5-27

通关无纸化　进口查验通知书

_____:

你单位于_____年_____月_____日所申报货物(海关编号:_____),经审核现决定实施查验,请联系港务等相关部门做好准备,于_____月_____日派员配合海关查验。

特此通知。

申报单位:　　　　　　　　　海关编号:

进口口岸	备案号	进口日期	申报日期		
经营单位	运输方式	运输工具名称	提运单号		
收货单位	贸易方式	征免性质	征税比例		
许可证号	起运国(地区)	装货港	境内目的地		
批准文号	成交方式	运费	保费	杂费	
合同协议号	件数	包装种类	毛重(千克)	净重(千克)	
集装箱号	随附单据		用途		
备注					

项号	商品名称	数量及单位	原产国(地区)	单价	总价	币制
1						
2						
3						
4						
5						

以上内容与我司向海关申报和实际货物相符。

如有不符,我司愿承担一切法律责任。

经营或申报单位盖章　　　　　　　海关签注

　　　年　　月　　日　　　　　　年　　月　　日

附件 5-28

THIELENHAUS MACHINERY SHANGHAI CO LTD,

JIANTIAN DONG LU 92 SHANGHAI SONG JIA-201613 CHINA

DATE:NOV.25th,2017

CERTIFICATE OF ORIGIN

To whom it may concern,

This is to certify that ALL the goods are of Chinese origin with the specifications and stipulation of the Contract/Invoice No.1383

GOODS DESCRIPTION	QUANTITY
1-STATION MICROFINISH-MACHINE,TYPE BEARINGSTAR MINI 11 FOR HL OUTER RING/OUTER RACE FOB FREIGHT TO PAY LC NUMBER:0022317FL39228	1 SET

With kind regards,

THIELENHAUS MACHINERY SHANGHAI CO LTD,

附件 5-29

亚太自由贸易协定优惠原产地证书

ORIGINAL

1.Goods consigned from: (Exporter's business name, address, country)	Reference No. **CERTIFICATE OF ORIGIN** **Asia-Pacific Trade Agreement** **(Combined Declaration and Certificate)** Issued in The People's Republic of China (Country)
2.Goods consigned to: (Consignee's name, address, country)	3.For Official use

4.Means of transport and route:

5.Tariff item number:	6.Marks and number of Packages:	7.Number and kind of packages/description of goods:	8.Origin criterion (see notes overleaf)	9.Gross weight or other quantity:	10.Number and date of invoices:

11.Declaration by the exporter: The undersigned hereby declares that the above details and statements arc correct: that all the goods were produced in ------------------ CHINA ------------------ (Country) And that they comply with the origin requirements specified for these goods in the Asia-Pacific Trade Agreement for goods exported to ------------------ (Importing Country) ------------------------------------ Place and date, signature of authorized Signatory	12.Certificate It is hereby certified on the basis of control carried out, that the declaration by the exporter is correct. ------------------------------------ Place and date, signature and Stamp of Certifying Authority

CCPIT01130088413

附件 5-30

中国-哥斯达黎加自由贸易协定优惠原产地证书
ORIGINAL

1.Exporter's name, address, country:	Certificate No.: **CERTIFICATE OF ORIGIN** **Form for China-Costa Rica Free Trade Agreement**
2.Producer's name and address, if known:	Issued in The People's Republic of China (see Overleaf Instruction)
3.Importer's name, address, country:	For Official use Only:
4.Means of transport and route(as far as known) Departure Date: Vessel/Flight/Train/Vehicle No.: Port of loading: Port of discharge:	5.Remarks:

6. Item number (Max.20)	7.Marks and number of Packages	8.Number and kind of packages; description of goods:	9.HS code (6 digit code)	10.Origin criterion	11.Gross weight or other quantity (e.g. Quantity Unit, Iiters,m^3.)	12.Number, date of invoices and Invoiced value

| 13.Declaration by the exporter:

The undersigned hereby declares that the above stated information is correct, that all the goods are produced in

------------------ CHINA ------------------
(Country)

and that they comply with the origin requirements specified in the Free Trade Agreement for goods exported to

------------------ COSTA RICA ------------------
(Importing Country)

Place and date, signature of authorized person | 14.Certification

On the basis of the carried out control, it is hereby certified that the information herein is correct and that the described goods comply with the origin requirements of the China -Costa Rica Free Trade Agreement.

Place and date*, signature and Stamp of the Authorized Body

Tel: Fax:
Address: |

CCPIT15120002732

----

*A Certificate of Origin issued under China-Costa Rice Free Trade Agreement shall be valid for one year from the date of issuance in the exporting country.

附件 5-31

中国-秘鲁自由贸易协定优惠原产地证书

ORIGINAL

1.Exporter's name, address:	Certificate No.: **CERTIFICATE OF ORIGIN** **Form for China-Peru FTA**
2.Producer's name and address, if known:	Issued in <u>The People's Republic of China</u> (see Overleaf Instruction)
3.Importer's name, address:	For Official use Only:

4.Means of transport and route(as far as known) Departure Date: Vessel/Flight/Train/Vehicle No.: Port of loading: Port of discharge:	5.Remarks:

6. Item number (Max.20)	7. Number and kind of packages; description of goods:	8. HS code (Six digit code)	9.Origin criterion	10.Gross weight, quantity (Quantity Unit) or other measures (liters,m^3, etc.)	11.Number, date of invoices	12.Invoiced value

13.Declaration by the exporter:	14.Certification
The undersigned hereby declares that the above details and statement are correct, that all the goods are produced in -------------<u>CHINA</u>------------- (Country) and that they comply with the origin requirements specified in the FTA for goods exported to -------------<u>PERU</u>------------- (Importing Country) --- Place and date, signature of authorized signatory	On the basis of the carried out, it is hereby certified that the information herein is correct and that the goods described comply with the origin requirements specified in the China -Peru FTA. --- Place and date[*], signature and Stamp of the Authorized Body

CCPIT12110018950

附件 5-32

中国-新加坡自由贸易协定优惠原产地证书

ORIGINAL

1.Goods consigned from:(Exporter's business name, address, country)	Reference No.
	CHINA-SINGAPORE FREE TRADE AREA PREFERENTIAL TARIFF CERTIFICATE OF ORIGIN **(Combined Declaration and Certificate)**
2.Goods consigned to:(Consignee's name, address, country)	

	Issued in The People's Republic of China
	                     (Country)
	                   See Notes Overleaf

3.Means of transport and route:(as far as known) Departure date: Vessel's name/Aircraft etc. Port of Discharge:	4.For Official use ☐ Preferential Treat Given Under CHINA-SINGAPORE Free Trade Area Preferential Tariff ☐ Preferential Treatment Not Given (Please state reasons) --- Signature of Authorised Signatory of the importing Country

5.Item number	6.Marks and number of Packages	7.Number and type of packages, description of goods (including quantity where appropriate and HS number of the importing country)	8.Origin criterion (see Notes overleaf)	9.Gross weight or other quantity and value (FOB)	10.Number and date of invoices

11.Declaration by the exporter:	12.Certification
The undersigned hereby declares that the above details and statements are correct: that all the goods were produced in -------------------CHINA------------------- (Country) And that they comply with the origin requirements specified for these goods in the China-Singapore Free Trade Area Preferential Tariff for the goods exported to SINGAPORE --- (Importing Country) --- Place and date, signature of authorized Signatory	It is hereby certified on the basis of control carried out, that the declaration by the exporter is correct. --- Place and date, signature and Stamp of Certifying Authority

CCPIT11110004995

附件 5-33

中国-新西兰自由贸易协定优惠原产地证书

ORIGINAL

1.Exporter's name, address, country:	Certificate No.:
	CERTIFICATE OF ORIGIN
2.Producer's name and address, if known:	**Form for Free Trade Agreement between the Government of the People's Republic of China and Government of New Zealand**
3.Importer's name, address, country:	Issued in　The People's Republic of China
	(see Overleaf Instruction)

4.Means of transport and route(as far as known) Departure Date: Vessel/Flight/Train/Vehicle No.: Port of loading: Port of discharge:	5.For Official use Only: ☐　Preferential Tariff Treatment Given Under China-Newland FTA ☐　Preferential Treatment Not Given (Please state reasons) ------------------------------ Signature of Authorised Signatory of the importing Country 6.Remarks:

7. Item number (Max.20)	8.Marks and number on Packages	9.Number and kind of packages; description of goods	10.HS code (Six digit code)	11.Origin criterion	12.Gross weight (quantity unit) or other measures (Iiters,m³.etc)	13.Number, date of invoices and Invoiced value

14.Deciaration by the exporter: The undersigned hereby declares that the above details and statement are correct, that all the goods were produced in ------------CHINA------------ (Country) and that they comply with the origin requirements specified in the FTA for goods exported to ------------NEW ZEALAND------------ (Importing Country) ------------------------------ Place and date, signature of authorized person	15.Certification On the basis of control carricd out, it is hereby certified that the information herein is correct and that the described comply with the origin requirements specified in the Free Trade Agreement between the Government of the People's Republic of China and the Government of New Zealand. ------------------------------ Place and date*, signature and Stamp of the Authorized Body

CCPIT 1 0 1 1 0 0 1 4 1 2 1

附件 5-34

海峡两岸经济合作框架协议原产地证书

正 本

如有任何涂改、损毁或填写不清均将导致本产地证书失效

1.出口商(名称、地址):	编号:
	签发日期:
	有效期至:
2.生产商(名称、地址):	5.受惠情况:
	□ 依据海峡两岸经济合作框架协议给予优惠关税待遇
	□ 拒绝给予优惠关税待遇(请注明原因)
3.进口商(名称、地址):	
	--
	进口方海关已获授权签字人签字
4.运输工具及路线 离港日期: 传播/飞机编号等: 装货口岸: 到货口岸:	6.备注:

7. 项目编号	8.HS编码	9.货品名称、包装件数及种类	10.毛重或其他计量单位	11.包装唛头或编号	12.原产地标准	13.发票价格、编号及日期

14.出口商声明	15.证明
——本人对于所填报原产地证书内容的真实性与正确性负责。 ——本原产地证书所载货物,系原产自本协议一方或双方,且货物属符合海峡两岸经济合作框架协议之原产货物。 -- 出口商或已获授权人签字 -- 地点和日期	依据《海峡两岸经济合作框架协议》临时原产地规则规定,兹证明出口商所做申报正确无讹。 -- 地点和日期,签字和签证机构印章 电话:　　　　　　　　　传真: 地址:

附件 5-35

受益人证明

THIELENHAUS MACHINERY SHANGHAI CO LTD,

JIANTIAN DONG LU 92 SHANGHAI SONG JIA-201613 CHINA

BENEFICIARY'S CERTIFICATE

To whom it may concern,

L/C NO.0022317FL39228

WE CERTIFY THAT 3 COPIES OF SIGNED INVOICES PACKING LIST AND NON-NEGOTIABLE COPY OF BILL OF LADING ARE TO BE MAILED TO APPLICANT FOR ADVANCE INFORMATION WITHIN 5 DAYS.

With kind regards,

THIELENHAUS MACHINERY SHANGHAI CO LTD,

知识点四　自贸区企业结算流程

国际贸易还有一个不可缺少的部分，这就是结算流程，毕竟大部分国际贸易都是以盈利为首要目的，那么国际贸易如何进行结算呢？我们接下来就学习这部分的内容。

一、结汇

知识掌握

1. 结汇的概念

结汇即外汇结算(Exchange Settlement/Foreign Exchange Settlement)，是指外汇收入所有者将其外汇收入出售给外汇指定银行，外汇指定银行按一定汇率付给等值的本币的行为。

结汇有强制结汇、意愿结汇和限额结汇等多种形式。强制结汇是指所有外汇收入必须卖给外汇指定银行，不允许保留外汇；意愿结汇是指外汇收入可以卖给外汇指定银行，也可以开立外汇账户保留，结汇与否由外汇收入所有者自己决定；限额结汇是指外汇收入在国家核定的数额内可不结汇，超过限额的必须卖给外汇指定银行。

2015年国家外汇管理局发布《关于进一步推进中国(上海)自由贸易试验区外汇管理改革试点实施细则》，上海自贸区内企业(不含金融机构)外债资金实行意愿结汇。外汇局综合考虑资产负债币种、期限等匹配情况以及外债和货币政策调控需要，合理调控境外融资规模和投向，优化境外融资结构，防范境外融资风险。允许区内符合条件的融资租赁收取外币租金。

区外企业主要实行的是强制结汇制，部分企业经批准实行限额结汇制；对境内居民个人实行意愿结汇制。2020年4月发布《关于中国(上海)自由贸易试验区高新技术企业外债便利化额度试点的通知》，支持高新技术企业在额度内自主借外债，进一步降低了企业融资成本提升融资便利性。

2. 结汇方式

结汇方式是出口货物发货人或其代理通过银行收结外汇的方式。结汇方式主要可以分为汇付、托收和信用证，在这一点上无论是自贸区企业和区外企业都是一致的。

知识窗

必须结汇的外汇收入

境内单位取得以下外汇收入的必须结汇，不能保留外汇。

(1) 出口或者先支后收转口货物及其他交易行为收入的外汇。其中用跟单信用证/保函和跟单托收方式结算的贸易出口外汇可以凭有效商业单据结汇，用汇款方式结算的贸易出口外汇持出口收汇核销单结汇。

(2) 境外贷款项下国际招标中标收入的外汇。

(3) 海关监管下境内经营免税商品收入的外汇。

(4) 交通运输(包括各种运输方式)及港口(含空港)、邮电(不包括国际汇兑款)、广告、咨询、展览、寄售、维修等行业及各类代理业务提供商品或者服务收入的外汇。

(5) 行政、司法机关收入的各项外汇规费、罚没款等。

(6) 土地使用权、著作权、商标权、专利权、非专利技术、商誉等无形资产转让收入的外汇，但上述无形资产属于个人所有的，可不结汇。

(7) 境外投资企业汇回的外汇利润、对外经援项下收回的外汇和境外资产的外汇收入。

(8) 对外索赔收入的外汇、退回的外汇保证金等。

(9) 出租房地产和其他外汇资产收入的外汇。

(10) 保险机构受理外汇保险所得外汇收入。

(11) 取得《经营外汇业务许可证》的金融机构经营外汇业务的净收入。

(12) 境外捐赠、资助及援助收入的外汇。

(13) 国家外汇管理局规定的其他应当结汇的外汇。

(14) 外商投资企业经常项目下外汇收入可在外汇局核定的最高金额以内保留外汇，超出部分应当卖给外汇指定银行，或者通过外汇调剂中心卖出。

虽然在总体的结汇方式上自贸区企业和区外企业没有什么不同，但在 2014 年，国家外汇管理局上海市分局关于印发了支持中国(上海)自由贸易试验区建设外汇管理实施细则的通知，进一步落实了中国(上海)自由贸易试验区的外汇管理的相关政策。

扫二维码，查看文《进一步推进中国(上海)自由贸易试验区外汇管理改革试点实施细则》.pdf

其中，实施细则提出了简化区内企业经常项目收结汇/购付汇单证审核的内容，举例说明，区内 A 类企业货物贸易外汇收入将无须进入待核查账户。但外管局仍然要求银行在为区内主体办理经常项目收结汇时，按照"了解你的客户""了解你的业务""尽职审查"等原则，履行自贸区外汇业务真实性、合规审查。

工作笔记

自贸区还有哪些外汇便利政策呢？举例说明一下。

_____

_____

_____

_____

3. 汇票

1) 汇票的含义

我国在 1996 年 1 月 1 日施行 2004 年修订的《中华人民共和国票据法》(简称《票据法》)第十九条对汇票下了如下定义: "汇票是出票人签发的,委托付款人在见票时或者在指定日期无条件支付确定的金额给收款人或者持票人的票据。"

国际贸易货款的收付主要是采用非现金结算,即使用汇票代替现金作为流通手段和支付手段的信贷工具来进行国际债权债务的结算。汇票的结算功能主要体现在流通手段、支付手段和信用手段。作为一种非现金结算工具,汇票具有无因性、要式性和流通性等三个最基本的特性,这三个特性保证了汇票的顺利流通,使其能够在经济活动中发挥支付和信用工具的作用。

知识窗

《英国票据法》对汇票的定义

《英国票据法》对汇票的定义是: "汇票为一次书面之无条件支付之命令,由一人开致另一人,并由发出命令者签名,要求受票人见票或定期或在某一可预定之日期,将一定金额之款项付予规定之人或其指定人或来人。"

(1) 无因性。

汇票权利和义务的发生,都是由某种原因引起的,但是汇票一旦做成,票据上的权利与义务即与产生票据的原因相分离,成为独立的票据债权债务关系,不再受先前的原因关系影响。即使汇票的基础关系有缺陷也不能影响当事人之间根据票据记载所产生的权利义务关系,只要持票人是依法取得的,就享有票据权利,汇票债务人必须对持票人支付票款。汇票的无因性使得票据可以广泛流通。

(2) 要式性。

汇票的要式性是指汇票的形式和内容必须符合法律规定,必要记载的项目必须齐全,对汇票的处理,包括出票、提示、承兑、背书、保证、追索等行为都必须符合票据法的要求。各国票据法对票据的形式和内容都做了详细规定,使其规范化,进而产生票据的效力。只有形式和内容都符合法律规范的汇票,才会受到法律的保护,持票人的权利才会得到严格保障。因此,汇票是一种要式证券。

(3) 流通性。

汇票是可流通证券,汇票的权利可以凭背书交付而转移,无须通知债务人,债务人也不能以未接到转让通知为由拒绝向汇票权利人清偿债务。在汇票流通中,受让人的权利优于让与人的权利,不受其前手汇票权利缺陷的影响,汇票受让人获得全部票据权利,并能以自身的名义提起司法诉讼。

随着上海自贸区的建设和发展,上海票据市场快速发展,已成为中国最大的区域性票据市场中心,上海自贸区也一直在争取将票据交易所落户于自贸区。截至 2018 年 6 月,已有 1500 家持牌金融机构落户于自贸区,无论是资讯还是办理结汇,自贸区企业无疑都比区外企业更方便。

2) 汇票的基本内容

汇票是一种无条件支付的委托。这是汇票的本质和核心。这里所说的"无条件",是指汇票上行文遣词不能附加任何付款条件,比如,不能在上面写上"在货物运达后才付款"或者"在商品品质达标的情况下才付款"等诸如此类含有条件的限制性语句。

汇票一般包含以下这些基本内容。

出票人(Drawer):是开立票据并将其交付给其他的法人、组织或者个人。出票人对持票人及正当持票人承担票据在提示付款或承兑时必须付款或者承兑的保证责任。出票人一般是出口方,在输出商品或劳务的同时或约定时间,要求付款向进口商付款。

受票人(Drawee/Payer):又叫"付款人",是指受出票人委托支付票据金额的人、接受支付命令的人。在进出口业务中,通常为进口人或银行。在托收支付方式下,一般为买方或债务人;在信用证支付方式下,一般为开证行或其指定的银行。

收款人(Payee):是凭汇票向付款人请求支付票据金额的人,是汇票的债权人,一般是卖方。

汇票的付款期限:付款期限可以是在见票时,也可以是在将来指定的时间或可以确定的时间。

"汇票"字样:汇票上必须标明"汇票"字样,用以明确票据的种类,使汇票区别于本票和支票。

付款金额:票据上的权利必须以金钱表示,不能用货物数量等来表示,并且金额必须确定,不能模棱两可。如"大约付1000欧元""付100万或125万美元""付1000加元加利息"等,这些表示方法都是不确切的。在实际中,为了防止涂改,票据的金额还必须同时用大小写记载。如果大小写金额不一致,《英国票据法》和《日内瓦统一法》都规定以大写金额为准,我国《票据法》则认为无效。

出票日期:是指汇票签发的具体时间。出票日期有三个重要作用:决定汇票的有效期;决定付款的到期日;决定出票人的行为效力。如果出票时法人已宣告破产或被清理,则该汇票不能成立。

出票地点和付款地点:出票地点是指出票人签发汇票的地点,它对国际汇票具有重要意义,因为票据是否成立是以出票地法律来衡量的。但票据不注明出票地并不会影响其生效。我国《票据法》规定,未记载出票地的汇票以出票人的营业场所、住所或经营居住地为出票地。付款地点指持票人提示票据请求付款的地点。同样,票据不注明付款地并不会影响其生效。我国《票据法》规定,未记载付款地的汇票以付款人的营业场所、住所或经营居住地为付款地。

出票人签字:签字原则是票据法最重要和最基本的原则之一,票据责任的承担以签字为条件,票据必须经出票人签字才能成立。

3) 汇票的种类

按出票人的不同,汇票可以被分为银行汇票和商业汇票。

银行汇票(Banker's Draft),是指出票人和付款人都是银行的汇票。国际结算中,汇票由银行签发后交给汇款人,由汇款人自行交付国外收款人,供其向指定付款行取款。出票行签发汇票后,必须将付款通知书寄给国外付款行,以便付款行在收款人持票取款时进行核对。

商业汇票(Commercial Draft),是指出票人是工商企业或个人,付款人可以是工商企业或个人,也可以是银行的汇票。国际贸易结算中,使用商业汇票居多。商业汇票通常由出口商开立,并委托银行向国外进口商或指定银行收取货款时使用。

我国银行汇票的一些规定

➤ 银行汇票的签发和解付。

银行汇票的签发和解付，只能由中国人民银行和商业银行参加"全国联行往来"的银行机构办理。跨系统银行签发的转账银行汇票的解付，应通过同城票据交换将银行汇票和解讫通知提交同城的有关银行审核支付后抵用。省、自治区、直辖市内和跨省、市的经济区域内，按照有关规定办理。在不能签发银行汇票的银行开户的汇款人需要使用银行汇票时，应将款项转交附近能签发银行汇票的银行办理。

➤ 银行汇票一律记名。

所谓记名，是指在汇票中指定某一特定人为收款人，其他任何人都无权领款；但如果指定收款人以背书方式将领款权转让给其指定的收款人，其指定的收款人有领款权。

➤ 银行汇票无起点金额限制。

根据《中华人民共和国票据法》和《票据管理实施办法》，中国人民银行总行对银行结算办法进行了全面的修改、完善，形成了《支付结算办法》。《支付结算办法》取消了银行汇票金额起点500元的限制。

➤ 银行汇票的付款期为1个月。

这里所说的付款期，是指从签发之日起到办理兑付之日止的时期。这里所说的一个月，是指从签发日开始，不论月大月小，统一到下月对应日期止的一个月。比如签发日为3月5日，则付款期到4月5日止。如果到期日遇节假日可以顺延。逾期的汇票，兑付银行将不予办理。

小思考：商业汇票与银行汇票有何异同呢？

_____

_____

_____

_____

按有无附属单据，汇票可以被分为光票汇票、跟单汇票。

光票(Clean Bill)又称净票或白票，是指出具时不附带任何商业单据的汇票。国际结算中光票使用较少，一般仅在从属费用、佣金以及货款尾数的托收或支付时使用。银行汇票多为光票。

跟单汇票(Documentary Bill)又称押汇汇票，是指附带有商业单据的汇票。跟单汇票的付款以附交货运单据，如提单、发票、保险单等为条件。汇票的付款人要取得运输单据提取货物，必须付清货款或提供一定的担保。跟单汇票体现了钱款与单据对流的原则，对进出口双方提供了一定的保证。因此在国际货款结算中，大多采用跟单汇票作为结算工具。商业汇票一般为跟单汇票。

按付款时间，汇票可以被分为即期汇票、远期汇票。

即期汇票也被称为见票即付汇票，即在汇票上无到期日的记载，而在收款人或者持票人向付款人提示汇票、请求付款之时，即为到期，付款人应即时付款的汇票。它包括载明即期付款、见票即付或提示付款以及未载明付款日的汇票。逾期后再经承兑或背书的汇票，对这种承兑人或背书人而言，应视为即期汇票。即期汇票一般以提示日为到期日，持票人持票到银行或其他委托付款人处，后者见票必须付款的一种汇票，这种汇票的持票人可以随时行使自己的票据权利，在此之前无须提前通知付款人准备履行义务。它具体又包括在汇票上明确记载"见票即付"字样、未记载付款日期和汇票上记载的到期日与发票日相同三种类型。

远期汇票是在出票一定期限后或特定日期付款的汇票。在远期汇票中，记载一定的日期为到期日，于到期日付款的，为定期汇票；记载于出票日后一定期间付款的，为计期汇票；记载于见票后一定期间付款的，为注期汇票；将票面金额划为几份，并分别指定到期日的，为分期付款汇票。按国际惯例，远期汇票的付款期限，一般为30天、60天、90天、120天，最长不超过180天，其中以30天、60天为付款期限付款的较多。远期汇票在到期前可以背书转让、流通，使之成为支付工具和流通于段；若持票人在远期汇票到期前急需用款，经过付款人承兑亦可提交贴现公司或银行通过贴现提前取得票款净额。

按流通地域不同，汇票可以被分为境内汇票和境外汇票。

境内汇票是指在本国签发并在本国支付的汇票，亦即在本国范围内流通的汇票，是不具有涉外因素的汇票。例如：汇票上的全部当事人均为中国人，且票据上的全部行为都发生在中华人民共和国境内的汇票。

境外汇票又称"国际汇票"，汇票签发和付款行为发生于境外，或者汇票转让行为涉及不同国家的汇票。根据联合国国际贸易法委员会1988年通过的《国际汇票和国际本票公约》的规定，国际汇票是一种标有"国际汇票(……公约)"的书面票据，载有发票人指示持票人向受款人或其指定人支付一宗特定金额款项的无条件支付命令，并须载明凭票即付或在特定日期付款，以及发票日期和发票人签字。其中发票地、付款地等五项地点中至少须有两处位于不同的国家。

4) 汇票的使用

汇票的使用通常要经过出票、提示、承兑和付款等手续，此外汇票通常还需背书，当汇票遭受拒付时，还会涉及作拒绝证书和行使追索权等法律问题。

出票

发出汇票包括两个动作，一个是写成汇票并在汇票上签字；另一个是将汇票交付收款人。交付是指实际的或推定的所有权从一个人转移至另一个人的行为。汇票的出票、背书、承兑的票据行为在交付前都是不生效的和可以撤销的，只有将汇票交付给他人后，出票、背书、承兑行为才开始生效，并且是不可撤销的。

背书

背书是转让汇票权利的一种法定手续，由汇票持有人在汇票背面或粘单上签名，或再加上受让人即被背书人(Endorsee)的名字，并把汇票交给受让人的行为。经过背书，汇票的权利便由背书人(Endorser)转移给被背书人(Endorsee)，即受让人，被背书人获得票据所有权。对于受让人来说，所有在他以前的背书人(Endorser)以及原出票人都是他的"前手"(Prior Party)；而对出让人来说，所有在他让与以后的受让人都是他的"后手"(Sequent Party)，前手对后手负有担保汇票必然会被承兑或付款的责任。在国际市场上，汇票既是一种支付工具，又是一种流通工具，可以在票据市场上流通转让，而非限定性背书的汇票可以不断转让下去。

提示

提示包括提示承兑和提示付款。

提示承兑，是指持票人向付款人出示汇票，并要求付款人承诺付款的行为。定日付款或者出票后定期付款的汇票，持票人应当在汇票到期日前向付款人提示求兑；见票后定期付款的汇票，持票人应当自出票日起1个月内向付款人提示承兑；见票即付的汇票无需提示承兑。汇票未按照规定期限提示承兑的，持票人丧失对其前手的追索权。

提示付款，是指持票人向承兑人或付款人出示票据，请求付款的行为。我国《票据法》第五十三条规定，持票人应当在下列期限内提示付款：见票即付的汇票，自出票日起1个月内向付款人提示付款；定日付款、出票后定期付款或者见票后定期付款的汇票，自到期日起10日内向承兑人提示付款。持票人未在上述限定期内提示付款的，则丧失对其前手的追索权。持票人主张票据权利，向付款人出示票据，将票据交其验看，并请求付款人付款的一种法律行为。

知识窗

提示付款的当事人

提示付款的当事人主要是指提示人和被提示人。

(1) 提示人：提示人通常指持票人。持票人包括各种持票人，即记名汇票的持票人、受票人、取得汇票的持票人等。持票人，既指其本人，也可以是其委托的代理人。

(2) 被提示人：被提示人通常指付款人和付款人的保证人。

付款人是指已经承兑汇票或者没有承兑汇票的付款人。付款人破产、丧失行为能力、死亡时，分别向其破产管理人、法定代理人以及其继承人提示付款。

(3) 保证人：是在为付款人或者承兑人保证其履行债务的保证人。保证人承担的票据债务与付款人或者承兑人相同。在付款人不履行其付款义务时，持票人可向其保证人提示付款。

承兑

承兑指执票人在汇票到期之前，要求付款人在该汇票上作到期付款的记载，是汇票特有的制度。付款人一般在汇票正面签名。发票人与付款人间是委托关系，发票人开了票不等于就必须付款。执票人为使汇票到期能得以支付，就必须将汇票向付款人提示承兑。只有当付款人签字承兑后，他才对汇票的付款负法律责任。在付款人承兑前，汇票的主债务人是发票人，承兑后，付款人则成为主债务人，出票人和其他背书人则是从债务人，承兑时必须是执票人实际出示票据，称为提示。见票即付的汇票不需要提示承兑，见票后定期付款的汇票应经提示承兑。

付款

票据的最终目的是凭以付款，即期汇票提示日即为付款到期日，见票后若干天付款的远期汇票从承兑日推算到期日。

退票

持票人提示汇票要求承兑时，遭到拒绝而不获承兑，或持票人提示汇票要求付款时遭到拒绝而不获付款时均称退票，也称拒付。除此之外，付款人避而不见、死亡或宣告破产，以致付款事实上已不可能时也称为拒付。当汇票被拒付时，持票人立即产生追索权，有权向背书人或出票人追索票款。

二、汇付

汇付(Remittance)又称汇款，是指付款人(债务人)主动通过银行或其他途径将款项汇交收款人(债权人)的一种结算方式。国际贸易的货款如采用汇付，一般是由买方按合同约定的条件(如收到单据或货物)和时间，将货款通过银行，汇交给卖方。

在汇付业务中，通常涉及四个基本当事人。

汇款人(Remitter)。即汇出款项的人，在进出口交易中，通常是进口商，买卖合同的买方或其他经贸往来中的债务人。

收款人(Payee or Beneficiary)。即收取款项的人，在进出口交易中通常是出口商，买卖合同的卖方或其他经贸往来中的债权人。

汇出行(Remitting Bank)。即受汇款人的委托、汇出款项的银行，通常是在进口商或其他经贸往来中的债务人所在地的银行。

汇入行(Receiving Bank)，又称解付行(Paying Bank)。即受汇出行委托解付汇款的银行，通常是收款人所在地的银行。

根据汇出行发出汇款委托书的途径不同，汇付方式可具体划分为电汇、信汇和票汇三种。

1. 电汇

实训操练

电汇是现在使用的较多的一种汇款方式，其优点就是速度快。在操作上，第一步，进口企业外贸专员要在 VSOA 中找到银行，然后在收付款管理中填写境外汇款申请书(T/T)，进行付款。

第二步，在出口商将货物运出之后，企业外贸专员要在 VSOA 中找到货代公司，在收寄单菜单中将商业发票、装箱单、海运提单、汇票和一般原产地证等交给进口商，进口商就可以进入换提货单的流程了。这些单证都可以在贸易企业主页中的单证管理中单击"新增"签发。

第三步，出口企业外贸专员则要在商业银行菜单下找到"结汇"，申请出口退税，国税局在审核通过后就会将出口退税金额退至出口企业账户。

流程解读

电汇时，由汇款人填写汇款申请书，并在申请书中注明采用电汇 T/T 方式。同时，将所汇款项及所需费用交汇出行，取得电汇回执。汇出行接到汇款申请书后，为防止因申请书中出现的差错而耽误或引起汇出资金的意外损失，汇出行需仔细审核申请书。

汇出行办理电汇时，根据汇款申请书内容以电报或电传向汇入行发出解付指示。电文内容主要有：汇款金额及币种、收款人名称、地址或账号、汇款人名称、地址、附言、头寸拨付办法、汇出行名称或 SWIFT 地址等。为了使汇入行证实电文内容确实是由汇出行发出的,汇出行在正文前要加列双方银行所约定使用的密押(Testkey)。

汇入行收到电报或电传后,即核对密押是否相符,若不符,应立即拟电文向汇出行查询。若相符,即缮制电汇通知书,通知收款人取款。收款人持通知书一式两联向汇入行取款,并在收款人收据上签章后,汇入行即凭以解付汇款。实务中,如果收款人在汇入行开有账户,汇入行往往不缮制汇款通知书,仅凭电文将款项转入收款人账户,然后给收款人一收款通知单,也不需要收款人签具收据。最后,汇入行将付讫借记通知书(Debit Advice)寄给汇出行。

电汇中的电报费用由汇款人承担,银行对电汇业务一般均当天处理,对于金额较大的汇款或通过 SWIFT 或银行间的汇划,多采用电汇方式。

知识掌握

电汇(T/T)是外汇汇款业务的基本方式之一,是指汇出行应汇款人的申请,采用 SWIFT(环球银行间金融电讯网络)等电讯手段将电汇付款委托书给汇入行,指示解付一定金额给收款人的一种汇款方式。电汇方式的优点是收款人可迅速收到汇款,但费用较高。常见的电讯手段有:SWIFT,电传(TELEX),电报(CABLE,TELEGRAM)等。电汇在业务上分为预付货款(T/T)和装船后或收货后付款(T/T)。

电汇以电报、电传作为结算工具,安全迅速,费用也较高,由于电报电传的传递方向与资金的流向是相同的,因此电汇属于顺汇。在交易中它较之信用证风险要高一些,但是向银行缴纳的费用要比信用证是缴纳的费用低。

2. 信汇

实训操练

信汇在现在的国际贸易中用得较少,这是因为耗时久的缘故,不过相对花费也较少。第一步,进口企业外贸专员要在 VSOA 中找到银行,然后在收付款管理中填写境外汇款申请书(M/T),进行付款。

第二步,在出口商将货物运出之后,企业外贸专员要在 VSOA 中找到货代公司,在收寄单菜单中将商业发票、装箱单、海运提单、汇票和一般原产地证等交给进口商,进口商就可以进入换提货单的流程了。

第三步,出口企业外贸专员则要在商业银行菜单下找到"结汇",申请出口退税,国税局在审核通过后就会将出口退税还给出口企业。

流程解读

在进出口贸易合同中,如果规定凭商业汇票"见票即付",则由预付行把商业汇票和各种单据用信函寄往境外委托进口地银行收款,进口商银行见汇票后,用信汇(航邮)向议付行拨付外汇,这就是信汇方式在进出口结算中的运用。进口商有时为了推迟支付贷款的时间,常在信用证中加注"单到境内,信汇付款"条款。这不仅可避免本身的资金积压,并可在境内验单后付款,保证进口商品的质量。

信汇凭证是信汇付款委托书,其内容与电报委托书内容相同,只是汇出行在信汇委托书上不加注密押,而以负责人签字代替。

在办理信汇时，汇出行出具由银行有权签字人员签发的银行"信汇委托书"，然后用信函寄往解付行，解付行凭此办理有关款项的解付手续。

信汇的处理与电汇大致相同，所不同的是汇出行应汇款人的申请，不用电报而以信汇委托书或支付委托书加其签章作为结算工具，邮寄给汇入行，委托后者凭以解付汇款。后者核验签章相符后，即行解付，亦以借记通知给汇出行划账。

当信汇退汇时，汇款人应提出书面申请并交回原汇款回单。汇出行应在汇款卡片上批注退汇原因和日期，此后用电报通知汇入行退汇。等候汇入行答复后，汇出行即通知汇款人办理退汇。

知识掌握

信汇是指汇款人向当地银行交付本国货币，由银行开具付款委托书，用航空邮寄交境外分行或代理行，办理付出外汇业务。采用信汇方式，邮程需要的时间比电汇长，汇率比电汇汇率低。但是，在实际业务中，信汇极少使用。

3. 票汇

实训操练

票汇也是一种常用的国际贸易结算方式，在操作上，与另两种汇款方式有些许不同，第一步，进口商在收付款管理中填写境外汇款申请书(D/D)，进行付款。之后，银行开具即期汇票给企业。

第二步，进口企业外贸专员要在 VSOA 中找到货代公司，在收寄汇票菜单中将汇票寄给出口商。随后，出口企业负责国际贸易的员工要在 VSOA 中找到银行，在收付款管理中进行收款。

第三步，在出口商将货物运出之后，企业外贸专员要在 VSOA 中找到货代公司，在收寄单菜单中将商业发票、装箱单、海运提单、汇票和一般原产地证等交给进口商，进口商就可以进入换提货单的流程了。

第四步，出口企业外贸专员则要在商业银行菜单下找到"结汇"，申请出口退税，国税局在审核通过后就会将出口退税还给出口企业。

流程解读

(1) 付款单位将款项交开户银行，申请签发汇票。

(2) 付款单位开户银行把款项作为汇出款暂存原地，同时签发同额汇票交给汇款人。

(3) 付款单位采购人员持汇票到目的地向销货单位购货。

(4) 销货单位在所收到的汇票上填写实际供货金额后送交开户报行进账。

(5) 收款单位开户银行根据实际销货金额，收记收款单位存款账，划付汇出银行账。

(6) 付款单位开户银行接到对方银行报单后，销记汇出汇款账，并将余额转入付款单位存款户。

知识掌握

票汇是指汇出行应汇款人的申请，开立以其分行或代理行为解付行的银行即期汇票，支付一定金额给收款人的一种汇款方式。银行在受理票汇业务时，需签发一张汇票给汇款人，并向汇入行寄送汇票通知书。当收款人持汇票向汇入行提取款项时，汇入行在审验汇票和票据无误后，解付票款给收款人。除此之外，票汇的其他手续与电汇、信汇基本相同。当票汇退汇时，汇款人应提交书面申请，并交回原汇票(应背书)，经汇出行核对无误后，在汇票上加盖"注销"戳记，办理退汇手续。退交的汇票作为退汇传票附件，并通知汇入行注销寄回票据。

票汇有两个特点：一是汇入行无须通知收款人取款，而由收款人向汇入行提示付款；二是收款人通过背书可以转让汇票，因而到银行领取汇款的，有可能并不是汇票上列明的收款人本人，而是其他人。这样票汇牵涉的当事人可能就多于电汇和信汇这两种方式。

在国际贸易实务中，进出口商的佣金、回扣、寄售货款、小型样品与样机、展品出售和索赔等款项的支付，常常采取票汇方式汇付。

小思考：为何现在国际贸易中使用票汇的方式减少了呢？

_____

_____

_____

工作笔记

请说说电汇、信汇、票汇各自的优缺点。

_____

_____

_____

_____

_____

三、托收

国际商会制定的《托收统一规则》(URC522)对托收的定义为：托收是指由接到托收指示的银行，根据所收到的指示处理金融单据或商业单据(货运单据)以便取得付款或承兑，或凭付款或承兑交出商业单据，或凭其他条款或条件交出单据。

这里的金融单据(Financial Documents)是指汇票、本票、支票，或其他用于获得货币付款的相似票据。商业单据(Commercial Documents)是指发票、运输单据、保险单、物权单据或其他类似单据，或除进入欧单据以外的其他单据。

简言之，托收(Collection)是指债权人(出口人)出具债权凭证(汇票、本票、支票等)委托银行向债务人(进口人)收取货款的一种支付方式。

跟单托收的种类及其业务程序

托收分为光票托收(Clean Collection)和跟单托收(Documentary Collection)两种。光票托收是指出口商仅开具汇票而不附商业单据(主要指货运单据)的托收，即仅提交金融单据委托银行代为收款。光票托收可以用于收取货款尾数、小额货款、索赔款和其他贸易从属费用等小额款项。跟单托收是指金融单据附带商业单据或不附有金融单据的商业单据托收。跟单托收的基本做法是：出口商根据买卖合同先行发运货物，然后开立以进口商为付款人的汇票(或不开汇票)连同商业单据，向出口地银行(托收行)提出托收申请，委托出口地银行通过其在进口地的代理行或往来银行(代收行)向进口商收取货款。国际贸易中使用托收方式进行货款的收取时，大多采用跟单托收，本节主要介绍跟单托收。在跟单托收情况下，根据进口商交单条件的不同，又可分为付款交单和承兑交单两种。

1. 付款交单

实训操练

付款交单是一种国际贸易的结算方式，其操作主要是第一步出口商将货物运出之后，出口企业外贸专员要在 VSOA 中找到银行，在单证管理中进行交单，选择单据包括商业发票、海运提单、装箱单、汇票、托收委托书及一般原产地证等。

第二步，经过进出口银行的审单和寄单等操作后，进口企业外贸专员就要在 VSOA 中找到银行，然后在单证管理中找到付款赎单，进行付款。

第三步，经过银行审核完成之后，出口企业外贸专员就可以在商业银行菜单下找到"结汇"，新增出口退税申请，国税局在审核通过后就会将出口退税还给出口企业。

流程解读

首先，出口商和进口商要确认销售合约及交易条款，特别是付款方式。出口商将货品运给进口商的同时，出口商要向托收银行提交所需文件，包括汇票及运输单据，要求进口商付款。其次，出口商所在国的托收银行将文件送交进口商所在国的代收银行。代收银行在接到文件后会向进口商提示文件，要求付款。进口商收到付款通知书后，要向代收银行付款，以取得提货单证。代收银行将款项转托收银行。最后，托收银行会将款项付给出口商。

知识掌握

付款交单(D/P)是国际贸易中付款方式的一种，是指出口方在委托银行收款时，指示银行只有在付款人(进口方)付清货款时,才向其释放货运单据,即交单以付款为条件,称为付款交单。

付款交单按付款时间的不同,又可分为即期付款交单和远期付款交单。即期付款交单(Documents against Payment at sight,D/P at sight),是指出口方按合同规定日期发货后,开具即期汇票(或不开汇票)连同全套货运单据,委托银行向进口方提示,进口方见票(和单据)后立即付款,银行在其付清货款后交出货运单据。远期付款交单(Documents against Payment after sight,D/P after sight),是指出口方按合同规定日期发货后,开具远期汇票连同全套货运单据,委托银行向进口人提示,进口方审单无误后在汇票上承兑,于汇票到期日付清货款,然后从银行处取得货运单据。

案例思考

A 公司专业从事电梯设计、开发、制造、销售、安装和维护等,是境内最大的电扶梯生产基地之一。公司产品种类丰富,有乘客电梯、住宅电梯、高速客梯、医用电梯、观光电梯、自动扶梯、倾斜自动人行道等。拥有 25 万平方米的大型电梯生产基地和一座高达 80 米、被誉为中国电梯"第一高度"的电梯专用试验塔;拥有世界上先进水平的数控激光切割机、多工位数控冲床、数控折板机、加工中心等全套现代化制造装备,可年产 8000 台自动扶梯、自动人行道及各类电梯产品。生产的"康力"牌电梯产品销量连续四年荣获全国市场同类产品内资品牌第一名,成为第一家打破外资品牌在境内高速电梯市场垄断地位的内资品牌企业。

近期,A 公司获得一批海外订单,需要出口一批货物,付款条件是 D/P at 90 days after sight for collection。A 公司按照正常程序发运货物,递交汇票及货运单据予托收行托收。买方对汇票进行了承兑,但是货物抵达目的地后,适逢行市上涨,买方 T/R 借单,货物出售后宣告破产。

在此情况下,A 公司于汇票到期日是否还能收回货款?

我认为

_____

_____

_____

2. 承兑交单

实训操练

承兑交单是一种国际贸易的结算方式之一,但其操作与付款交单有些许不同,主要操作是,第一步,在出口商将货物运出之后,出口企业外贸专员要在 VSOA 中找到银行,在单证管理中进行交单,选择单据包括商业发票、海运提单、装箱单、汇票、托收委托书及一般原产地证等。

第二步,经过银行的审单和寄单等操作后,进口企业外贸专员就要在 VSOA 中找到银行,然后在单证管理找到承兑领单,经银行审核通过后就可以换取海运提单了。

第三步，与付款交单不同，进口企业要在货物入库之后，在 VSOA 中找到银行，完成收付款管理中的付款。

第四步，出口企业外贸专员在商业银行菜单下找到"结汇"，新增出口退税申请，国税局在审核通过后就会将出口退税还给出口企业。

流程解读

首先，出口商和进口商要确认销售合约及交易条款，特别是付款方式。出口商将货品运给进口商的同时，出口商要向托收银行提交所需文件，包括汇票及运输单据，要求进口商付款。

出口商所在国的托收银行会将文件送交进口商所在国家的代收银行。代收银行在接到文件后会向进口商提示文件，要求承兑汇票。此时付款交单和承兑交单不同，承兑交单不需要先付款，而在承兑汇票后，就可以先取得提货单证，进行提货。

提货后，待汇票到期，进口商再向代收银行付款，代收行将款项送交托收银行，托收银行再付款给出口商。承兑交单的结算就完成了。

案例思考

2019 年 11 月，荷兰 A 银行通过境内 B 银行向 C 公司托收贷款，B 银行收到单据后，将远期汇票提示给付款人承兑。据付款人称，出票人已告知，货物已抵达中国香港，必须承兑汇票后，出票人才肯交货。付款人为尽快取得货物，遂承兑了汇票。2019 年 1 月，B 银行收到已承兑的汇票后，遂对外发出承兑电，称汇票业经付款人承兑，到期我行将按贵行指示付款。

2019 年 5 月，汇票到期，B 银行要求付款人(C 公司)付款，C 公司称，由于未完全收到货物，不同意付款，B 银行就此电告 A 银行，付款人不同意付款。

几天后，A 银行回电称：在我行的托收指示中，我们要求贵行：①承兑交单(汇票期限为出票后 180 天)；②承兑的汇票由贵行担保；③如果已承兑的汇票没有由贵行担保，请不要放单。贵行 2019 年 1 月来电通知，客户已承兑汇票，到期时，将按我行指示付款。因此，请贵行立即安排付款。

A 银行和 B 银行各自的做法是否合适？

我认为

_____

_____

_____

知识掌握

承兑交单是代收行在进口商承兑远期汇票后向其交付单据的一种方式，是指出口方发运货物后开具远期汇票，连同货运单据委托银行办理托收，并明确指示银行，进口人在汇票上承兑后即可领取全套货运单据待汇票到期日再付清货款。承兑交单和"付款交单，凭信托收据借单"一样，都是在买方未付款之前，即可取得货运单据，凭以提取货物。一旦买方到期不付款，出口方便可能钱货两空。因而，出口商对采用这种方式持严格控制的态度。

所谓"承兑"，就是汇票付款人(进口方)在代收银行提示远期汇票时，对汇票的承诺到期兑现行为。承兑是付款人在汇票上签汇"承兑"字样及日期，并将汇票退交持有人。不论汇票经过几次转让，付款人于汇票到期日都应见票付款。

承兑交单是一种托收的方式。卖方根据买卖合同发货后开立远期汇票，连同全套装运单据交托收行委托其收款，托收行则委托买方当地的代收行向买方收款。在承兑交单中，只要买方承兑了汇票，代收行就可以将货运单据交给买方，待汇票到期时才由买方付款。相对于付款交单来说，这种方式是对买方的资金融通，因为他只要在汇票上承兑，就能取得货物，可以把出售货物的货款作为汇票到期的付款。但这种方式对卖方十分不利，因为卖方要负担买方取得单据提取货物之后，到期违约不履行付款义务的风险。

小思考：承兑交单与付款交单有何异同呢？

_____

_____

_____

四、信用证

实训操练

信用证是国际贸易中常用的一种方式，其操作为：第一步，在达成合同后、投保或报检之前，进口企业需要开立信用证，企业外贸专员要在 VSOA 中找到商业银行，在信用证开证管理中填写信用证开立申请书。

第二步，如申请成功，则进口银行会直接把信用证寄给出口银行，出口方企业外贸专员要在 VSOA 中找到商业银行，然后在信用证开证管理中领取通知书，并在同一页面领取信用证。这样信用证就开立成功了。

第三步，现实中可能存在信用证内容与合同不符的情况，所以，需要审核并修改信用证。在实训系统中，进口企业外贸专员要在 VSOA 中找到银行，在信用证改证管理中新增信用证修改申请书，进口银行在收到新的资料后会把新的信用证交给出口银行，出口方外贸专员要在 VSOA 中找到银行，然后领取新的通知书和信用证。

第四步，在出口方将货物运出之后，出口企业外贸专员要在 VSOA 中找到商业银行，然后在单证管理中选择交单，选择商业发票、装箱单、海运提单、汇票和一般原产地证这些单据提交。此时，出口银行会将单据寄给进口银行进行审核。在这个阶段，进口企业和出口企业有不同的工作要做。

第五步，出口企业外贸专员要在商业银行菜单下找到"结汇"，新增出口退税申请，国税局在审核通过后就会将出口退税还给出口企业。

第六步，进口企业外贸专员要在商业银行菜单下找到单证管理，在单证管理中进行赎单。这样，双方的信用证结算就完成了。

流程解读

(1) 进出口双方在交易合同中规定采用信用证结算方式，为了履行合同，开证申请人(进口商)应依照合同的有关条款填制申请书的各项要求，向当地银行填制开证申请书，并按照规定缴纳押金或提供其他保证。

(2) 开证银行根据开证申请书的有关内容，向受益人(出口商)开出信用证，并将信用证寄交受益人所在地银行(即通知银行)。

(3) 通知银行收到开证银行开来的信用证后，经核对印鉴密押无误后，根据开证行的要求缮制通知书，及时、正确地通知受益人。

(4) 受益人接受信用证并审核无误后，按照信用证的条款准备单据，在规定的装运期内装货，取得运输单据并备齐信用证所要求的其他商业单据，开出汇票等金融单据，一并送交当地银行(议付银行)。

(5) 议付银行按信用证的有关条款对受益人提供的单据进行审核，审核无误后按照汇票金额扣除应付利息后议付给受益人。

(6) 议付银行将汇票和有关单据寄交给开证银行(或开证银行指定的付款银行)，以要求偿付。

(7) 开证银行(或开证银行指定的付款银行)审核有关单据，认为符合信用证要求的，即向议付银行偿付垫付款项。

(8) 开证银行通知开证申请人向银行付款赎单。

(9) 开证申请人接到开证银行通知后，即向开证银行付款，从而获取单据凭以提取货物。

知识掌握

1. 信用证的概念

信用证是一种银行开立的有条件的承诺付款的书面凭证，它是一种银行信用，是银行(即开证行)依照进口商(即开证申请人)的要求和指示，对出口商(即受益人)发出的、授权进口商签发以银行或进口商为付款人的汇票，保证在将来符合信用证条款规定的汇票和单据时，必定承兑和付款的保证文件。

信用证结算是付款单位将款项的全部或一部分预先交给银行，并委托银行签发信用证，开证行通知异地收款单位开户行转达收款单位，收款单位按照合同和信用证规定的结算条件发货后，收款单位开户银行代付款单位立即付给货款的结算。

从性质上讲，信用证结算有三大特点。首先是一种银行信用，开证银行以自己的信用作为付款保证。开证银行保证当受益人在信用证规定的期限内提交符合信用证条款的单据时履行付款义务。这与汇款、托收结算方式的商业信用性质不同，因而对卖方而言，比汇款、托收结算收款更有保障。其次，信用证是一种独立的文件。信用证虽然以买卖合同为依据开立，但它一经开出，就成为独立于买卖合同之外的一种契约，不受买卖合同的约束，开证银行以及其他参与信用证业务的银行只按信用证的规定办理。此外，信用证业务是一种单据买卖，银行凭表面合格的单据付款，而不以货物为准。

工作笔记

与其他结算方式相比，你认为信用证结算有什么特别之处呢？

_____

_____

_____

2014 年，上海自贸试验区首份金融细则《关于上海市支付机构开展跨境人民币支付业务的实施意见》发布，支付机构跨境人民币支付业务顺利推出。这有助于海淘大军减少汇兑成本，增加进出口企业交易方式，也有助于支付机构拓展业务。第三方支付机构介入跨境交易一方面提供了替代信用证的新支付模式。就如同在境内网购发展之初，网上卖家和线下买家也曾互不信任，直到出现了支付宝等第三方支付机构，买家把钱交给支付机构，确认收货后再由支付机构付款。

另一方面，在国际贸易中，增加第三方支付机构也能解决互不信任问题。其实当买卖双方交易金额由支付机构及平台担保，以实际通关货检为依据放款，就能保障买卖双方利益，国际贸易中常见的美元为计价标准的纸质信用证将被替代。第三方支付机构参与交易，实际上进行了履约担保，替代了信用证。

扫二维码，查看《关于上海市支付机构开展跨境人民币支付业务的实施意见》.pdf

2. 信用证的种类

根据信用证项下的汇票是否附有货运单据，信用证可分为跟单信用证和光票信用证。

跟单信用证(Documentary Credit)，是指凭跟单汇票或仅凭规定的单据付款的信用证。国际结算中使用的信用证绝大部分都是跟单信用证。这里的"单据"泛指任何依照信用证规定所提供的、用以记录或证明某一事实的书面文件，通常是运输单据、商业发票、保险单、商检证书、产地证明书、装箱单等单据。汇票则是可有可无，出于避免缴纳流通票据印花税的原因，跟单信用证不随附汇票的情况已较为普遍。

光票信用证(Clean Credit)，是指开证行仅凭不附单据的汇票(Clear Draft)付款的信用证。有的信用证要求汇票附有非货运单据，如发票、垫款清单等，这也属于光票信用证。预支信用证和旅行信用证都属于光票信用证。

根据是否有另一银行加以保证兑付，信用证可分为保兑信用证和不保兑信用证。

保兑信用证(Confirmed Letter of Credit)，是指开证行开出的信用证，由另一银行保证对符合信用证条款规定的单据履行付款义务。对信用证加保兑的银行，称为保兑行(Confirming Bank)。保兑行通常是通知行，有时也可以是出口地的其他银行或第三国银行。

不可撤销的保兑的信用证，就意味着该信用证不但有开证行不可撤销的付款保证，而且有保兑行以自身的身份对受益人独立负责，并对受益人负第一性的付款责任。所以一般来说，这种有双重保证的信用证对出口商的安全收汇是有利的。但是保兑行收取的费用由开证行支付，并最终转嫁到进口商身上，这会影响商品的价格和竞争能力。因此出口商在是否加具保兑的问题上要慎重考虑，如果开证行资信甚佳，进口国国内形势良好，则可不加保兑。

不保兑信用证(Unconfirmed Letter of Credit)，是指开证银行开出的信用证没有经另一家银行保兑，只有开证行一家的确定付款承诺。当开证银行资信良好和成交金额不大时，一般都使用不保兑的信用证。

根据兑付方式的不同，信用证可分为即期付款信用证、延期付款信用证、承兑信用证和议付信用证。《UCP600》第6条b款规定："信用证必须规定其是以即期付款、延期付款、承兑还是议付的方式兑用。"

根据受益人对信用证的权利可否转让，信用证分为可转让信用证和不可转让信用证。

可转让信用证(Transferable Credit)。《UCP600》第38条规定："可转让信用证是指特别注明'可转让(Transferable)'字样的信用证。可转让信用证可应受益人(第一受益人)的要求转为全部或部分由另一受益人(第二受益人)兑用。"

该条还规定：只有开证行在信用证中明确注明"可转让"信用证方可转让。

可转让信用证只能转让一次，即只能由第一受益人转让给第二受益人。第二受益人不得要求将信用证转让给其后的第三受益人，但是，再转让给第一受益人，不属于被禁止转让的范畴。如果信用证不禁止分批装运，在总和不超过信用证金额的前提下，可分别按若干部分办理转让，该项转让的总和，将被认为构成信用证的一次转让。

信用证只能按原信用证规定条款转让，但信用证金额、商品的单价、到期日、交单日及最迟装运日期可以减少、提前或缩短，保险加保比例可以增加到原信用证要求保足的金额。信用证申请人可以变动。

不可转让信用证(Non-Transferable Credit)，是指受益人无权将信用证转让给他人使用的信用证。凡信用证中未注明"可转让"字样的信用证，就是不可转让信用证，只限于受益人本人使用。

小讨论：除了上述分类外，你知道还有什么种类的信用证呢？

3. 信用证当事人与关系人

信用证当事人包括以下三种。

信用证开证行。开证行是应申请人(进口商)的要求向受益人(出口商)开立信用证的银行。该银行一般是申请人的开户银行。

信用证受益人。受益人是开证行在信用证中授权使用和执行信用证并享受信用证所赋予的权益的人,受益人一般为出口商。

信用证保兑行。保兑行是应开证行或信用证受益人的请求,在开证行的付款保证之外对信用证进行保证付款的银行。

信用证关系人包括以下七种。

信用证申请人。信用证申请人是向银行提交申请书申请开立信用证的人,它一般为进出口贸易业务中的进口商。

信用证通知行。信用证通知行是受开证行的委托,将信用证通知给受益人的银行,它一般为开证行在出口地的代理行或分行。

信用证付款行。信用证付款行是开证行在承兑信用证中指定并授权向受益人承担(无追索权)付款责任的银行。

信用证承兑行。信用证承兑行是开证行在承兑信用证中指定并授权承兑信用证项下汇票的银行。在远期信用证项下,承兑行可以是开证行本身,也可以是开证行指定的另外一家银行。

信用证议付行。信用证议付行是根据开证行在议付信用证中的授权,买进受益人提交汇票和单据的银行。

信用证偿付行。信用证偿付行是受开证行指示或由开证行授权,对信用证的付款行、承兑行、保兑行或议付行进行付款的银行。

信用证转让行。信用证转让行是应第一受益人的要求,将可转让信用证转让给第二受益人的银行。转让行一般为信用证的通知行。

案例思考

欧洲某银行开立一张不可撤销议付信用证,该信用证要求受益人提供 "Certificate of Origin: E. E. C. Countries"(标明产地为欧共体国家的原产地证明书)。该证经通知行通知后,在信用证规定的时间内受益人交来了全套单据。在受益人交来的单据中,商业发票上关于产地描述为 "Country of Origin: E. E. C. ",产地证则表明 "Country of Origin: E. E. C. Countries"。

议付行审核受益人提交的全套单据后认为,单单、单证完全一致,于是该行对受益人付款,同时向开证行索汇。

开证行在收到议付行交来的全套单据后,认为单单、单证不符。

(1) 发票上产地一栏标明 E. E. C.,而信用证要求为 E. E. C. Countries。

(2) 产地证上产地一栏标明 E. E. C. Countries,与发票产地标明 E. E. C.

开证行明确表明拒付,并且保留单据听候处理。收到开证行拒付通知后,议付行拒理力争:信用证对于发票并未要求提供产地证明,况且发票上的产地系与产地证一致。

故议付行认为不能接受拒付，要求开证行立即付款。

开证行是否应该付款呢？

我认为

_____

_____

_____

_____

_____

4. 信用证基本内容

信用证虽然是国际贸易中的一种主要支付方式，但它并无统一的格式。不过其主要内容基本上是相同的，大体包括以下几个方面。

对信用证自身的说明：信用证的种类、性质、编号、金额、开证日期、有效期及到期地点、当事人的名称和地址、使用本信用证的权利可否转让等。

汇票的出票人、付款人、期限以及出票条款等。

货物的名称、品质、规格、数量、包装、运输标志、单价等。

对运输的要求：装运期限、装运港、目的港、运输方式、运费是否预付，可否分批装运和中途转运等。

对单据的要求：单据的种类、名称、内容和份数等。

特殊条款：根据进口国政治经济贸易情况的变化或每一笔具体业务的需要，可作出不同的规定。

开证行对受益人和汇票持有人保证付款的责任文句。

扫二维码，观看"国际贸易结算与融资"视频

扫二维码，观看"出口退税政策与流程"视频

表单示例

附件 5-36

境 外 汇 款 申 请 书
APPLICATION FOR FUNDS TRANSFERS(DOMESTIC)

致：
TO:

日期：
DATE:

□电汇 T/T □票汇 D/D □信汇 M/T　　发电等级 □普通 Normal □加急 Urgent Priority

申报号码 BOP Reporting NO.				
20	银行业务编号 Bank Transac.ref.no.		收电行/付款行 Receiver/Drawn on	
32A	汇款币种及金额 Currency & Interbank Settlement Amount	[　　][　　　　]	金额大写 Amount in Words	
其中	现汇金额 Amount in FX	[　　][　　　　]	账号 Amount NO./Credit Card NO.	
	购汇金额 Amount of Purchase	[　　][　　　　]	账号 Amount NO./Credit Card NO.	
	其他金额 Amount og Others		账号 Amount NO./Credit Card NO.	
50a	汇款人名称及地址 Remitter's Name & Address		对私	个人身份证号码 Individual ID No.
	□对公 组织机构代码 Urut Code			中国居民个人 Resident individual　中国非居民个人
54/56a	收款银行之代理行名称及地址 Correspondent of Beneficitry's Bank Name & Address	---		
57a	收款人开户银行名称及地址 Beneficiary's Bank Name & Address	收款人开户银行在其代理行账号 Bene's Bank A/C NO.		
59a	收款人名称及地址 Beneficiary's Name & Address	收款人账号 Bene's A/C NO.		
70	汇款附言 remittance information	只限 140 个字位 Not Exceeding 140 Characters	71A	国内外费用承担 All Bank's Charges if Any To Be Borne By □汇款人 OUR □收款人 BEN □共同 SHA

收款人常驻国家(地区)名称及代码 Resident Country/Region Name & Code

请选择：□预付货款 Advance Payment □货到付款 Payment Against Delivery　　最迟装运日期
□退款 Refund □其他 Other

交易编码 BOP Transac Code		相应币种及金额 Currency & Amount	[　　][　　　　]	交易附言 Transac.Remark	
是否为进口核销项下付款	□是　□否	合同号		发票号	
外汇局批件/备案表号		报关单经营单位代码			
报关单号		报关单币种及总金额	[　][　　　]	本次核注金额	
报关单号		报关单币种及总金额		本次核注金额	

银行专用栏 For Bank Use Only		申请人签章 Applicant's Signature	银行签章 Bank's Signature
购汇汇率 Rate		请按照贵行背页所列条款代办以上汇款并进行申报 Please Effect The Upwards Remittance,Subject To The Conditions Overleaf:	
等值人民币 RMB Equivalent			
手续费 Commission			
电报费 Cable Charges			
合计 Total Charges		申请人姓名 Name of Applicant 电话 Phone No.	核准人签字 Authorized Person 日期 Date
支付费方式 In Payment of the Remittance	现金 by Cash 支票 by Check 账户 from Account		
核印 Sig. Ver,		经办 Maker	复核 Checker

填 写 前 请 仔 细 阅 读 各 项 背 面 条 款 及 填 报 说 明
Please read the conditions and instructions overleaf before filling in this application

附件 5-37

汇票
BILL OF EXCHANGE

NO._____

FOR_____   DATE:_____

AT _____ SIGHT PAY THIS FIRST OF EXCHANGE (SECOND OF EXCHANGE BEING

UNPAID) TO THE ORDER OF _____ THE SUM OF

_____

FOR VALUE RECEIVED IN REIMBURSEMENT OF DRAWING UNDER.

L/C NO. _____ DATED _____

ISSUED BY_____

TO   长条章或者单证章

_____   _____

附件 5-38

票汇汇票

 中国银行 BANK OF CHINA   NO.

This draft is valid for one year from the date of issue

ISSUED OFFICE_____   DATE:_____

PAY TO _____

THE SUM OF_____

_____

                                                               for BANK OF CHINA

TO:

_____

附件 5-39

托收委托书
COLLECTION ORDER

致：   日期：

托收行(Remitting Bank)	代收行(Collecting Bank) 名称： 地址：
委托人(Principal)	付款人(Drawee) 名称： 地址： 电话：
付款交单 D/P　　承兑交单 D/A 发票号码： 金额：[　　][　　　　]	国外费用承担人：　　付款人　　委托人 国内费用承担人：　　付款人　　委托人

单据种类	汇票	商业发票	海运提单	航运提单	航空运单	保险单	装箱单	数量重量证书	健康证	植物检疫证书	品质证书	原产地证	普惠制产地证			
份数																

付款指示：　　　　　　　　　　　　　　**核销单编号：**

请将收汇原币划入我司下列账上：

开户行：　　　　　　　　　　　　　　　账号：

联系人姓名：

电话：　　　　　　　　传真：　　　　　　　　　　**公司签章**

附件 5-40

对外付款/承兑通知书

TO: DATE:

致   日期:

AB NO. 单据编号	Draft Araount. 单据金额
L/C NO. 信用证号	Doo Mail Dt. 寄单日期
Contract NO. 合同号	Tenor Type. 远期期限

WE ARE IN RECEIPT OF THE AB ADVISE OF DOCUMENTS UNDER THE ABOVE MENTIONED ITEMS WHICH ARE

上述项下的到单通知业已收悉　我司

☐ AGREE TO SIGHT PAYMENT

同意即期付款

☐ AGREE TO ACCEPTANCE AND PAYMENT AT MATURITY

同意承兑并到期付款

☐ APPLY TO REFUSAL OF PAYMENT

申请拒付

DISCREPANCY (IES): 不符点:

附件 5-41

信用证开证申请书

IRREVOCABLE DOCUMENTARY CREDIT APPLICATION

TO: BANK OF CHINA BEIJING BRANCH	Date: MAY 25, 2019
☐Issue by airmail ☐With brief advice by teletransmission	Credit No.
☐Issue by express delivery	xx
☒Issue by teletransmission (which shall be the operative instrument)	Date and place of expiry JULY 30, 2015 IN CHINA

Applicant	Beneficiary (Full name and address)
EAST AGENT COMPANY ROOM 2401,WORLDTRADE MANSION, SANHUAN ROAD 47# , BEIJING, P. R. CHINA	LPG INTERNATION CORPORATION 333 BARRON BLVD. , INGLESIDE , ILLINOIS (UNITED STATES)

Advising Bank	Amount
	USD 570,000.00 SAY U.S.DOLLARS FIVE HUNDRED AND SEVENTY THOUSAND ONLY

Partial shipments	Transshipment	Credit available with
☐allowed ☒not allowed	☐allowed ☒not allowed	ANY BANK By

Loading on board/dispatch/taking in charge at/from NEW YORK	☐sight payment ☐acceptance ☒negotiation ☐deferred payment at
not later than JULY 15, 2009	against the documents detailed herein
For transportation to: XINGANG PORT, TIANJING OF CHINA	☒and beneficiary's draft(s) for ___100___ % of invoice value
☒FOB ☐CFR ☐CIF ☐or other terms	at_____ **** sight drawn on BANK OF CHINA BEIJING BRANCH

Documents required: (marked with X)

1. (X) Signed commercial invoice in ___3___ copies indicating L/C No. and Contract No.

2. (X) Full set of clean on board Bills of Lading made out to order and blank endorsed, marked "freight [X] to collect / [   ] prepaid [   ] showing freight amount" notifying THE APPLICANT WITH FULL NAME AND ADDRESS .

(   ) Airway bills/cargo receipt/copy of railway bills issued by _____ showing "freight [   ] to collect/[   ] prepaid [   ] indicating freight amount" and consigned to_____ .

3. (   ) Insurance Policy/Certificate in ___ copies for __ % of the invoice value showing claims payable in ____ in currency of the draft, blank endorsed, covering All Risks, War Risks and _____ .

4. (X) Packing List/Weight Memo in ___3___ copies indicating quantity, gross and weights of each package.

5. (   ) Certificate of Quantity/Weight in _____ copies issued by _____ .

6. (   ) Certificate of Quality in ___ copies issued by [   ] manufacturer/[   ] public recognized surveyor_____ .

7. (X) Certificate of Origin in ___2___ copies .

8. (X) Beneficiary's certified copy of fax / telex dispatched to the applicant within ___1___ days after shipment advising L/C No., name of vessel, date of shipment, name, quantity, weight and value of goods.

Other documents, if any

Description of goods:

MEN'S DENIM UTILITY SHORT

COLOR: MEDDEST SANDBLAS

FABRIC CONTENT: 100% COTTON

QUANTITY:2000 CARTONS

PRICE TERM: FOB NEW YORK

COUNTRY OF ORIGIN AND MANUFACTURERS: UNITED STATES OF AMERICA, VICTORY FACTORY

Additional instructions:

1. (X) All banking charges outside the opening bank are for beneficiary's account.

2. (X) Documents must be presented within ___10___ days after date of issuance of the transport documents but within the validity of this credit.

3. (   ) Third party as shipper is not acceptable, Short Form/Blank back B/L is not acceptable.

4. (   ) Both quantity and credit amount _____ % more or less are allowed.

5. (X) All documents must be sent to issuing bank by courier/speed post in one lot.

(   ) Other terms, if any

附件 5-42

信用证通知书

NOTIFICATION OF DOCUMENTARY CREDIT

日期:

To 致:	WHEN CORRESPOND NG PLEASE QUOTEOUT REF NO.	
ISSUING BANK 开证行	TRANSMITTD TO US THROUGH 转递行	

L/C NO.信用证号	DATED 开证日期	AMOUNT 金额	EXPIRY PLACE 有效地
EXPIRY DATE 有效期	TENOR 期限	CHARGE 未付费用	CHARGE BY 费用承担人
RECEIVED VIA 来证方式	AVAILABLE 是否生效	TEST/SIGH 印押是否相符	CONFIRM 我行是否保税

DEAR SIRS 敬启者:

WE HAVA PLEASURE IN ADVISING YOU THAT WE HAVA RECEIVED FROM THE A/M BANK A(N) LETTER OF

CREDIT,CONTENTS OF WHICH ARE AS PER ATTACHED SHEET(S)

THIS ADVICE AND THE ATTACHED SHEET (S) MUST ACCOMPANY THE RELATIVE DOCUMENTS WHEN

PRESENTED FOR NEGOTIATION

兹通知贵公司,我行收自上述银行信用证一份,现随附通知。贵公司交单时,请将本通知书及信用证一并提示。

REMARK 备注:

PLEASE NOTE THAT THIS ADVICE DOES NOT CONSTITUE OUR CONFIRMATION OF THE ABOVE L/C NOR

DOES IT CONVEY ANY ENGAGEMENT OR OBLIGATION ON OUT PART.

THIS L/C CONSISTS OF_____SHEET(S),INCLUDING THE COVERING LETTER AND ATTACHMENT(S).

本信用证连同面函及附件共____纸。

IF YOU FIND ANY TERMS AND CONDITIONS IN THE L/C WHICH YOU ARE UNABLE TO COMPLY WITH AND OR ANY ERROR(S).IT IS SUGGESED THAT YOU CONTACT APPLICANT DIRECTLY FOR NECE SSARY AMENDMENT(S) SO AS TO AVOID AND DIFFICULTIES WHICH MAY ARISE WHEN DOCUMENTS ARE PRESENED.

如本信用证中有无法办到的条款及/或错误,请迳与开征申请人联系,进行必要的修改,以排除交单时发生的问题。

THIS L/C ISADVISED SUBJECT TO ICC UCP PUBLICATION NO.500

本信用证之通知系遵循国际商会跟单信用证统一惯例第 500 号出版物办理。

此证如有任何问题及疑虑,请与结算业务部审证科联络,电话:_____

YOURS FAITHFULL

FOR _____

附件 5-43

APPLICATION FOR AMENDMENT
TO DOCUMENTARY CREDIT
信用证修改申请书   编号：

To：BANK OF CHINA SHANXI BRANCH

致：中国银行山西分行

Credit No.信用证号码	No. of Amendment 修改次数
RRRI-601225	1
Applicant 申请人 DATONG COAL MINE GROUP CO.LTD Xinpingwang county, Shanxi, China	Advising Bank 通知行 COMMONWEALTH BANK 240 Queen St, Brisbane QLD AUSTRALIA
Beneficiary (before this Amendment) **受益人(在本次修改前)** Northern Energy Corporation Limited NO.166 Campbell Street QLD AUSTRALIA	Currency and Amount (in figures & words)币种及金额 USD532000.00 US DOLLARS FIVE HUNDRED AND THIRTY-TWO THOUSAND ONLY

The above-mentioned Credit is amended as follows(See box marked with "×"):
上述信用证修改如下(用"×"在方框中标识)：

☐ The latest shipment date extended to_____/_____/_____(YY/MM/DD)
　　最迟装运日期延长至(年/月/日)

☐ Expiry date extended to_____/_____/_____(YY/MM/DD)
　　有效期延长至(年/月/日)

☐ Amount ☐ increased/ ☐ decreased by_____to_____
　　金额 ☐ 增/ ☐ 减　　　　　　　　　至

☐ Other terms or see attachment(s)：其他或详见附件
COMMODITY：COPPER INGOT SHOULD READ STEAM COAL

　Banking charges：银行费用
☐ Banking charges are for account of Beneficiary；☐ Banking charges are for account of Applicant
　　银行费用由受益人承担　　　　　　　　银行费用由申请人承担
All other terms and conditions remain unchanged.
所有其他条款不变。

☐ 本次修改增加金额部分应存保证金为增加金额的_____%，即(币种及金额大写)_____
_____，其余增加金额申请减免保证金。

☐ 本笔信用证修改受编号为_____的☐《进口开证合同》/☐《进口
开证额度合同》约束。

申请人、担保人声明：贵行已依法向我方提示了本申请书及其背面承诺书相关条款(特别是黑体字条款)，应我方要求对相关条款的概念、内容及法律效果做了说明，我方已经知悉并理解上述条款。
<table><tr><td>担保人表示同意继续担保 担保人 (签章)   法定代表人 或授权代理人 　　　年　　月　　日</td><td>申请人 (签章)   法定代表人 或授权代理人 　　　年　　月　　日</td></tr></table>

附件 5-44

信用证修改通知书

Notification of Amendment to Documentary Credit

		YEAR/MONTH/DAY
ISSUING BANK		DATE OF THE AMENDMENT
BENEFICIARY		APPLICANT
L/C NO.	DATED	THIS AMENDMENT IS TO BE CONSIDERED AS PART OF THE ABOVE MENTIONED OREDIT AND MUST BE ATTACHED THERETO

DEAR SIRS.
We have pleasure in advising you that we have received from the above-mentioned bank an amendment to Documentary Credit No._____ contents of which are as follows:
-XXXXX
-XXXXX
-XXXXX
-XXXXX

ALL OTHER TERMS AND CONDITIONS REMAIN UNCHANGER
THE ABOCE MENTIONED DOCUMENTARY CREDIT IS SUBJECT TO THE UNIFORM CUSTOMS AND PRACTICE FOR DOCUMENTARY CREDITS (1993 REVISION, INTERNATIONAL CHAMBER OF COMMERCE, PUBLICATION NO.500)

PLEASE ADVISE THE BENEFICIARY	ADVISIING BANK'S NOTIFICATIONS

附件 5-45

信用证修改书

AMENDMENT TO A DOUCUMENTARY CREDIT

---MESSAGE TEXT---
:20：SENDER'S REFERENCE
002/0000095
:21：RECEIVER'S REFERENCE
.
:31C：DATA OF ISSUE
20190516
:30：DATA OF AMENDMENT
20190518
:26E：NUMBER OF AMENDMENT
1
:59：BENEFICIARY
Tokyo Sakyra Furniture Co. Ltd.
Jingshen 56rd,Kobe,Japan
:31E：NEW DATA OF EXPIRY
20170616
:44C：LATEST SHIPMENT DATA
20170601

附件 5-46

信用证

DOUCUMENTARY CREDIT

-------------------------MESSAGE TEXT------------------------------

FROM：CITIBANK INTERNATIONAL，LOS ANGELES, U.S.A.
开证行：花旗银行 美国洛杉矶
TO：BANK OF CHINA QINGDAO BRANCH，QINGDAO，CHINA
通知行：中国银行青岛分行 中国青岛

:27: SEQUENCE OF TOTAL	**1/1**	
:27: 电文序列	1/1	
:40A: FORM OF DOCUMENTARY CREDIT	**IRREVOCABLE**	
:40A: 跟单信用证格式	不可撤销	
:20: DOCUMENTARY CREDIT NUMBER	**CRED1523349**	
:20: 跟单信用证号	CRED1523349	
:3lC: DATE OF ISSUE	**070919**	
:31C: 开证日期	070919	
:40E：APPLICABLE RULES	**UCP LATEST VERSION**	
:40E: 适用规则	《UCP》最新版本	
:31D: DATE AND PLACE OF EXPIRY	**071119　U.S.A.**	
:31D: 有效期和有效地点	071119 美国	

:50: APPLICANT　　　　　　　　　　**UNITED OVERSEAS TEXTILE CORP.**
　　　　　　　　　　　　　　　　　　　　220E 8TH STREET A682
　　　　　　　　　　　　　　　　　　　　LOS ANGELES
　　　　　　　　　　　　　　　　　　　　U.S.A.
:50: 开证申请人　　　　　　　　　　　美国大华纺织公司
　　　　　　　　　　　　　　　　　　　220 栋，8 号街，682 室
　　　　　　　　　　　　　　　　　　　洛杉矶
　　　　　　　　　　　　　　　　　　　美国

:59: BENEFICIARY　　　　　　　　　**QINGDAO QINGHAI CO.,LTD.**
186 CHONGQIN ROAD
QINGDAO 266002 CHINA
:59: 受益人　　　　　　　　　　　　　青岛青海有限公司
　　　　　　　　　　　　　　　　　　　重庆路 186 号
　　　　　　　　　　　　　　　　　　　中国青岛 266002(邮编)

:32B: CURRENCY CODE, AMOUNT:	**USD58575，00**	
:32B: 货币代码和金额	58575.00 美元	
:39A：PRECENTAGE CREDIT AMOUNT TOLERANCE	**10/10**	
:39A: 信用证金额上下浮动百分比	10/10(10%)	
:41A: AVAILABLE WITH.. BY..	**CITIUS33LAX BY DEFERRED PAYMENT**	
:41A: 兑付方式	花旗银行洛杉矶分行以延期付款方式兑付	
:42P: DEFERRED PAYMENT DETAILS	**AT 90 DAYS AFTER B/L DATE**	
:42P: 延期付款细节	提单签发日后 90 天	
:43P: PARTIAL SHIPMENTS	**NOT ALLOWED**	
:43P: 分批装运	不允许	
:43T: TRANSSHIPMENT	**NOT ALLOWED**	

:43T: 转运　　　　　　　　　　　　　　　　　　不允许

:44E: PORT OF LOADING/AIRPORT OF DEPARTURE　　QINGDAO PORT，CHINA

:44E: 装运港/始发航空站　　　　　　　　　　　　　中国 青岛港

:44F: PORT OF DISCHARGE/AIRPORT OF DESTINATION　LOS ANGELES PORT，U.S.A.

:44F: 卸货港/目的航空站　　　　　　　　　　　　美国 洛杉矶港

:44C: LATEST DATE OF SHIPMENT　　　　　　071017

:44C: 最晚装运期　　　　　　　　　　　　　071017

:45A: DESCRIPTION OF GOODS AND/OR SERVICES
> **+TRADE TERMS: CIF LOS ANGELES PORT，U.S.A.　　　ORIGIN: CHINA**
>
> **+ 71000M OF 100% POLYESTER WOVEN DYED FABRIC**
>   **AT USD0.75 PER M**
>   **WIDTH:150CM,>180G/M2**

:45A: 货物/服务描述
> +贸易术语: CIF 洛杉矶港，美国　　　原产地：中国
> +71000 米 100%涤纶染色机织布料
>   单价为 0.75 美元/米
>   幅宽：150 厘米，克重：不小于 180 克/平方米

:46A: DOCUMENTS REQUIRED
> **+SIGNED COMMERCIAL INVOICE IN THREEFOLD**
>
> **+FULL SET OF CLEAN ON BOARD OCEAN BILL OF LADING MADE OUT TO THE ORDER AND BLANK ENDORSED,NOTIFY：APPLICANT(FULL ADDRESS) MARKED FREIGHT PREPAID**
>
> **+SIGNED DETAILED PACKING LIST**
>
> **+CERTIFICATE OF ORIGIN**
>
> **+HANDSIGNED INSURANCE POLICY/CERTIFICATE COVERING MARINE INSTITUTE CARGO CLAUSES A (1.1.1982),INSTITUTE STRIKE CLAUSES CARGO(1.1.1982),INSTITUTE WAR CLAUSES CARGO (1.1.1982) FOR 110PCT OF THE INVOICE AMOUNT**

:46A: 单据要求
> +签署的商业发票，一式三份
> +全套清洁的已装船提单，空白抬头(TO ORDER)，空白背书，通知开证申请人(完整地址)，注明运费预付
> +签署的装箱单
> +原产地证书
> +手签的保险单或保险凭证，遵照英国伦敦保险协会货物条款，按照发票总金额的 110%投保 ICCA,ICC 罢工险、ICC 战争险

:47A: ADDITIONAL CONDITION　　10PCT MORE OR LESS IN AMOUNT AND QUANTITY ALLOWED

:47A: 附加条款　　　　　　　　金额和数量允许有上下 10%的变动幅度

:71B: CHARGES　　　　ALL CHARGES AND COMMISSIONS OUTSIDE U.S.A. ARE FOR BENEFICIARY'S ACCOUNT

:71B: 费用　　　　　　　　发生在美国以外的全部费用和佣金由受益人承担

:48: PERIOD FOR PRESENTATION　WITHIN 15 DAYS AFTER SHIPMENT BUT WITHIN THE VALIDITY OF THIS CREDIT

:48: 交单期限　　　　　　　装运期后 15 天，但必须在信用证有效期内

:49: CONFIRMATION INSTRUCTIONS　　WITHOUT

:49: 保兑指示　　　　　　　没有

:78: INSTRUCTIONS TO THE PAYING/ACCEPTING/NEGOTIATING BANK
> **AT MATURITY DATE, UPON RECEIPT OF COMPLYING DOCUMENTS C/O OURSELVES，WE WILL COVER THE REMITTING BANK AS PER THEIR INSTRUCTIONS**

:78: 对付款行/承兑行/议付行的指示
> 在到期日，我行在收到相符单据后，根据偿付行的指示偿付货物

本章回顾

自贸区企业的准入与外贸经营权的申请

作为特殊的贸易监管区域，进入自贸区的企业也要有准入的标准，入驻自贸区的企业，无论是中资企业还是外资企业，自贸区准入所需的材料会根据其进入保税区还是其他片区而有所差异。

此外，企业如果要进行对外贸易，一般可以选择外贸代理企业，作为专业服务机构提供交易过程的系统服务。或者选择申请对外贸易经营权，自行办理相关进出口业务手续。进出口经营资质就是指拥有进出口权的企业，可依法自主地从事进出口业务。如果没有进出口经营资质，企业是不能自行开展进出口业务的。

自贸区企业合同订立流程

在贸易开始之前，买卖双方应进行详细的进出口价格核算，双方在进行报价核算时，除按相应的贸易术语进行核算外，还要结合自贸区的税收优惠进行核算，以确保达到盈利的目的。

在与客户建立业务关系后，就可以正式进入磋商环节。贸易磋商主要包括询盘、发盘、还盘和接受四个阶段。

通过贸易磋商，交易双方就相关的贸易条件达成一致意见。一方发盘，另一方表示接受，合同关系即告成立。在磋商成功之后，需要订立合同，进一步明确双方的责任和义务。订立书面合同是合同成立的依据，是合同生效的条件和合同履行的依据。

企业货物流转程序

国际贸易中的货物流转一般涉及以下几个步骤，即内陆运输、订舱装箱、出口通关、货物出运、卸货提货、海关清关等。相较于普通的国际贸易形式，自贸区具有一定的特殊性，在多个程序的细节方面和其他形式有所区别。

此外，在2018年8月1日之后，货物的通关模式由"先报验，后报关"改为一次申报。简化了通关流程，使得我国的国际贸易得到了极大的促进。

自贸区企业结算流程

结汇是指外汇收入所有者将其外汇收入出售给外汇指定银行，外汇指定银行按一定汇率付给等值的本币的行为。

目前，上海自贸区内企业(不含金融机构)外债资金实行意愿结汇。外汇局综合考虑资产负债币种、期限等匹配情况以及外债和货币政策调控需要，合理调控境外融资规模和投向，优化境外融资结构，防范境外融资风险，允许区内符合条件的融资租赁收取外币租金。

国际贸易的结汇方式主要可以分为汇付、托收和信用证，在这一点上，无论是自贸区企业还是区外企业都是一致的。

第六章　货物进入自贸区

从国际贸易的流程上来说，转口贸易、过境贸易及加工贸易区别于一般货物贸易。以加工贸易为例，由于涉及保税仓和加工仓，所以境内区外或境外的货物进入自贸区的流程与一般的国际贸易有所区别。

内容概要

- 自贸区企业从境内进行采购
- 自贸区企业从境外进行采购

主体学习

基于自贸区的国际贸易流程，根据货物流向，可以分为货物进自贸区和出自贸区两种；根据交易对象，可以分为与境内区外企业进行贸易和与境外企业进行贸易；根据是否涉及加工，又可以分为保税仓储和保税加工贸易流程；根据加工贸易下料件的所有权性质，也可以分为来料加工和进料加工。自贸区货物不涉及保税区加工贸易的，流程与第五章中提到的一般货物贸易相似，自贸区涉及保税加工的贸易流程有所差异。本章，我们从境内区外货物进入自贸区企业入手，了解货物从境内区外进入自贸区的流程与相关手续。

知识点一　自贸区企业从境内进行采购

实训操练

1. 自贸区商贸企业从境内商贸企业采购产品(入保税仓)

自贸区的贸易操作中，如果自贸区企业要向境内的企业采购货物或者原材料，虽然看似是普通的国内贸易，但由于自贸区的特殊性，其贸易流程比国内贸易更复杂。自贸区企业从境内企业采购成品产品时，要完成以下实训步骤。

1) 自贸区内企业外贸专员需要完成的步骤

第一步，在 VSOA 中找到海关信息化监管平台，在保税仓储菜单中，填制进区凭单和卡口核放单。

第二步，在 VSOA 中找到海关部门，在海关菜单下找到"卡口管理"，完成货物放行手续。

第三步，在贸易企业的仓储部门管理菜单下，找到"出入库"选项，通过单击"入库"选项将货物入库。通常在货物入库后，贸易流程就完成了。但由于是涉及自贸区的贸易，所以流程尚未结束。

第四步，在 VSOA 中找到海关，填制报关单。为了促进贸易的自由化，自贸区监管采取的是"一线放开，二线管住"的政策，货物可以先安排入库，后进行报关。因此，外贸员在完成了货物的入库操作后，要进一步完成报关操作。

海关部门要对企业的出口报关进行审批，决定放行还是查验。在需要查验的情况下，企业外贸专员领取进口查验通知书后，员工要在国际贸易单一窗口中选择全申报选项进行报验，海关查验后就完成了。

第五步，在放行的情况下，企业外贸专员领取进口查验/放行通知书后，该业务就算是完成了。

2) 境内供应商企业需要完成的步骤

在 VSOA 中找到国际贸易单一窗口，选择二线进区，填制报关单，随附单证包括商业发票、装箱单和购销合同等。因为对于境内企业而言，与自贸区的贸易往来就相当于是一次国际贸易的操作，所以需要进行出口报关操作。报关后的出库发货、结算等流程与普通出口贸易流程类似，参见系统上提供的流程图。

2. 自贸区制造企业从境内供应商企业采购原材料(进料入保税仓)

如果自贸区内企业从境内企业采购的不是产品，而是需要组装的原材料，需要进行生产加工后再进行销售，流程则与产品的情况不同。同时，自贸区内贸易企业从境内供应商企业采购原材料也分两种情况，即进保税仓和进加工仓。在进入保税仓的情况下，操作流程和采购产品进入保税仓类似。但如果原材料要进行加工，就要进入保税加工区，具体流程如下。

第一步，自贸区企业外贸专员要在 VSOA 中找到海关信息化监管平台，在保税仓储的菜单下完成区内转让操作，这一步模拟了货物从保税仓到加工仓的过程。

第二步，同样在海关信息化监管平台，在保税加工菜单下，找到区内转结进行转入。这一步完成后，货物就已经在加工仓中了。

第三步，加工完毕后，在海关信息化监管平台的保税加工菜单下，找到区内转结进行转出。这一步模拟的是货物从加工仓到保税仓的过程。

第四步，在完成从加工仓转入保税仓的操作后，外贸专员还需要在海关信息化监管平台下的保税仓储菜单中选择货物"入库"选项。

3. 自贸区制造企业从境内供应商企业采购原材料(进料入加工仓)

自贸区企业从境内企业采购原材料直接进入加工仓的情况下，企业的外贸专员需要完成以下步骤：

第一步，境内企业外贸专员要在 VSOA 中找到海关信息化监管平台，在其保税加工菜单中，领取进区凭单和卡口核放单。

第二步，自贸区企业外贸专员还要在 VSOA 中找到海关部门，在海关菜单下找到"卡口管理"选项，进行放行操作。

第三步，自贸区企业要在商贸企业的仓储部门管理菜单下，通过单击"入库"选项完成货物入库流程。

第四步，境内供应商企业需要在 VSOA 中找到"国际贸易单一窗口"，选择"二线进区"，填制报关单，随附单证包括商业发票、装箱单和购销合同等。

海关部门要对企业的出口报关进行审批，决定放行还是查验。在需要查验的情况下，企业外贸专员领取进口查验通知书后，员工要在国际贸易单一窗口中选择全申报选项进行报验，海关查验后就完成了。

第五步，在放行的情况下，企业外贸专员领取进口查验/放行通知书后，该笔业务流程就算是完成了。

流程解读

商品从境内区外进入自贸区的流程可大致分为进入保税仓和进入加工仓两种，在自贸区商贸企业从境内区外商贸企业直接采购产品的情况下，一般要经过以下步骤。

(1) 卡口放行。境内的商贸企业要自海关监管保税仓储处领取进区凭单和卡口核放单，在经过海关卡口处时，相关人员在接收相关材料并对车辆载货信息、报关单证信息及货物过卡信息进行审核，经海关卡口检查无误后，卡口放行。

(2) 货物入库。完成卡口放行之后，货物运输到自贸区商贸企业的保税仓。入库后在规定时间内进行报关。

(3) 出口报关。出口企业直接在线上通过中国(上海)国际贸易单一窗口自贸专区进行整合申报。企业填写报关单提交后。海关会接收相关资料，对其进行审核。

(4) 查验/放行。在海关对境内商贸企业的进口报关材料进行审核，确定无误后，开始对相关货物进行查验。初次查验后，若货物的品种、规格、数量、重量、原产地货物状况等与货物申报单一致，且无其他不合规的情况，则直接放行。境内商贸企业领取进口查验/放行通知书后到海关监管保税仓储处进行相关确认。如果经初次查验未能查明货物的真实属性，需要对已查验货物的某些性状做进一步确认或者货物涉嫌走私违规，需要重新查验的或者由于进出口货物收发货人对海关查验结论有异议，提出复验要求并经海关同意的，海关需要对已经完成查验的货物进行复验，即第二次查验。境内商贸企业在领取进口查验通知书的回执后再次报验，向海关递交进口查验通知书和相关材料，海关接收相关材料并审核无误后放行，之后境内商贸企业到海关监管保税仓储处进行相关确认。

案例思考

　　A 公司是一家专业从事现代高效刀具和量检具研发设计、生产制造的公司。公司的产品分为两大类七个系列：第一大类是精密复杂刃量具，包括拉刀、搓齿刀、花键量具、滚刀及成型铣刀四个系列；第二大类是精密高效刀具，包括高效钢板钻、高效铣刀、非标钻铣刀具三个系列。这些产品主要应用于汽车零部件制造、电站设备制造、飞机零部件制造、精密机械制造等领域。经过二十多年的努力，公司已发展成为国内刃量具行业综合实力最强的企业之一，参与过多项国家标准的修订和制定，并担任全国刀标委复杂刀具分会副主任单位和全国量标委花键量具工作组召集单位。公司有十五个品种的产品先后通过国家和省市科技部门组织的成果鉴定，水平处于国际先进、国内领先地位，有的填补国内空白，有的被列入国家创新基金项目和国家重点产业振兴项目，有的获得重点领域首台(套)产品称号。

B 公司是自贸区内一商贸企业，其公司主要业务是从境内采购汽车零部件出口到世界各地，A 公司是其主要的供应商。

近期，B 公司从 A 公司采购了大批零部件直接用于销售。A 公司首先自海关监管保税仓储处领取进区凭单和卡口核放单，在经过海关卡口处时，经海关卡口检查无误后放行。之后，A 公司在自海关监管保税仓储处领取报关申请单后，携带合同、装箱单以及发票到商检局进行出口报检。完成出口报检之后，携带合同、装箱单、发票以及进区备案单到海关进行出口报关。海关接收相关资料，并对其进行审核，确定无误后，开始对相关货物进行查验。初次查验，发现货物的数量与货物申报单不一致，无其他不合规的情况，由于数量差额较小，查验人员并未再次查验，直接放行。A 公司在领取进口查验/放行通知书后到海关监管保税仓储处办理货物的入库，此次交易完成。

思考一下，海关的做法是否正确？A 公司所走的流程是否正确？

我认为

_____

_____

_____

如果自贸区内企业采购的是需要加工的原材料，则运到保税区之后还要再入加工仓进行加工，所以有原材料从保税仓进入加工仓和成品从加工仓转到保税仓两个流程。

保税仓转入加工仓。若所采购的原材料最初存储在保税仓，则在加工时需要将其转入加工仓。自贸区制造企业先在海关监管保税仓储处领取区内转让单证，到海关监管保税加工处办理区内结转(转入)手续，将原材料由保税仓转入加工仓。

加工仓转入保税仓。在原材料加工成产品可以用于出售后，需要将产品从加工仓转出至保税仓。自贸区制造企业需要在海关监管保税加工处办理区内结转(转出)手续，然后到海关监管保税仓储处办理货物入库。

案例思考

甲醇制烯烃(Methanol to Olefins，MTO)

A 公司是国内最早开展密封技术研究的单位之一，是流体密封行业的领军企业。公司生产销售各种密封零部件，其生产的机械密封产品种类齐全、参数范围宽，适用范围广。产品主要应用在炼油、乙烯、化肥、MTO、煤制油、煤制气、煤制烯烃、天然气化工、输油管线及其他领域，为泵、液力透平、螺杆压缩机、膨胀机、挤压造粒机、风机、反应釜等各类旋转设备提供安全可靠的密封产品。公司拥有数十种系列的符合 API682 标准的机械密封、通用型弹簧机械密封、金属波纹管密封、颗粒介质密封、双向平衡型机械密封及釜用机械密封，其中高压机械密封、高速机械密封、高低温机械密封等高参数密封产品已独具优势。

B公司是上海自贸区内的一家制造企业。公司主营业务为螺杆式压缩机的研制开发、生产销售及售后服务，主要产品有螺杆式制冷压缩机和螺杆式空气压缩机，其中螺杆式制冷压缩机主要应用于制冷工业中的大型商用中央空调设备和冷冻冷藏设备，螺杆式空气压缩机主要应用在工业自动化领域。公司主要客户多是海外企业，且A公司是B公司一种重要零部件的供应商。

近期，B公司从A公司采购大批量零部件直接用于生产某种制冷压缩机。按照以往惯例，该批零部件仍然直接运入加工仓。A公司首先自海关监管保税仓储处领取进区凭单和卡口核放单，在经过海关卡口处时，经海关卡口检查无误后放行。之后，办理货物的入库。入库完成后A公司在自海关监管保税仓储处领取报关申请单后，携带合同、装箱单以及发票到商检局进行出口报检。完成出口报检之后，携带合同、装箱单、发票以及进区备案单到海关进行出口报关。海关接收相关资料，并对其进行审核，确定无误后，开始对相关货物进行查验。经查验，货物的品种、规格、数量、重量、原产地货物状况等与货物申报单一致，无其他不合规的情况，遂直接放行。A公司在领取进口查验/放行通知书后到海关监管保税仓储处办理货物的确认，此次交易完成。

思考一下，A公司的流程是否正确？

我认为

_____

_____

_____

如果自贸区内企业从境内区外采购原材料进入加工仓，则在最初的卡口放行时，境内供应商企业自海关监管保税加工处领取进区凭单和卡口核放单，经海关卡口检查无误后，卡口放行。其后步骤基本与货物进保税仓时一致。

案例思考

A公司自设立以来一直专注于从事包装设备及配套包装材料的研发设计、生产制造、安装调试与技术服务，以技术为依托为客户提供包装设备解决方案。目前公司已是国内最大提供整套包装生产线的装备制造企业。公司自主研发的纸箱成型机、纸片式包装机、全自动装箱机、装盒机、包膜热收缩机、全自动封箱机、开装封一体机、全自动捆扎机、半自动捆扎机、全自动码垛机、自走式缠绕机、啤酒及饮料智能包装生产线、硬币自动检数包装联动线等包装设备产品技术处于国内同类产品领先水平，硬币自动检数包装联动线技术填补了国内空白。

B公司是自贸区内一制造企业，致力于专业化空调的研发、生产、销售与服务，A公司是其部分零部件的供应商。

近期，由于市场行情变好，空调销量激增，B公司从A公司加购一批零部件用于空调的相应生产。按照以往惯例，该批零部件直接运往加工仓。A公司首先自海关监管保税加工处领取进区凭单和卡口核放单，在经过海关卡口处时，经海关卡口检查无误后放行。之后，办理货物的入库。入库完成后A公司需要进行相应的进口报检和进口报关。

思考一下，A公司进口报关需要携带什么材料？进口报关之后，A公司还需要走什么流程？

我认为

_____

_____

_____

知识掌握

在上面的流程中，具有自贸区特殊性的区域——通常称之为保税区和出口加工区。

一、保税区

保税仓库(Bonded Warehouse)是指经海关核准的专门存放保税货物的专用仓库。根据国际上通行的保税制度要求，进境存入保税仓库的货物可暂时免纳进口税款，免领进口许可证件(能制造化学武器的和易制毒化学品除外)，在海关规定的存储期内复运出境或办理正式进口手续，是保税制度中应用最广泛的一种形式。

保税仓库按照使用对象不同可分为公用型保税仓库、自用型保税仓库。公用型保税仓库由主营仓储业务的中国境内独立企业法人经营，专门向社会提供保税仓储服务。自用型保税仓库由特定的中国境内独立企业法人经营，仅存储供本企业自用的保税货物。

保税区(Bonded Area；the low-tax；tariff-free zone；tax-protected zone)，也称保税仓库区，级别低于综合保税区。这是一国海关设置的或经海关批准注册、受海关监督和管理的可以较长时间存储商品的区域，是经国务院批准设立的、海关实施特殊监管的经济区域。

保税区的功能定位为"保税仓储、出口加工、转口贸易"三大功能。保税区具有进出口加工、国际贸易、保税仓储商品展示等功能，享有"免证、免税、保税"政策，实行"境内关外"运作方式，是中国对外开放程度最高、运作机制最便捷、政策最优惠的经济区域之一。

保税区能便利转口贸易，运入保税区的货物可以进行储存、改装、分类、混合、展览和加工制造，但必须处于海关监管范围内。外国商品存入保税区，不必缴纳进口关税，可自由出口，只需缴纳存储费和少量费用，但如果要进一步销往国内市场则需缴纳关税。各国的保税区都有不同的时间规定，逾期货物未办理有关手续，海关有权对其拍卖，拍卖后扣除有关费用后，余款退回货主。

改革开放以来，中国各地区政府为了加快本区经济发展，纷纷开展各类经济区建设活动。保税区作为我国对外开放的门户，也成为诸多具备相应条件的地方政府提升区域经济的首选。以免证、免税、保税政策开发的保税区，极大地影响着各地经济的启动，并成为国内外经济交通的窗口，创造了诸多地方经济奇迹和财富神话。

综合保税区是设立在内陆地区具有保税港区功能的海关特殊监管区域，实行封闭管理，是目前我国开放层次最高、政策最优惠、功能最齐全的海关特殊监管区域，是国家开放金融、贸易、投资、服务、运输等领域的试验区和先行区。其功能和税收、外汇政策按照《国务院关于设立洋山保税港区的批复》的有关规定执行。即：国外货物入区保税，货物出区进入国内销售按货物进口的有关规定办理报关手续，并按货物实际状态征税；国内货物入区视同出口，实行退税；保税区内企业之间的货物交易不征增值税和消费税。该区以国际中转、国际采购、国际配送、国际转口贸易和保税加工等功能为主，以商品服务交易、投资融资保险等功能为辅，以法律政务、进出口展示等服务功能为配套，具备生产要素聚散、重要物资中转等功能。

保税区与非保税区报关制度和外汇制度的区别如表 6-1 所示。

表 6-1　保税区与非保税区报关制度和外汇制度的区别

	保 税 区	非保税区
报关 制度	实行保税制度，货物从境外运入保税区或从保税区运往境外，免进口税，免许可证	只是对保税仓库或保税工厂实行保税制度
	货物从保税区运往国内非保税区，视同进口；货物从国内非保税区运入保税区，视同出口	国外货物到达口岸后必须办理进口手续；国内货物离开口岸必须办理出口手续
	区内企业与海关实行电脑联网，货物进出采取 EDI 电子报关	只有少数大企业实行 EDI 电子报关
	以《保税区海关监管办法》为法规保障	
外汇 制度	外汇收入实行现汇管理，既可以存入区内金融机构，也可以卖给区内指定银行	经常性外汇收入实行强制结汇，外汇必须卖给指定银行
	无论是内资企业，还是外商投资企业，均可以按规定开立外汇账户；不办理出口收汇和进口付汇核销手续	内资企业未经批准不得保留外汇账户；企业必须办理出口收汇和进口付汇核销手续
	经常项目下的外汇开支，中资企业和外商投资企业实行统一的管理政策，由开户银行按规定办理	内资企业在结、售汇等方面都与外商投资企业有区别
	以《保税监管区域外汇管理办法》为法规保障	

小思考：保税区与综合保税区、保税港区有什么区别呢？

1. 保税区海关监管

1) 货物类别与范围

保税仓库应当按照海关批准的存放货物范围和商品种类开展保税仓储业务。保税仓库不得存放国家禁止进境货物，不得存放未经批准的影响公共安全、公共卫生或健康、公共道德或秩序的国家限制进境货物以及其他不得存入保税仓库的货物。

经海关批准可以存入保税仓库的货物有如下。

➢ 加工贸易进口货物。

➢ 转口货物。

➢ 供应国际航行船舶和航空器的油料、物料和维修用零部件。

➢ 供维修外国产品所进口寄售的零配件。

➢ 外商暂存货物。

➢ 未办结海关手续的一般贸易货物。

➢ 经海关批准的其他未办结海关手续的货物。

2) 保税区海关监管的特点

保税仓库与一般仓库最大的不同之处是，保税仓库及所有的货物受海关的监督管理，非经海关批准，货物不得入库和出库。保税仓库的经营者既要向货主负责，又要接受海关监督。

根据我国现行海关法令规定，海关监管时的要求如下。

保税仓库对所存放的货物，应有专人负责，要求于每月的前五天内将上月所存货物的收、付、存等情况列表报送当地海关核查。

保税仓库中不得对所存货物进行加工，如需改变包装、加刷唛码，必须在海关监管下进行。

海关认为必要时，可以会同保税仓库的经理人，双方共同加锁，即实行联锁制度。海关可以随时派人员进入仓库检查货物的储存情况和有关账册，必要时要派人员驻库监管。

保税货物在保税仓库所在地海关入境时，货主或其代理人(如货主委托保税仓库办理的即由保税仓库经理人)填写进口货物报关单一式三份，加盖"保税仓库货物"印章，并注明此货物系存入保税仓库，向海关申报，经海关查验放行后，一份由海关留存，另一份随货带交保税仓库。保税仓库经理人应于货物入库后即在上述报关单上签收，其中一份留存保税仓库，作为入库的主要凭证，一份交回海关存查。

货主在保税仓库所在地以外的其他口岸进口货物，应按海关对转口运输货物的规定办理转口手续。货物运抵后再按上述规定办理入库手续。

保税货物复运出口时，货主或其代理人要填写出口货物报关单一式三份并交验进口时由海关签印的报关单，向当地海关办理复运出口手续，经海关核查与实际货物相符后签印，一份留存，一份发还，一份随货带交出境地海关凭以放行货物出境。

存放在保税仓库的保税货物要转为国内市场销售，货主或其代理人必须事先向海关申报，递交进口货物许可证件，进口货物报关单和海关需要的其他单证，并缴纳关税和产品(增值)税或工商统一税后，由海关核准并签印放行。保税仓库凭海关核准单证发货，并将原进口货物报关单注销。

对用于中、外国际航行船舶的保税油料和零配件以及用于保税期限内免税维修有关外国产品的保税零配件，海关免征关税和产品(增值)税或工商统一税。

对从事来料加工、进料加工备料保税仓库提取的货物，货主应事先将批准文件、合同等有关单证向海关办理备案登记手续，并填写来料加工、进料加工专用报关单和《保税仓库领料核准单》一式三份，一份由批准海关备存，一份由领料人留存，一份由海关签盖放行章后交货主。仓库经理人凭海关签印的领料核准单交付有关货物并凭以向海关办理核销手续。

海关对提取用于来料、进料加工的进口货物，按来料加工、进料加工的规定进行管理并按实际加工出口情况确定免税或补税。

保税仓库所存货物储存期限为一年。如有特殊情况可向海关申请延期，但延长期最长不得超过一年。保税货物储存期满既不复运出口又未转为进口的，由海关将货物变卖，所得价款按照《中华人民共和国海关法》第五十一条规定：进出境物品所有人声明放弃的物品、在海关规定期限内未办理海关手续或者无人认领的物品以及无法投递又无法退回的进境邮递物品，由海关依照《中华人民共和国物权法》第三十条的规定处理。第三十条规定：进口货物的收货人自运输工具申报进境之日起超过 3 个月未向海关申报的，其进口货物由海关提取依法变卖处理，所得价款在扣除运输、装卸、储存等费用和税款后，尚有余款的，自货物依法变卖之日起 1 年内，经收货人申请，予以发还；其中属于国家对进口有限制性规定，应当提交许可证件而不能提供的，不予发还。逾期无人申请或者不予发还的，上缴国库。

保税仓库所存货物在储存期间发生短少，除因不可抗力的原因外，其短少部分应当由保税仓库经理人负缴纳税款的责任，并由海关按有关规定处理。保税仓库经理人如有违反海关上述规定的，要按《中华人民共和国海关法》的有关规定处理。

鉴于保税仓库的特殊性质，海关代表国家监督管理保税仓库及所存的保税货物，执行行政管理职能；保税仓库的经营者具体经营管理保税货物的服务工作，可以说是海关和经营者共同管理保税仓库。经营者要依靠海关办好保税仓库，因此必须充分协作配合，保税仓库经营者要严格执行海关的法令规定，海关需要的报表应及时报送，海关要检查的账册，须完整无误，发生问题应及时向海关报告，请求处理，以便海关监管。在这个前提下，海关力求简化手续，提供方便，同时把保税仓库办好，以充分发挥保税仓库的优越性，为发展对外经济贸易服务。

知识窗

海关监管信息化系统

现在使用的海关监管信息化系统是于 2014 年 6 月 30 日上线运行的，该系统对原保税区海关信息化系统进行了优化、规范和完善。该系统包括保税监管加工、保税监管仓储、保税监管维修和保税监管展厅等子系统，各系统都有公告栏，企业可在公告栏中及时了解海关的公告信息。

2. 自贸区海关监管的"一线"与"二线"

自贸区的海关监管，最大的特点就在于自贸区的海关监管有"两条线"，而不是传统国际贸易的"一条线"。传统国际贸易通过海关就可以直接进入国内；而自贸区通过海关则是进入境内的保税区或加工区，而不能进入内陆，要进入内陆进行销售，则要再通过自贸区与内陆的"第二条线"的海关。

"一线逐步彻底放开、二线安全高效管住、区内货物自由流动"是上海自贸区的口号和目标。

一线放开，主要是指一系列新的金融市场法规的试行都是为了更大程度地吸引外资，把自贸区打造成新一轮改革的范点。自贸区将实行黑名单管理，换句话说，黑名单上没有的行业都可以进入自贸区。并将逐步探索、彻底放开。

二线管住，加上"安全""高效"，是指上海自贸区的建立，说到底只是现行市场机制下必要的探索，除了在重大问题和原则上达成共识外，在具体的经济措施上仍有分歧。为了保障对境内市场的冲击、竞争控制在合理可控的范围内，必须加强自贸区商品入境的管控监管，兼顾境内市场的稳定和金融市场的效率。

小思考：为何自贸区要实行"一线开放、二线管住、区内自由"的战略呢？两条线的设置不是在手续上更加麻烦了吗？这不是有违自贸区建设的初衷吗？这样设置有什么好处呢？

_____

_____

_____

3. 相关政策

(1) 管理与税收。

根据现行有关政策，海关对保税区实行封闭管理，境外货物进入保税区，实行保税管理；境内其他地区货物进入保税区，视同出境；同时，外经贸、外汇管理等部门对保税区也实行较区外相对优惠的政策，同时保税区具有进出口加工、国际贸易、保税仓储商品展示等功能，享有"免证、免税、保税"政策，实行"境内关外"运作方式。

(2) 审批与经营。

根据国家工商行政管理总局令第 76 号《企业经营范围登记管理规定》相关的"企业从事经营活动的业务范围应依法经企业登记机关登记"。但是对于需要进行前置许可性审批的经营范围的确定，需要申请人先就经营内容进行审批申报，而后进行工商登记。保税区内企业的经营范围如果涉及前置审批项目，同样需要现行报请相关部门许可后才能执行。可以明确的是，保税区内企业到海关办理注册、备案本身并不属于行政许可，而且该备案是在营业执照办理完毕后进行的。

保税区企业经营范围中涉及国内贸易的，如果不涉及许可类贸易项目，同样不需要经过任何审批就可以将其列入企业营业执照的经营范围。但实践中很多保税区内的工商部门对于此类业务并不予以营业执照确认。其理由仍然是保税区管理的特殊性，非保税区业务会不利于海关及相关部门对保税业务的监管。

从 1990 年 5 月起国务院批准建立第一个保税区到 2020 年 6 月，我国已建有上海外高桥、天津港、深圳福田、沙头角和盐田港、大连、广州、张家港、海口、厦门象屿、福州、宁波、青岛、汕头、珠海等 121 个保税区(中国经济网)。二十多年来，全国各个保税区的保税仓储、转口贸易、商品展示功能有了不同程度的发展，具备了一定规模的国际物流基础。

工作笔记

对于现在的保税仓储的海关监管，你还有什么建议呢？

_____

_____

_____

_____

_____

_____

_____

_____

二、加工区

出口加工区是指一国或地区为了利用外资、引进技术、吸引外汇的需要，经国家批准，在港口、机场附近等交通便利的地方，建立的一块接受海关监管、专门用来发展出口加工业的特殊封闭区域。国务院规定，我国出口加工区只能设在国家级经济技术开发区内，面积严格控制在 23 平方千米以内。区内实行"境内关外"政策和封闭式的区域管理模式，海关对进、出加工区的货物及区内相关场所实行 24 小时监管，加工贸易业务归口省级外经贸部门管理。

出口加工区按照区内可以经营出口加工企业种类的多少，可以分为综合性出口加工区和专业性出口加工区。综合性出口加工区，即在区内可以经营多种出口加工工业。如菲律宾的巴丹出口加工区所经营的项目包括服装、鞋类、电子或电器产品、食品生产、光学仪器和塑料产品等。目前世界各地的出口加工区大多数是综合性出口加工区。专业性出口加工区，即在区内只准经营某种特定的出口加工产品。例如印度在孟买的圣克鲁斯飞机场附近建立的电子工业出口加工区，专门发展电子工业的生产和增加这类产品的出口。在区内经营电子工业生产的企业可享有免征关税和国内税等优惠待遇，但以所生产的产品全部出口为条件。

国家设立出口加工区的目的：对加工贸易实行"优化存量，控制增量，规范管理，提高水平"的管理，逐步把加工贸易增量引入特殊监管的加工区域内，实现对加工贸易的集中规范管理，维护贸易秩序和规范；严格控制出口加工贸易产品的不合法内销，保护国内相关产业；为企业提供简化、快捷的通关便利，促进国内原材料、零配件的出口。

1. 加工区的特点及优势

出口加工区是实行全封闭、卡口管理的海关特殊监管区。出口加工区的基本政策是按照"境内关外"的思路进行设计的。其主要特点如下。

出口加工区的硬件建设规范、统一，设施先进，为高效、快捷地运行和有效管理提供了良好条件。出口加工区实行统一规划，分期开发。已验收的区块，基础设施完备，为入区投资者提供了良好的条件。出口加工区的监管设施技术先进，为既要高效快捷运行又能实现有效监管提供了充分的保障。比如在货物进、出通道卡口安装集装箱和车牌识别系统、电子地磅及电子闸门放行系统，大大提高了卡口的通关效率。在出口加工区，海关建立计算机局域网系统，可实行计算机联网管理和无纸化报关，既简化了手续，又保证了严密监管。

出口加工区的管理和运行，有较健全的法规，可实现规范管理和依法行政。国务院批准实施的《中华人民共和国海关对出口加工区监管的暂行办法》(以下简称《办法》)，对出口加工区的性质、功能、实行的主要政策、出口加工区与境外、区外及区内货物监管等都做了明确规定。此后，海关总署、外经贸部、国家税务总局、国家外汇管理局、国家质检总局等有关部门都按照国务院批准的《办法》，相继制定了有关管理办法或实施细则，为出口加工区的规范管理和正常运作提供了法律保障。

出口加工区实行一系列税收、外汇管理等优惠政策，有利于区内企业降低成本，获取竞争优势。这些税收优惠政策包括：区内生产性的基础设施建设项目所需的机器、设备和建设生产厂房、仓储设施所需的基建物资，予以免税；区内企业生产所需的机器、设备、模具及其维修用零配件，予以免税；区内企业为加工出口产品所需的原材料、零配件、元器件、包装物料及消耗性材料，予以保税；区内企业和行政管理机构自用合理数量的办公用品，予以免税；国家对区内加工产品不征收增值税；从区外进入加工区的货物视同出口，区外企业可凭有关单证向税务机关申请办理出口退税；区内企业收付汇手续较区外企业简便。区内机构的所有的外汇收入均可以存入外汇账户，所有外汇支出均可以从外汇账户支付。出口收汇和进口付汇均不需办理核销手续。这些政策使得区内生产的出口产品不含有任何税赋。

出口加工区的货物通关最快捷，对企业的管理手续最简便，可以大大提高企业在国际市场上的竞争能力。海关对出口加工区内企业的加工贸易管理模式进行了重大改革。货物进出出口加工区，企业只需在加工区海关"一次申报"，海关"一次审单、一次查验"即可放行。有的出口加工区卡口，在货物进出上，已实现了视同口岸的延伸。区内企业免设保证金台账，取消登记手册，通过计算机联网，实现了无纸报关。区内企业从事加工贸易的审批和管理手续极为简便，为提高企业在国际市场上的竞争能力创造了非常有利的条件。

出口加工区有特定功能，进区企业是有条件的。出口加工区是一个有特殊功能的区域。入区的企业必须具备两个条件：企业类型必须是生产加工型的(或为其服务的仓储企业、运输企业)；企业生产的产品必须是面向国际市场、以出口为主的。

企业加工产品可部分内销。在出口加工区监管办法中，没有不允许内销的规定。由出口加工区运往区外的货物即为进口，要按规定办理进口报关手续，按进口状态征税，如属于许可证管理商品还应向海关出具有效证件。

小讨论：为何加工区和保税仓要有不同的管理方法呢？

_____

_____

_____

2. 加工区与保税区的比较

相同点

(1) 同为"境内关外"的特殊经济区域，即同为经国务院批准在中华人民共和国境内设立的，海关实行封闭监管的特定区域。

(2) 同具有出口加工功能。

(3) 区内生产性的基础设施建设项目所需的机器、设备和建设厂房、仓储设施所需的基建物资，予以免税；区内企业生产所需的机器、设备、模具及其维修用零配件，予以免税；区内企业为加工出口产品所需的原材料、零部件、元器件、包装物料及消耗性材料，予以保税；区内企业和行政管理机构自用合理数量的办公用品予以免税。

(4) 加工贸易生产用材料进口料件保税，不实行银行保证金台账制度。

(5) 进口均不需要配额和许可证。

(6) 国内采购商品及原料视同出口。

(7) 保税半成品和原材料在区内可转让。

(8) 加工复出口免征增值税。

(9) 均不需办理外汇核销手续。

不同点

(1) 在功能开发方面，保税区的功能相对丰富，主要培育开发现代国际物流分拨、国际贸易、出口加工、保税仓储、商品展示展销等功能，而出口加工区只能进行单一的出口加工，不得经营商业零售、一般贸易、转口贸易及其他与加工区无关的业务。

(2) 在成品内销政策方面，加工区内企业销往境内区外的货物，按制成品征税。保税区内企业销往境内区外的货物，只有当内销成品完全由进口料件组成时，才按成品征税。

(3) 在出口退税方面，国内产品进入出口加工区即可以办理退税手续，在保税区只有产品离境以后才能办理退税手续。保税区贸易企业收购国内产品，离境出口后可以办理退税，对于出口到加工区的货物，由出口加工区外的企业办理退税。

(4) 保税区内企业的经常项目外汇账户应当在注册地银行开立，资本项目外汇专用账户可以在注册地开立，也可以在注册地以外的地区开立。出口加工区内机构原则上只能在区内金融机构开立外汇账户，区内没有金融机构进驻营业的，可以在区外所在地外汇局指定的金融机构开立外汇账户。

(5) 原则上出口加工区企业不得委托区外企业进行产品加工，保税区企业经海关批准可以开展委托区外加工业务。

(6) 国内税收政策上，国家对区内加工出口的产品和应税劳务免征增值税、消费税。保税区内国家对应税劳务没有免税优惠。

表单示例

附件 6-1

出区

出口加工区卡口核放作业单

		单证作业号	
		电子账册号	
		企业名称	
		电话	
		进出卡口标志	
业务性质		业务种类	
担保方式		担保描述	
担保金额		担保数量	
合同有效期		合同编号	
关联核放单号		转关单预录入号	
承运车辆号		封志号	
报关单号		进出仓库原因	
申请时间		进出仓库时间	
备注			

序号	项号	商品编码	规格	品名	申报数量	实际数量	单位	总价	币制

关员审批意见	科长审批意见	主管关长审批意见
审批时间	审批时间	审批时间
卡口关员意见	仓库官员意见	管员会审批意见
审批时间	审批时间	审批时间

知识点二 自贸区企业从境外进行采购

实训操练

1. 自贸区商贸企业从境外商贸企业采购产品(入保税仓)

自贸区内企业从境外购入货物可分为八种情况(见表 6-2),包括直接购入成品进入保税仓储,或是购入原材料进入加工仓进行加工等。购入原材料进入保税仓,如需进行加工就要多一道进入加工仓的工序。首先介绍从境外直接采购货物进入保税仓的操作流程。在货物到港,自贸区企业收到提货单之后,要进行一线进境操作,自贸区企业外贸专员要进行进境申报,也即报关,由于自贸区实行的是"一线放开,二线管住"的措施,所以税收政策上有所差异。实训中,自贸区企业负责国际贸易的员工要在实训系统的 VSOA 中找到"国际贸易单一窗口",选择一线进境,进行进口申报,并随附单据(选择商业发票、装箱单、合同和提货单等),具体步骤可参见实训平台上的流程图。

表6-2 货物入自贸区流程图列表

序号	流 程 图	序号	流 程 图
6-1	自贸区商贸企业从境内商贸企业采购产品(入保税仓)	6-5	自贸区制造企业从境外供应商企业采购原材料(进料入保税仓)
6-2	自贸区制造企业从境内供应商企业采购原材料(进料入保税仓)	6-6	自贸区制造企业从境外供应商企业采购原材料(进料入加工仓)
6-3	自贸区制造企业从境内供应商企业采购原材料(进料入加工仓)	6-7	自贸区制造企业从境外制造企业采购原材料(来料入保税仓)
6-4	自贸区商贸企业从境外商贸企业采购产品(入保税仓)	6-8	自贸区制造企业从境外制造企业采购原材料(来料入加工仓)

(资料来源:http://192.168.195.51:8081/)

海关在收到申报后,会决定查验货物或是放行。如果是要进行货物查验,则企业外贸专员领取查验通知书后,要在国际贸易单一窗口中选择全申报进行报验,海关查验后放行。在放行的情况下,企业外贸专员要在 VSOA 中找到海关信息化监管平台,然后在保税仓储菜单下填制进区凭单和卡口核放单。

之后,自贸区企业外贸专员要在 VSOA 中找到货代公司,在货代公司菜单中进行提货操作。

提货后,自贸区企业外贸专员还要在 VSOA 中找到海关部门,在海关菜单下找到"卡口管理",进行放行操作。

最后,企业只需在贸易企业的主页中找到"出入库"选项,通过单击货物"入库"选项。该笔业务就基本完成了。

2. 自贸区制造企业从境外供应商企业采购原材料(进料入保税仓)/自贸区制造企业从境外制造企业采购原材料(来料入保税仓)

相比于自贸区企业从境外企业采购产品,自贸区从境外采购原料进入保税区主要的不同在于原材料在进入保税仓之后，还要进入加工仓进行加工。

具体来说，在货物进入保税区后，如果这笔材料要进行加工，就要进入加工区。自贸区企业外贸专员要在VSOA中找到海关信息化监管平台。然后在保税仓储的菜单下进行区内结转。之后，同样在海关信息化监管平台，要在保税加工菜单下办理区内结转。这一步完成后，货物就可以在加工仓中加工了。加工完毕后，依然要在海关信息化监管平台，在保税加工菜单下找到区内转结，进行转出。这一步模拟的是货物从加工仓到保税仓的过程。

在抵达保税仓后，自贸区企业外贸专员还要在海关信息化监管平台下的保税仓储的菜单中选择货物"入库"选项。

3. 自贸区制造企业从境外供应商企业采购原材料(进料入加工仓)/自贸区制造企业从境外制造企业采购原材料(来料入加工仓)

如果从境外进口原材料直接进加工仓进行加工，则流程与采购成品入保税仓相似。需特别注意的是，在货物到港，自贸区企业收到提货单之后，自贸区外贸专员首先要在VSOA中找到海关信息化监管平台，在保税加工中填制进区备案单。之后的流程与自贸区商贸企业从境外商贸企业采购产品(入保税仓)一致。

流程解读

自贸区内企业从境外进行货物采购的流程，主要可以分为两种，一种是进加工区，另一种是进保税区。

其一，货物进保税区，在货物到港，自贸区企业领取提货单后，要填写报检单，提交合同、装箱单、发票和提货单进行报检。

之后要进行的操作是一线进境申报，这是自贸区区别于其他普通进口贸易的地方，如前文所述，自贸区的政策是"一线放开，二线管住"，而这里的进境申报就是一线进境的重要操作，为了促进国际贸易发展，使流程更加简便，现在设置了中国(上海)国际贸易单一窗口自贸专区，大部分国际贸易的操作都可以在单一窗口解决。

自贸区企业在单一窗口将合同、装箱单、发票、提货单和备案单提交给海关，进行一线进境申报审批，由海关决定查验或放行，海关签发进口查验/放行通知书或进口查验通知书，如果自贸区企业收到的是查验/放行通知书，则可以直接在海关监管保税仓储领取进区凭单和卡口核放单。

如果收到的是进口查验通知书，则自贸区企业需要在单一窗口递交通知书给海关进行报验，海关查验放行后再领取进区凭单和卡口核放单。

自贸区企业提货后，凭借进区凭单和卡口核放单通过海关卡口，货物进入保税仓库。

如果是普通货物的话，到此流程就结束了，但如果进口的是原材料需要加工的话，就要多一道进入加工区加工的工序。自贸区企业填制区内转让单证，将原材料转入加工仓，进行区内结转(转入)，然后把原材料在出口加工区加工成成品后，再进行区内结转(转出)，将成品从出口加工区运回保税区，进入保税仓库。

此外，自贸区内企业可从境外采购原材料，直接到加工区进行加工。

与先入保税区的区别主要是，在货物到港，自贸区企业领取提货单后，除了报检之外，还要去海关监管保税加工填制进区备案单，在领取了进区备案单后，再进行"一线进境"的操作，之后的操作上和原材料进保税区时相似，区别仅为最后要进入的不是保税区，而是加工区。

案例思考

上海自贸区内一家国内进口公司 A 公司与日本一家化妆品公司 B 公司签订了一份 FOB 合同,约定 B 公司需在规定的时间向 A 公司供应其 02 型号和 03 型号化妆用眉笔各 100 箱,以集装箱方式运输。货物抵达上海外高桥保税区,A 公司进口该化妆品的目的是为了再出口,因此选择将其仓储于保税仓内。在完成交货后,经海关开箱检验时发现,其中有 20 箱均有损少货物,但箱外表完好无损。此时应该怎么解决?该案例说明了什么问题?

我认为

_____

_____

_____

知识掌握

在以上流程中,我们主要完成了与境外企业的来料和进料加工贸易流程,来料加工和进料加工有什么区别呢?带着这个问题,我们开始接下来的学习。

一、加工贸易

加工贸易是指经营企业从境外保税(即经海关批准并同时办理相关手续,准予暂时免交进口环节关税、增值税及相关许可证件)进口全部或者部分原辅材料、零部件、元器件、包装物料(以下简称料件),在境内经过加工或者装配后,将成品或半成品复出口的经营活动,包括来料加工和进料加工。

加工贸易企业又称海关监管企业和"三来一补"("来料加工""来件装配""来样加工"和"补偿贸易")企业,包括最常见的进料加工企业和来料加工企业,是我国政府为了鼓励国外的企业来我国境内进行投资办厂,引进国外先进的技术设备而特别设置的。这种企业要求从国外进口原料、材料或零件,利用本国的廉价劳动力和土地,加工成成品后必须复出口,一进一出必须平衡。

1. 加工贸易的监管模式

海关对保税加工货物的监管模式有两大类,一类是物理围网的监管模式,包括出口加工区和跨境工业区;另一类是非物理围网的监管模式,采用纸质手册管理或计算机联网监管。

物理围网监管

所谓物理围网监管,是指经国家批准,在关境内或关境线上划出一块地方,采用物理围网,让企业在围网内专门从事保税加工业务,由海关进行封闭的监管形式。在境内的保税加工封闭式监管模式为出口加工区,已经施行了多年,有一套完整的监管制度;在关境线上的保税加工封闭式监管模式为跨境工业区，目前只有一处，即珠澳跨境工业区，分澳门园区和珠海园区两部分，在澳门特别行政区的部分是澳门园区，在珠海经济特区的部分是珠海园区。

非物理围网

非物理围网的监管模式主要有以下两种。

纸质手册管理：这是一种传统的监管方式，主要是用加工贸易纸质登记手册进行加工贸易合同内容的备案，凭以进出口，并记录进口料件出口成品的实际情况，最终凭以办理核销结案手续。这种监管方式在海关对保税加工货物监管中曾经起过相当大的作用，但随着对外贸易的调整和现代科技的发展，将逐渐被联网监管模式所替代。目前尚在一定范围内使用。

计算机联网监管：计算机联网监管是一种高科技的监管方式，主要是应用计算机手段实现海关对加工贸易企业实施联网监管，建立电子账册或电子手册，备案、进口、出口、核销，全部通过计算机进行。海关管理科学严密，企业通关便捷高效，受到普遍欢迎，将成为海关对保税加工货物监管的主要模式。这种监管方式分为两种，一种是针对大型企业的，以建立电子账册为主要标志，以企业为单元进行管理，不再执行银行"保证金台账"制度，已经实施了多年，形成了完整的监管制度；另一种是针对中小企业的，以建立电子手册为主要标志，继续以合同为单位，执行银行"保证金台账"制度，现在已开始施行，今后将逐渐取代纸质手册管理。

知识窗

保税区转厂

加工贸易企业的报关方式是手册报关，当加工贸易企业的成品复出口时，就是所谓的核销。这类企业一般都是外资企业，我国相关政策规定，加工贸易企业进口原材料免交17个点的增值税，但他们的产品最终必需出口核销，因此加工贸易企业一般不能在国内直接采购和销售。但是由于进料加工企业来中国办工厂首先是看重了我国低廉的劳动力，其次是看重我国丰富的原材料，如果不能从国内购买原材料，必然会削弱外商来我国投资的吸引力。而利用中国特有的保税区就能解决这个问题。专业术语称之为转厂，又称保税区一日游以及深加工结转。

保税区(物流园，监管仓)都是有境内关外的政策，即货物从国内进入保税区视同出口，反之等于进口。转厂时，转出方贸易企业可以先将原材料等正常出口到保税区(与在码头或皇岗正常出口的手续一样)，然后让转入方加工贸易企业在保税区办理进口(进料加工手册进口)，因此符合加工贸易企业必须从国外进口原料的企业性质。

2. 来料加工与进料加工

保税加工的货物一般是基于两种贸易方式而产生的：一是进料加工，即购进来自国外的原材料、零部件利用本国内的生产线和劳务加工后销往国外，进料加工又可分为自行加工和委托加工；二是来料加工，即由国外一方主动提供原材料、零部件，由国内加工或装配成成品后交给对方，收取加工费。装配业务是指由一方提供装配所需设备、零部件和技术等，由另一方装配后交货。协作生产是指虽然还是一方提供原材料或零部件，另一方利用生产线和劳务生产加工，但双方可以协商确定最后的商标用哪一方的，可以用加工方的，也可以用对方的，成品可以销回，也可以销往第三方。

进料加工相比来料加工，企业更具有自主性，掌握着生产销售的主动性，更利于在对外贸易中获益。进料加工和来料加工的区别如表6-3所示。

表6-3 进料加工和来料加工的区别

类　别	进料加工	来料加工
材料提供	境内加工贸易企业自主进口	境外厂商免费提供
产品销售	境内企业自己寻找国际销售或者根据对口合同销往国际市场	境外厂商负责
生产及获益	生产企业自主决定加工品种技术要求及产品的营销，自负盈亏	根据委托方的合同要求确定加工品种技术要求，只收取加工费
双方关系	进料双方是买卖关系，属于多笔交易，成品可以卖给多个国家和地区	来料双方是委托关系，属于一笔交易，一份合同

小讨论：根据进料加工和来料加工的区别，说说两种加工方式的优势和劣势在哪里？

_____

_____

_____

_____

扫二维码，观看"国际加工贸易"视频

二、自贸区企业与境外企业贸易的原因及意义

1. 积极参与国际分工合作

基于不断开放的客观环境，参与国际分工，融入世界市场，这是贸易发展的主流趋势。

在2018年博鳌亚洲经济论坛上，开展了围绕"开放创新的亚洲，繁荣发展的世界"的主题研讨。会上强调推动贸易与投资的自由化与便利化，维护多边贸易体制。因此，不断加深国际交流合作是适应经济全球化新趋势的客观要求。

2016 年年底，由匈牙利中匈企业家联谊会举办的"匈牙利企业项目对接中国自贸区"主题活动暨上海外高桥自贸区联合发展有限公司代表团访问匈座谈会在布达佩斯举行。大会中上海外高桥自贸区联合发展有限公司副总经理说道："上海自贸区是中国第一个自由贸易试验区，现已有 100 多个国家(地区)的近 3 万家企业投资自贸区，每年进出口贸易额约为 1500 亿美元，占上海进出口贸易总量的 25%左右。"在此次大会上，中匈各行业企业家互相交流，希望可以借助自贸区良好的资源优势进行更为广泛的合作交流。

新闻链接

近日，一批价值 120 万美元的香奈儿丝绒系列唇膏等化妆品未进行开箱检验检疫即在上海自贸区外高桥保税区通关，并取得检验检疫部门出具的《入境货物检验检疫证明》。这批早春系列新品化妆品用时 7 天就完成了进口通关并上市销售，除节约了可观的物流和仓储成本外，因几乎与国外同步上市，也将提高产品在中国市场的销售量。

这仅是上海自贸区外高桥保税区非特化妆品进口的缩影之一。自浦东新区进口非特殊用途化妆品备案试点工作开展以来，近 60%的非特新政化妆品选择从外高桥保税区完成通关通检，截至 2017 年 11 月，有 519 批、价值 908.86 万美元非特新政化妆品完成进口检验检疫。

2017 年 3 月 1 日以来，境内责任人注册地在上海浦东新区的首次进口非特殊用途化妆品，由现行审批管理调整为备案管理。非特化妆品由之前的 3～5 个月审批时间，到如今 5 个工作日就可完成备案，相关产品进入中国市场的速度大大加快，并有望全球同步上市。

2017 年 11 月 1 日起，非特化妆品进口再次提速，检验检疫审单放行新模式开始正式实施，这是质检总局为加强检验检疫流程管理，提高出入境货物通关效率的重要举措之一。上海检验检疫局在确保检验检疫执法有效、风险可控和守住质量安全底线的基础上，有针对性地下调抽检比例、监管频次和检测项目，大幅压缩流程时限。同时，落实企业主体责任，明确企业应尽义务，强化商品风险管理和企业信用管理，实施抽检比例动态管理，强化事中事后监管，提升监管有效性，提高验放速度。

审单放行新模式实施以来，上海检验检疫局运用风险管理理念，对于抽批未抽中的货物，经审单符合要求的，直接予以审单放行，不再进行现场查验和实验室检测，进一步简化检验检疫流程，一般在 3 个工作日即可完成所有检验检疫手续。进口化妆品的现场检验检疫的抽批比例最低为 10%，近九成的进口化妆品审单合格即可获得合格证明。

浦东新区进口非特殊用途化妆品备案试点是上海市开展"证照分离"改革试点的重要举措，是推进简政放权、放管结合、优化服务的具体体现，大幅缩短非特化妆品新品的上市时间，给企业提供了极大的便利。

检验检疫审单放行新模式使非特化妆品经营企业享受的便利再加码，同时也进一步落实企业的质量安全主体责任。企业在享受便利措施的同时，必须加强企业内部管理，落实"合格保证"的承诺内容。检验检疫机构将结合今后的检验检疫"双随机"抽检以及市场终端反馈，一旦发现企业有违规失信行为，除依法处理外，还将予以信用降级，重点加强监管，提高其违法以及失信成本。

据了解，目前，保税区内品牌聚集效应已初步显现，著名的化妆品公司香奈儿、乐金、伊丽莎白雅顿、强生、欧莱雅、汉高等纷纷选择在此完成货物清关。随着保税区贸易便利化的升级，以及驻区检验检疫机构创新监管措施的进一步落实，非特化妆品在自贸区进口之势方兴未艾。

——浦东时报(2018-1-4)

2. 资源的有效配置

这一方面从货物的角度而言，进口商看重卖方货物所拥有的优势，而且这种优势是通过自己生产或者进行国内贸易所难以达到的，因而会进行境外采购。主要考虑因素包括：价格、数量、质量和品牌。

首先是低廉的价格，该货物可能属于东道国的劳动密集型产品，劳动力成本低，而价格较低。其次是数量，该货物可能是仅存在东道国的商品，即可能是稀缺的产品，比如石油等一些自然资源，也可能是东道国仅有的先进的专利技术，东道国均可借此占据大量市场。再次是货物质量，是基于东道国货物拥有较高的质量，从而满足严格的检验检疫标准。最后是品牌效应，是指东道国在生产某种货物上拥有较好的声誉，许多生产方(企业)形成该产品的品牌效应，从而吸引外商采购。

3. 拥有自由便利的贸易环境

贸易环境可以从自身的和东道国的两方面来说。首先自贸区的企业毋庸置疑拥有相比一般企业更为自由便利的贸易环境，因此在进行境外采购过程中会节省时间、节约成本，提高资金周转效率和货物运转效率，从而降低境外采购成本，使得境外采购比自行生产或进行国内贸易更为简便。其次也可能是东道国在某货物的出口方面拥有着优惠政策。这可能是基于双边之间签订的协议，或是该货物生产于东道国的自贸区从而进行贸易十分便利。

工作笔记

调查近些年的国际贸易资料，试分析我国自贸区国际贸易的现状和趋势。

_____

_____

_____

_____

三、自贸区企业与境外企业贸易的相关便利政策

1. 海关通关

报关单位注册登记管理：是指工商注册地址在自贸区的申请人申请办理报关单位注册登记，经海关审核颁发"中华人民共和国海关报关单位注册登记证书"后可办理报关业务。自贸区内报关企业注册登记备案有效期为两年，企业需要延续注册登记备案有效期的，应当在

有效期届满前 30 个工作日内持注册登记备案材料到自贸区内注册地海关办理换证手续。如果报关企业的名称、法人点、企业性质等备案信息发生变更，应在有效期届满前 30 个工作日内持"报关单位情况登记表"、变更后的营业执照副本或者其他批准文件及复印件到自贸区内注册地海关办理变更手续。

通关无纸化：海关总署决定自 2018 年 1 月 1 日起，进一步推进优惠贸易协定项下进口货物申报无纸化。

首先，进口货物收货人或者其代理人向海关申报进口优惠贸易协定项下货物时，可自行选择以下方式：一是选择"通关无纸化"方式申报的，进口商在申报进口时，应当以电子方式向海关提交原产地证据文件、商业发票、运输单证和未再加工证明文件等单证正本，并按照《优惠贸易协定项下进口货物以电子方式提交原产地单证操作规范》的要求办理；二是选择"有纸报关"方式申报的，进口人仍按现行规定提交原产地单证纸质文件。

其次，进口商按照上述要求办理的，申报进口时无须提交原产地单证纸质文件，但应当按照海关有关规定保存原产地单证。海关认为有必要时，进口商应当补充提交原产地单证正本。以上通关无纸化举措体现了海关对不断深化全国通关一体化改革、便利货物通关的推进落实。

集中申报：批次进出、集中申报是指区内企业分批购入货物，可以先凭借卡口核放单办理货物的实际进出手续，再在规定期限内以备案清单或者报关单集中办理海关报关手续。这样做可以大幅减少企业申报的次数，加快物流速度，降低通关成本。

自动审放、重点复核：这种审单模式是指审单环节仅针对少部分报关单加强审核和监管，对大多数报关单由计算机自动验放，放行后进行复核，从而提升通关效率的一种审单作业模式。企业发送报关单数据后经计算机审核符合放行条件的，由计算机自动验放。企业收到"放行"回执后，以无纸化方式申报的，企业自助打印"放行通知书"即可。这种模式是以企业信用管理为前提，对低风险单证实施计算机自动验收，有利于提高通关效率，促进通关便利化。

知识窗

中国原产地证书

原产地证书(Certificate of Origin)是出口商应进口商要求而提供的、由公证机构或政府或出口商出具的证明货物原产地或制造地的一种证明文件。根据海关总署公告 2018 年第 106 号，中国原产地证书有以下几方面需要改变。

(1) 签证管理机构和签证机构改变，中国原产地证书和金伯利进程证书的签证管理部门由原国家质量监督检验检疫总局变更为海关总署，签证机构中的各地出入境检验检疫机构变更为各直属海关。

(2) 新版证书和签证印章生效时间改变，各直属海关将于 2018 年 8 月 20 日正式启用新版证书和签证印章，8 月 20 日前原检验检疫机构签发的旧版证书仍有效。

(3) 新版原产地证书改变，新版各类原产地证书共 22 种，具体包括非优惠原产地证书 1 种、普惠制原产地证书 1 种、优惠贸易协定原产地证书 14 种、输欧盟农产品等专用原产地证书 6 种，以及金伯利进程证书。将原证书防伪印记中的 AQSIQ 改为中国海关关徽，去掉原证书左下角印刷流水号中的 AQSIQ，证书格式、内容和背页注释保持不变。

(4) 签证印章改变，签证印章种类共分 3 种(见表 6-4)：普惠制 Form A 印章(用于普惠制原产地证书和输欧盟农产品等专用原产地名称证书)、ECFA 专用印章以及适用于金伯利进程证书及其他各类原产地证书的 ORIGIN 签证印章。印章为 42 个直属海关名称，将原印章中原直属检验检疫局中英文名称调整为对应直属海关中英文名称。

表6-4　新版原产地证书签证印章样式

简称：FORM A 章 范围：直属海关 材质：光敏 编号：章壳 AG 开头加编号	简称：ECFA 章 范围：直属海关 材质：光敏 编号：章壳 AE 开头加编号	简称：原产地 ORIGIN 印章 范围：直属海关 材质：光敏 编号：章壳 AF 开头加编号

(资料来源：中华人民共和国海关总署)

统一备案清单：是指将自贸区内不同海关特殊监管区域的两种备案清单格式相统一，适用于经海关注册登记的自贸区内企业办理货物出入境和进出区通关业务。这样做可以简化备案清单格式，减轻企业负担，提高自贸区进出境通关效率。

关检融合：关检融合就是将货物检验与通关申报同时进行。该模式的标志性改革措施就是进行申报项目整合，主要是针对海关原申报项目和检验检疫原报检单申报项目进行梳理。整合为"四个一"，即"一张报关单、一套随附单证、一组参数代码、一个申报系统"。进出口报检企业可直接通过一个整合申报系统，填写一张新报关单，将货物报检和通关申报整合共同进行。这样做减少了需填写的申报项目，简化申报手续和流程，提高了申报效率，节约货物出入境的时间。

 小讨论：你认为关检融合对通关速度提升的作用有多大呢？

_____

_____

_____

2. 仓储管理

自贸区内企业使用仓储管理系统(Warehouse Management System，WMS)来实现对货物进、出、转、存情况的实时掌控和动态检查。该管理系统运用互联网对仓储货物进行监管，即为"系统联网+库位管理+实时核注"的管理模式。自贸区内的企业需要使用该系统的，首先需向自贸区主管海关提出备案申请，等待审核通过。实行该管理系统的区内企业应满足：企业管理类别应为 B 类及以上；建立符合海关监管要求的计算机仓储管理系统，能够通过数据交换平台或其他计算机网络，按照海关规定的认证方式与自贸区信息化系统联网，向海关报送能够满足海关监管要求的相关数据；建立符合海关监管要求的库位标识及货物电子标识。企业也可以主动申请终止使用仓储企业联网监管模式。使用 WMS 可以实现海关对物流仓储货物的实时监控与动态核查，同时也方便企业对不同状态的货物实施同库仓储经营，适应企业内外贸易一体化运作需求。

3. 减免税政策

海关总署决定，自 2017 年 12 月 15 日起，在全国海关推广减免税申请无纸化，同时取消减免税备案。除海关总署有明确规定外，减免税申请人或者其代理人可通过中国电子口岸 QP 预录入客户端减免税申报系统向海关提交减免税申请表及随附单证资料电子数据，无须以纸质形式提交。申请人可在首次办理进口货物减免税手续时一并向海关提交涉及主体资格、项目资质、免税进口额度(数量)等信息(相关材料)，无须提前单独向海关办理政策项目备案。

办理减免税申请无纸化操作的规范：随附单证中涉及申请人主体资格、免税额度(数量)以及进口商业发票等，应全文上传。进口合同页数较多的，含有买卖双方及进口代理人的基本信息，进口货物的名称、规格型号、技术参数、单价及总价、生产国别，合同随附的供货清单，运输方式及付款条件，价格组成条款，双方签字等内容的页面应当上传。进口合同有电子文本的，可上传合同的 PDF 格式文件，同时上传纸质合同的第一页和所有签章页。进口合同为外文的，应将以下条款翻译成中文，并将翻译文本签章扫描上传。通过"无纸申报"的方式办理减免税手续的，申请人应按以下要求妥善保管纸质单证资料备海关核查：有关纸质单证资料的保管期限，为自向海关申请之日起，至进口货物海关监管年限结束再延长 3 年。

工作笔记

说说你还知道哪些自贸区国际贸易的便利措施。

_____

_____

_____

_____

_____

_____

扫二维码，观看"货物入自贸区流程"视频

表单示例

附件 6-2

中华人民共和国海关进境货物备案清单

预录入编号： 　　海关编号： 　　(××海关) 　　　　　　　页码/页数：

境内收货人	进境关别	进境日期		申报日期	备案号
境外发货人	运输方式	运输工具名称及航次号		提运单号	货物存放地点
消费使用单位	监管方式			许可证号	启运港
合同协议号	贸易国(地区)	启运国(地区)		经停港	入境口岸

包装种类	件数	毛重(千克)	净重(千克)	成交方式	运费	保费	杂费

随附单证及编号

标记唛码及备注

项号	商品编号	商品名称及规格型号	数量及单位	单价/总价/币制	原产国(地区)	最终目的国(地区)	境内目的地

报关人员　　报关人员证号　　电话　　兹申明对以上内容承担如实申报、依法纳税之法律责任 申报单位　　　　　　　　　　　　　　申报单位(签章)	海关批注及签章

本章回顾

自贸区企业从境内进行采购

自贸区商贸企业从境内商贸企业采购产品大致要经过卡口放行、货物入库、出口报关、查验/放行这几个步骤。

如要进行加工，则要将原材料从保税仓转入加工仓，加工完成后再由加工仓转入保税仓。

在这个流程中，有两个属于自贸区特色的区域——保税仓与加工仓，我们通常称之为保税区和出口加工区。

保税区是一国海关设置的或经海关批准注册、受海关监督和管理的可以较长时间存储商品的区域。

出口加工区是指一国或地区为了利用外资、引进技术、赚取外汇的需要，经国家批准，在港口、机场附近等交通便利的地方，建立的一块接受海关监管、专门用来发展出口加工业的特殊监管区域。

自贸区企业从境外进行采购

自贸区内企业从境外购入货物也要分为几种状况，有直接购入成品的，就进入保税仓储；或是购入原材料的，就进入加工仓进行加工，当然购入原材料也可以直接进入保税仓，但是要进行加工的话就要多一道进入加工仓的工序。

保税加工的货物一般是基于两种贸易方式而产生的，一是进料加工，即购进来自国外的原材料、零部件利用本国内的生产线和劳务加工后销往国外，进料加工又可分为自行加工和委托加工；二是来料加工，即由国外一方主动提供原材料、零部件，由国内加工或装配成成品后交给对方，收取加工费。

基于不断开放的客观环境，外贸企业不断参与国际分工，融入世界市场，是贸易发展的主流趋势。自贸区企业与境外企业贸易的相关便利政策主要在海关通关、仓储管理、减免税等方面。

第七章　货物离开自贸区

与货物进入自贸区一样，货物离开自贸区也分流向境内和境外两个方向，这其中的流程也不尽相同。

内容概要
- 境内企业从自贸区进行采购
- 境外企业从自贸区进行采购

主体学习

自贸区企业将货物运出自贸区的流程可分为运往境内或境外，同时，根据装箱方式的不同，拼箱和整箱的通关流程又不相同，我们首先来学习自贸区企业将货物销往境内的操作。

知识点一　境内企业从自贸区进行采购

实训操练

境内的企业向自贸区的企业采购产品的操作，虽未跨越国境，但由于自贸区是特殊监管关境区，所以步骤与纯境内贸易有所不同，可参见相应流程图完成实训操作(见表 7-1)。以表 7-1 为例，首先第一步，企业就要在 VSOA 中找到海关信息化监管平台，然后在保税仓储菜单下填制备案单据，进行货物备案。

表 7-1　货物出自贸区流程图列表

序号	流程图	序号	流程图
7-1	境内商贸企业从自贸区商贸企业采购产品(出保税仓)	7-7	境外商贸企业从自贸区制造企业采购产品(进料整箱出保税仓)
7-2	境内商贸企业从自贸区制造企业采购产品(进料出保税仓)	7-8	境外商贸企业从自贸区制造企业采购产品(进料整箱出加工仓)

序号	流程图	序号	流程图
7-3	境外商贸企业从自贸区商贸企业采购产品(拼箱出保税仓)	7-9	境外制造企业从自贸区制造企业采购产品(来料拼箱出保税仓)
7-4	境外商贸企业从自贸区商贸企业采购产品(整箱出保税仓)	7-10	境外制造企业从自贸区制造企业采购产品(来料拼箱出加工仓)
7-5	境外商贸企业从自贸区制造企业采购产品(进料拼箱出保税仓)	7-11	境外制造企业从自贸区制造企业采购产品(来料整箱出保税仓)
7-6	境外商贸企业从自贸区制造企业采购产品(进料拼箱出加工仓)	7-12	境外制造企业从自贸区制造企业采购产品(来料整箱出加工仓)

(资料来源：http://192.168.195.51:8081/)

虽然该笔交易发生在一国国境内，但处于关境外，即境内关外，购入自贸区的货物仍需要报关。因此，境内的买方要进行进口报关。

参照进口报关的流程表7-1，第一步，境内的进口企业外贸专员要在VSOA中找到国际贸易单一窗口，选择一线进境，填制进口货物报关单，随附单据选择商业发票、装箱单、合同和出区备案单等。

第二步，海关会根据货物价值出具税单，企业外贸专员需要在领取税单后，在国际贸易单一窗口界面选择税费支付，海关在收到费用后，会决定查验货物或是放行。如果是要进行货物查验，则企业负责国际贸易的员工在领取查验通知书后，要在国际贸易单一窗口界面选择全申报进行报验。

第三步，在放行的情况下，企业外贸专员要在VSOA中找到海关信息化监管平台，然后在保税仓储菜单下填制出区凭单和卡口核放单。

第四步，作为出口商的自贸区企业外贸专员在贸易企业的菜单中选择"出入库"选项，进行货物的"出库"操作。

第五步，作为进口商的境内企业外贸专员要在VSOA中找到海关部门，在海关菜单下找到"卡口管理"，完成放行操作。

第六步，境内企业只需在贸易企业的主页中找到"出入库"选项，通过单击"入库"选项完成货物入库操作。该笔业务就完成了。

流程解读

货物从自贸区销往境内的流程大致上分为进口报关、进口缴税、查验放行和货物出库四步。

进口报关。首先，企业要在海关部门对即将进口的货物进行备案，之后，境内进口商可通过国际贸易单一窗口自贸专区进行申报。填写报关单，提交海关审核。

进口缴税。为深入推进全国海关通关一体化改革，进一步提高通关效率，海关总署简化了海关税费电子支付作业流程，进出口企业、单位选择以海关税费电子支付方式缴纳税款的，税款预扣成功后，海关通关业务系统自动发送税款实扣通知，税款扣缴成功且报关单符合放行条件的，系统自动放行。

查验放行。缴税完成并核销税单后进入进口报关审批流程，此时有两种结果，一种是直接放行，另一种继续查验。如果直接放行，则境内商贸企业携带进口查验/放行通知书的回执到海关监管的保税仓储领取出区凭单和卡口核放单。如果不直接放行，需要继续查验，则境内商贸企业领取进口查验通知书的回执继续报验，在海关查验合格并放行之后到海关监管保税仓储领取出区凭单和卡口核放单。

货物出库。自贸区商贸企业成功地取得出区凭单和卡口核放单之后就可以办理货物出库手续，境内商贸企业需要向海关卡口提交出区凭单和卡口核放单，海关卡口查验无误后放行，货物运送到境内商贸企业的仓库。

卡口核放单

海关卡口放行，指在海关监管的区域，会设置有监管货物进出的卡口，卡口系统一般会与报关系统连接，会有对应报关单货物是否已放行的信息，放行了，才能进出海关监管区域。海关卡口放行过程中一个关键单据便是"卡口核放单"。

"卡口核放单"，是指记录车辆载货信息、报关单证信息及货物过卡信息的单证，用于实现卡口作业的比对、校验、核销和核扣功能，验放货物及承运车辆，记载卡口作业各项数据。近年来，随着智能化卡口验放管理制度的相继推行，"卡口核放单"逐渐开始无纸化，在上海自贸区，货运车司机只要关注"通关宝"微信公众号并绑定手机号码，便可在智能手机终端远程获取卡口无纸化核放单二维码，直接扫码便可通关，实现"零下零上不通关"。

扫二维码，查看《上海海关关于中国(上海)自由贸易试验区海关智能化卡口管理的公告》.pdf

案例思考

A公司成立于2004年，一直致力于发展传统光学加工技术，满足新技术产业的需求。公司在产品研发、生产管理和客户服务等方面积累了丰富的经验，主要致力于激光晶体生长与加工、精密光学零件制造、光纤通信元器件的研发与生产，拥有多项专利技术。主要产品包括光纤通信用微透镜、楔角片。近期，考虑到自贸区B企业生产的一批零部件的价格比国内类似产品的价格低很多，经过多番考量，A公司决定先订购一批零部件，若合适的话就和B公司签订长期合同。该批零部件根据法律规定属于不需要报验的商品类型，因此A公司在自海关监管保税仓储取得出区备案单后向准备进行进口报关。

A公司需要携带什么单据前往海关办理进口报关手续？进口报关后A公司还需要完成哪几步流程才能顺利地将货物运送到境内仓库？

我认为

_____

_____

_____

_____

在贸易流程中，我们经常提到"单一窗口"，"单一窗口"的业务程序与原来的海关报关有何不同呢？我们一起来看一下。

一、单一窗口

国际贸易单一窗口是海关与商检局合并后的产物，企业只要一次申报就能完成报检与报关两种操作。当然，在实施关检融合后，对报检报关相关手续和表单填制进行了一些调整。此次关检融合的关键是将许多项目进行整合。从整体来看，包括以下四方面的调整。

(1) 项目个数。整合后的新版报关单以原报关单 48 个项目为基础，增加部分原报检内容形成了具有 56 个项目的新报关单打印格式。

(2) 单证格式。此次整合对进口、出口货物报关单和进境、出境货物备案清单布局结构进行优化，版式由竖版改为横版，与国际推荐的报关单样式更加接近，纸质单证全部采用普通打印方式，取消套打，不再印制空白格式单证。原报关单、备案清单同时废止，原入境、出境货物报检单同时停止使用。且将原报关报检单随附单证也整合为一套随附单证，避免报关报检重复提交。

(3) 海关参数。按照国际标准将原报关报检参数整合为一组参数代码。统一了 8 个原报关、报检共有项的代码，包括国别(地区)代码、港口代码、币制代码、运输方式代码、监管方式代码、计量单位代码、包装种类代码、集装箱规格代码等。具体填制表单时需要使用的参数可参照中国海关总署官网，如表 7-2 所示为运输方式代码在实施关键融合前后的变化情况。

表 7-2 运输方式代码表与原报检代码对比

代　码	中文名称	原报检代码	原报检中文名称
0	非保税区	9	其他运输
1	监管仓库	9	其他运输
2	水路运输	1	水路运输
3	铁路运输	2	铁路运输
4	公路运输	3	公路运输
5	航空运输	4	航空运输
6	邮件运输	9	其他运输
7	保税区	9	其他运输
8	保税仓库	9	其他运输
9	其他方式运输	9	其他运输
H	边境特殊海关作业区	9	其他运输
T	综合实验区	9	其他运输
W	物流中心	9	其他运输
X	物流园区	9	其他运输
Y	保税港区	9	其他运输

续表

代　码	中文名称	原报检代码	原报检中文名称
Z	出口加工区	9	其他运输
L	旅客携带	5	旅客携带
G	固定设施运输	6	管道运输

(资料来源：根据中华人民共和国海关总署发布文件整理)

(4) 申报系统。在申报项目整合的基础上，将原报关报检的申报系统也进行整合，形成了一个统一的申报系统。用户可由"互联网+海关"、国际贸易"单一窗口"接入。

报关行代理报关

报关是一项十分复杂和专业性比较强的工作。为提高通关效率，节省通关费用，一些进口货物的收货人不自行办理通关手续，而委托报关行办理相应报关手续。

具体来看，其一，进口货物报关单出现一些变化，首先，进口货物报关单增加了九项："页码/页数""境外发货人""货物存放地点""启运港""入境口岸""最终目的国(地区)""报关人员证号""电话""自报自缴"(在表体商品项下方打印)。

其次，进口货物报关单修改了五项：原"收发货人"修改为"境内收货人"、原"进口口岸"修改为"进境关别"、原"运输工具名称"修改为"运输工具名称及航次号"、原"装货港"修改为"经停港"、原"随附单证"修改为"随附单证及编号"。

还有进口货物报关单删除了两项："录入员""录入单位"；位置变化了三项："集装箱号""境内目的地""申报单位"。

其二，进境货物备案清单的修改，首先，进境货物备案清单增加十二项："页码/页数""境外发货人""合同协议号""包装种类""货物存放地点""启运港""经停港""入境口岸""最终目的国(地区)""报关人员证号""电话""自报自缴"(在表体商品项下方打印)。

其次，进境货物备案清单修改了四项：原"收发货人"修改为"境内收货人"、原"进境口岸"修改为"进境关别"、原"运输工具名称"修改为"运输工具名称/航次号"、原"随附单证"修改为"随附单证及编号"。

还有进境货物备案清单删除了两项："录入员""录入单位"；位置变化了三项："集装箱号""境内目的地""申报单位"。

出口报关项目的具体变动情况

1. 出口货物报关单

(1) 增加七项："页码/页数""境外收货人""离境口岸""原产国(地区)""报关人员证号""电话""自报自缴"(在表体商品项下方打印)。

(2) 修改四项：原"收发货人"修改为"境内发货人"、原"出口口岸"修改为"出境关别"、原"运输工具名称"修改为"运输工具名称及航次号"、原"随附单证"修改为"随附单证及编号"。

(3) 删除两项:"录入员""录入单位";位置变化了三项:"集装箱号""境内货源地""申报单位"。

2. 出境货物备案清单

(1) 增加十项:"页码/页数""境外收货人""合同协议号""指运港""离境口岸""原产国(地区)""包装种类""报关人员证号""电话""自报自缴"(在表体商品项下方打印)。

(2) 修改四项:原"收发货人"修改为"境内发货人"、原"出境口岸"修改为"出境关别"、原"运输工具名称"修改为"运输工具名称/航次号"、原"随附单证"修改为"随附单证及编号"。

(3) 删除两项:"录入员""录入单位"。位置变化了三项:"集装箱号""境内目的地""申报单位"。

二、自贸区与境内企业

自贸区企业不仅与境外贸易企业进行贸易,也与境内企业进行贸易往来,以自贸区企业向境内采购产品为例来说,主要有两种情况,一种是自贸区商贸企业从境内企业采购商品直接用于出售,另一种是自贸区制造企业从境内企业采购原材料用于加工新产品,之后再销售产品。虽然自贸区企业从境内采购商品直接出售或采购原材料用于加工新产品与境内企业直接生产销售相比,多了一些货物进入保税区的审核、检验、批准的流程,但由于自贸区企业和境内企业相比存在很多政策上的支持和优惠,因此对于很多企业而言,在自贸区设立公司往往利大于弊,因此他们更加愿意在自贸区设立企业从事生产经营与销售。

以上海自贸区为例,保税区内的自贸区企业实行关税减免和许多其他的税收优惠政策,同时货物可以在保税区和境外自由地出入,免验许可证件,同时免于常规的海关监管手续,方便货物在保税区内的加工、改装以及存储。

总而言之,自贸区的政策优惠更大,政策也更加开放,尤其是金融方面的开放程度更大,其在利率市场化和汇率自由汇兑等各个方面,都比境内更加开放,所以相比境内企业,自贸区更具有优势。

小讨论:与境内企业相比,上海自贸区有哪些具体的优势,你能说出几条吗?

正是由于这种种政策优惠和支持，使得一些企业更加愿意在自贸区设立公司。同时，除了自贸区企业本身存在的种种优势，自贸区企业直接从境内采购和直接从境外采购相比，有以下几个优势：一是从境内采购的时间更短，运输成本相对较少。自贸区本身位于境内，一般情况下和境内企业的距离更近，可供选择的运输方式也更多，也减少了货物在路途中发生毁损的可能性，如果供应商就在自贸区周边区域，所需货物往往能够迅速运达。二是退换货更加方便。由于本身自贸区企业与供应商距离较近，再加上同属于境内，货物并未出境，一旦货物出现什么问题，自贸区企业可以更方便地同境内供应商进行协商，退换货也更加方便。除此之外，货物从境内运输进保税区和货物从境外运输进保税区相比，相应流程更加简单。正是由于这种种原因，使得自贸区企业会选择从境内企业购买货物用于销售或购买原材料用于加工成新产品。

同理，由于自贸区内的企业往往具有更好的政策支持以及更大的生产优势，使得自贸区企业生产的产品的价格往往比境内同类产品的价格要低一些，所以许多境内企业也会选择从自贸区采购货物。和直接从境外进口货物相比，从自贸区企业采购货物的流程往往更加简单，可以节省许多时间，也降低了购货成本。

小讨论：在相同条件下，自贸区企业与境内或境外企业进行贸易，哪一种更划算呢？

_____

_____

_____

_____

虽然如此，但目前我国国内多数企业对自贸区政策的利用效率并不高，其原因主要有以下几个方面。

首先，我国自由贸易区开放的业务有限，还无法全面适应 TPP(Trans-Pacific Partnership Agreement，跨太平洋伙伴关系协定)为代表的自由贸易区规则。在传统议题领域，TPP 极大地降低了相互之间市场准入门槛，而我国目前尚无法适应这些要求。其中，在货物贸易方面，TPP 规定了极高比例的零关税商品，而目前我国在大多数自贸区中货物贸易自由化水平还不高，主要表现在零关税商品比例偏低、敏感或例外产品比例偏高等，这就大大降低了自贸区带来的收益。

其次，我国在自由贸易协议以及自贸试验区中对于投资和服务贸易开放广度和深度上存在明显不足，尚未真正建立起统一的负面清单管理制度和准入前国民待遇原则，仍停留在较低的开放水平上。在服务贸易领域，由于我国服务业总体发展水平不高，尤其是在金融服务和电信服务等领域，我国尚未做好完全开放的准备，对外资金融机构等仍有诸多的限制，难以满足高水平自贸区的要求，也制约了自贸区的发展。

另外，自贸区相关政策内容过于庞杂。一方面，由于我国自贸区制度还不完善，各个自贸区之间的制度规定等都有很大的区别，如诸多自贸区之间不同的原产地规则产生的"意大利面碗"效应等；另一方面，各个自贸区自身的规章制度也在不断地发展当中，许多规章制度都在不断地变化、不断地完善。要了解这些复杂的规章制度并将其熟练地运用，对于企业尤其是一些中小企业来说不是一件容易的事。最后，企业缺乏对自贸区的了解和认识。

为了充分发挥自贸区的优势，同时促进我国自贸区的发展，服务业的发展至关重要，各类提供自贸区咨询服务的机构设立非常必要，使企业能够充分利用自贸区相关优惠政策并有效利用争端解决机制来维护自身权益。

工作笔记

你有什么方法促进自贸区与国内企业进行贸易往来吗？

_____

_____

_____

表单示例

附件 7-1

代理报关委托书

编号：BGWT2018001

我单位现__A__(A 逐票、B 长期)委托贵公司代理___ABC__等通关事宜。(A.报关查验　B.垫缴税款 C.办理海关证明联　D.审批手册　E.核销手册　F.申办减免税手续　G.其他)详见《委托报关协议》。

我单位保证遵守《海关法》和国家有关法规，保证所提供的情况真实、完整、单货相符。否则，愿承担相关法律责任。

本委托书有效期自签字之日起至_2019-08-08_止。

法定代表人或其授权签署《代理报关委托书》的人(签字)张老师

日期：_2019-08-08_

委托报关协议

为明确委托报关具体事项和各自责任，双方经平等协商签订协议如下：

<table>
<tr><td>委托方</td><td></td></tr>
<tr><td>主要货物名称</td><td></td></tr>
<tr><td>HIS 编码</td><td></td></tr>
<tr><td>进出口日期</td><td></td></tr>
<tr><td>提单号</td><td></td></tr>
<tr><td>贸易方式</td><td></td></tr>
<tr><td>原产地/货源地</td><td></td></tr>
<tr><td>传真电话</td><td></td></tr>
</table>

其他要求：

背面所列通用条款是本协议不可分割的 一部分，对本协议的签署构成了对背面通用条款的同意。

委托方业务签章：

经办人签章：

联系电话：　　　　　　　　年　　月　　日

<table>
<tr><td>被委托方</td><td colspan="2"></td></tr>
<tr><td>报关单编码</td><td colspan="2"></td></tr>
<tr><td>收到单证日期</td><td colspan="2"></td></tr>
<tr><td rowspan="4">收到单证情况</td><td>合同口</td><td>发票口</td></tr>
<tr><td>装箱单口</td><td>提(运)单口</td></tr>
<tr><td>加工贸易手册口</td><td>许可证件口</td></tr>
<tr><td colspan="2">其他</td></tr>
<tr><td>报关收费</td><td>人民币：</td><td>元</td></tr>
</table>

承诺说明：

背面所列通用条款是本协议不可分割的一部分,对本协议的签署构成了对背面通用条款的同意。

被委托方业务签章：

经办报关员签章：

联系电话：　　　　　　　　年　　月　　日

知识点二　境外企业从自贸区进行采购

实训操练

1. 自贸区内货物拼箱运输出保税仓到境外

在自贸区的贸易操作中，如果要把货物出口到境外，还有整箱运输和拼箱运输的操作区别，在拼箱运输中，第一步，自贸区企业就要在 VSOA 中找到海关信息化监管平台，然后在保税仓储菜单下进行货物备案。

第二步，自贸区企业要在 VSOA 中找到海关，在海关菜单下找到拼箱申请，随附单据包括合同、装箱单、发票和出区备案单等。

第三步，等待海关完成审批后，自贸区企业外贸专员要在贸易企业的菜单中选择"出入库"选项，进行货物的出库操作。

第四步，自贸区企业外贸专员要在 VSOA 中找到"国际贸易单一窗口"，选择"一线出境"，进行出境申报，随附单据选择商业发票、装箱单、合同和出区备案单等。

在海关审批出境备案后，同样由海关决定查验货物或是放行。如果是要进行货物查验，则企业负责国际贸易的员工在领取查验通知书后，要在单一窗口界面选择"全申报"进行报验，海关查验后放行。

第五步，在放行的情况下，企业负责外贸专员要在 VSOA 中找到海关信息化监管平台，然后在保税仓储菜单下填制出区凭单和卡口核放单。

第六步，自贸区企业外贸专员还要在 VSOA 中找到海关部门，在海关菜单下找到"卡口管理"，进行放行操作，之后就能装船出运了。

2. 自贸区内货物整箱运输出保税仓到境外

如果是整箱运输，则第一步，自贸区企业就要在 VSOA 中找到海关信息化监管平台，然后在保税仓储菜单下进行货物备案。

第二步，自贸区企业外贸专员要在 VSOA 中找到"国际贸易单一窗口"，选择"一线出境"，进行出境申报，随附单据选择商业发票、装箱单、合同和出区备案单等。

在海关审批出境备案后，同样由海关决定查验货物或是放行。如果是要进行货物查验，则企业负责国际贸易的员工在领取查验通知书后，要在单一窗口界面选择"全申报"进行报验，海关查验后放行。

第三步，在放行的情况下，企业负责外贸专员要在 VSOA 中找到海关信息化监管平台，然后在保税仓储菜单下填制出区凭单和卡口核放单。

第四步，自贸区企业外贸专员还要在 VSOA 中找到海关部门，在海关菜单下找到"卡口管理"，进行放行操作，之后就能装船出运了。

流程解读

如果自贸区企业要与境外商家进行贸易，则自贸区的货物运输到境外有拼箱和整箱运输分为两种不同的方式。

首先来说说整箱出境的流程，整箱出保税仓是指境外商贸企业从自贸区商贸企业采购产品时，自贸区企业通过整箱运输的方式将货物从海关监管保税仓运出去，从而交货给境外商贸企业的过程。

出境申报。首先，企业要在海关部门对即将出口的货物进行备案，之后，自贸区企业通过国际贸易单一窗口自贸专区进行一线出境申报，递交合同、装箱单、发票和出区备案单等单据。

查验放行。海关审批出境申报后，如果直接放行，则自贸区企业只要在海关填制出区凭单和卡口核放单后，凭借这些单据使货物通过海关卡口就能顺利装船出运了。

但如果海关需要查验这批货物，则自贸区企业要向海关部门进行报验，然后才能去填制出区凭单和卡口核放单，通过卡口，装船出运。

介绍完整箱出运后，再来说说拼箱出运，在自贸区贸易流程中，拼箱出运比整箱出运要复杂一些。在流程开始的时候，企业要在海关部门对即将出口的货物进行备案后，还要向海关提出拼箱出区申请，需提交合同、装箱单、发票、出境备案单等材料。待海关审批完成后，自贸区企业再将货物出库，在单一窗口进行出口报关，之后的操作就与整箱通关相同。

知识掌握

在自贸区商品销往境外的流程中，我们发现影响流程步骤的一个重要因素就是装箱的方式——整箱或拼箱，这两者有何区别呢？

通常，根据集装箱货物装箱数量和方式可分为整箱和拼箱两种。在集装箱运输业务中，我们把一个集装箱、一个出口人、一个收货人、一个目的港，满足这"四个一"条件的货物叫作整箱货，而把一个集装箱、出口人、收货人和目的港这四项之中只要有一项是在两个或两个以上的出口运输货物，就定义为拼箱货。具体定义如下。

一、整箱

整箱(Full Container Load，FCL)是由出口商担任装箱、基数、积载而且加铅封的货运方式。这种情况在货主有足够货源装载一个或数个整箱时通常采用，除有些货主置备有集装箱外，一般都是向承运人或集装箱租赁公司租用集装箱。空箱运到工厂或仓库后，在海关人员的监管下，货主把货装入箱内、加锁、铝封后交承运人并取得站场收据，最后凭收据换取提单或运单。通常情况，整箱货的拆货都是由进口商进行的，也可委托承运人在货运站进行拆箱。在整箱货的运送情况下，承运人不负担箱内的货损和货差责任。只保证集装箱外表完好，而且铅封无缺，就完结承运职责了。如果发生问题，除非货方举证，承运人才会对其在责任范围内的损失进行补偿。一般在整箱货运提单上，都要加上"委托人装箱、计数并加铅封"的条款。

二、拼箱

拼箱(Less Than Container Load，LCL)是指承运人(或代理人)接受货主托运的数量不足整箱的小票货运后，根据货类性质和目的地进行分类整理，把去同一目的地的货，凑集满一个集装箱进行运送。由于一个箱内有不同货主的货拼装在一起，所以叫拼箱。这种情况在货主托运数量不足装满整箱时采用。这种货品通常是由承运人揽货而且在集装箱货运站或许内陆站会集，然后进行装箱，抵达目的地后，还需求在集装箱货运站或许内陆站拆箱进行交货。关于这种货品，承运人承担装箱和拆箱的作业，而且还要对货品的缺损负全责。一般来说，拼箱货的计价比较复杂，需知道货物的重量和数量。

按拼箱方式的不同，出口拼箱业务可分为直拼、混拼和转拼。直拼，是将同类、相同目的港的若干小量货物拼装在一个集装箱里；混拼，是将同类、目的港不同但流向一致的若干小量货物拼装在一个集装箱里，这类拼箱业务风险较大，操作更为烦琐，相对较少；转拼，是一些无拼箱能力的货代企业将揽到的需要拼箱货物转交给有拼箱能力和权限的无船承运人，再由无船承运人安排拼箱。

知识窗

集装箱运输种类

所谓集装箱，是指具有一定强度、刚度和规格专供周转使用的大型装货容器。使用集装箱转运货物，可直接在发货人的仓库装货，运到收货人的仓库卸货，中途更换车、换船时，无须将货物从箱内取出换装。集装箱计算单位又称 20 英尺换算单位，是计算集装箱箱数的换算单位。目前各国大部分集装箱运输，都采用 20 英尺和 40 英尺长的两种集装箱。为使集装箱箱数计算统一化，把 20 英尺集装箱作为一个计算单位，40 尺集装箱作为两个计算单位，以利统一计算集装箱的营运量。

1. 按规格尺寸分

目前国际上通常使用的干货柜(DRYCONTAINER)有：外尺寸为 20 英尺×8 英尺×8 英尺 6 寸，简称 20 尺货柜；40 英尺×8 英尺×8 英尺 6 寸，简称 40 尺货柜；40 英尺×8 英尺×9 英尺 6 寸，简称 40 尺高柜。具体分类如下。

20 尺柜：内容积为 5.69 米×2.13 米×2.18 米，配货毛重一般为 17.5 吨，体积为 24～26 立方米。

40 尺柜：内容积为 11.8 米 × 2.13 米× 2.18 米，配货毛重一般为 22 吨，体积为 54 立方米。

40 尺高柜：内容积为 11.8 米× 2.13 米× 2.72 米。配货毛重一般为 22 吨，体积为 68 立方米。

45 尺高柜：内容积为：13.58 米× 2.34 米× 2.71 米，配货毛重一般为 29 吨，体积为 86 立方米。

20 尺开顶柜：内容积为 5.89 米×2.32 米×2.31 米，配货毛重 20 吨，体积 31.5 立方米。

40 尺开顶柜：内容积为 12.01 米×2.33 米×2.15 米，配货毛重 30.4 吨，体积 65 立方米。

20 尺平底货柜：内容积 5.85 米×2.23 米×2.15 米，配货毛重 23 吨，体积 28 立方米。

40 尺平底货柜：内容积 12.05 米×2.12 米×1.96 米，配货毛重 36 吨，体积 50 立方米。

2. 按用途分

有干集装箱、冷冻集装箱(Reefer Container)、挂衣集装箱(Dress Hanger Container)、开顶集装箱(Opentop Container)、框架集装箱(Flat Rack Container)、罐式集装箱(Tank Container)。

3. 按所装货物种类分

有杂货集装箱、散货集装箱、液体货集装箱、冷藏箱集装箱等。

4. 按制造材料分

有木集装箱、钢集装箱、铝合金集装箱、玻璃钢集装箱、不锈钢集装箱等。

5. 按结构分

有折叠式集装箱、固定式集装箱等，在固定式集装箱中还可分密闭集装箱、开顶集装箱、板架集装箱等。

6. 按总重分

有 30 吨集装箱、20 吨集装箱、10 吨集装箱、5 吨集装箱、2.5 吨集装箱等。

装箱运输的关系方国外的商检机构比较著名的有：瑞士通用公证行(SGS)、英国英之杰检验集团(ITS)、新日本检定协会(SK)、日本海外货物检查株式会社(OMIC)、美国安全试验所(UL)、美国材料与试验学会(ASTM)、加拿大标准协会(CSA)、国际羊毛局(IWS)等。

三、整箱与拼箱的区别

1. 拼箱比整箱的通关手续更复杂，花费的时间更长

其一，整箱货正好符合出口国家和进口国家的海关查验、封关、放行的最小单位，一批货物，只要出口人和进口人提交的单据合理合法并且完整无缺，出口海关和进口海关办妥相关手续和征收相关税费以后，均会很快予以通关放行。而拼箱货就不会这么简单和快捷。只要集装箱里的货物有一单货物的单证出了纰漏，出口海关就不会对该货物放行。因为出口海关必须对出关的集装箱做好关封以后才允许载货集装箱出境。因此，同一个集装箱里，任何一家货物不通关，势必影响其他货物的及时出口和运输。

其二，拼箱货物远不如整箱货物的货源广泛和灵活性，它需要运输公司额外招揽并合理搭配一些装运港、目的港、交货期、货物的品种、体积、重量等各方面的条件都很适宜装入同一个集装箱的出口货物。这些要求做起来难度很大，需要的时间也比较长。如果货主托运的运输公司经营能力不强，那么，货物运输的时间还会拖延得更长。

其三，在一般情况下，整箱货物可以直接在内地口岸装运，而拼箱货物因为内地货源相对较少，沿海货源相对较多的因素，只适合在发达的沿海口岸交货。按照我国政府的有关规定，出口货物必须通过生产所在地和出口报关所在地的商检局检验。如果货物在生产所在地的省(自治区、直辖市)所辖范围内的本地报关出口，则一批货物只需办理一次商检就可以了。否则，如系异地报关，一批法定检验的出口商品，必须经过两处检验，海关才会予以放行。

2. 拼箱货比整箱货的费用更高

拼箱与整箱的计费方式分别如下：

拼箱运费只有基本运费，分按体积与重量计算两种方式，取最大值的作为计费标准。

➢ 按体积计算，$X1 =$ 单位基本运费(MTQ)×总体积

➢ 按重量计算，$X2 =$ 单位基本运费(TNE)×总毛重

整箱运费分三部分，总运费 = 基本运费 + 港口附加费 + 燃油附加费

➢ 基本运费 = 单位基本运费×整箱数

➢ 港口附加费 = 单位港口附加费×整箱数

➢ 燃油附加费 = 单位燃油附加费×整箱数

通常情况下，拼箱货与整箱货的运费及运输附加费基本计费标准是一样的，造成其费用上的差别主要在于运输货物在装运港的拼装以及在目的港的拆箱等费用上。其一，由于世界各国、各地区之间的劳务费用水平千差万别，而出口人对于那些具体的差别又知之甚少，甚至完全不知，因此承运人便充分利用了这种信息不对称现象来赚取更高的利润。他们往往采用"模糊"的手段，在报价里并不具体列明什么项目收费多少，而只是笼统地按哪个种类的商品运到哪个目的港按每吨运费收多少，港杂费则更是临时报价，承运人没有解释的义务，托运人更没有讨价还价的余地，收费多少视具体情况而定。

其二，根据规模效益理论，在商品贸易中，每一笔交易的数量和总值越大，交易成本就越低；反之，数量和总值越小，交易成本就越高。与整箱货比较，拼箱货的数量和总值一般都比较小，因此，从这一角度去核算，拼箱货的交易成本肯定要比整箱货高。这是因为成交货样的成本和邮寄费，传真、电话等通信费用，信用证的通知费、进出口货物的报关费、产地证的办证费等，都是按次数而不是按该笔生意金额的大小来收取的。这些业务费用最终分摊到交易成本中时，交易量大的单位成本所分摊的份额就小，交易量小的单位成本所分摊的份额就大。

综上所述，我们不难理解拼箱货与整箱货的运输成本，无论是在手续上还是在时间和费用上的差别都很大。所以货主在决定走拼箱还是整箱之前，一定要根据实际情况多方考量，切莫顾此失彼。

案例思考

A 工厂是国内一般贸易客户，出口需退税。B 工厂是加工贸易企业，需出口核销。C 工厂是国内没有进出口权的工厂，出口只能买单报关。D 境外外商货物进入保税区，免税入区。采购商希望把这三种性质的企业的产品集拼后出口。

请问，这种集拼能在国内普通仓库实现吗？如何操作才能最高效率地实现采购商的这种要求？

我认为

_____

_____

_____

四、国际营销策略

国际贸易的一个重要目的，就是获取盈利，所以最后我们就来谈一下国际营销的基本策略。

企业选择国际市场的原因可能基于以下三方面考虑：一是企业需要更大的市场去增加盈利，推广品牌；二是国际市场上有价格更为低廉的原材料或劳动力，以求降低生产销售成本；三是学习国外的先进技术或管理模式，提升企业国际竞争力和市场占有率。但相比国内销售，国际营销面临更加复杂的环境，且许多不可控因素增加了销售的难度。

国际营销的顺利进行必须要考虑到文化因素、经济因素和政治与法律因素这三大宏观因素。首先是文化因素，成功的营销活动必须考虑到文化的敏感性，即关注文化间的细微差别，以便客观地看待每一种新文化。从东道国当地文化出发，才能更好地让市场容纳产品。日本企业就是高度重视文化差异，深度了解各国顾客的心理特点和需求偏好，因而具有高水平的国际商务谈判能力。其次是经济因素，包括整个国际经济环境和东道国本身的经济状态。因为国际营销是在国际市场上交易，因此国际贸易体系和国际金融体系的变动都会对其产生较大的影响。再次要考虑国别经济状态，针对不同收入、消费水平的国家(地区)选择不同的产品或者不同的定价方式。最后是政治与法律因素，政局稳定性是影响国际营销能否顺利开展的关键因素，否则可能会出现企业被东道国政府制裁，面临经济风险、政治风险，甚至遭受不法分子的暴力和恐怖袭击。企业需要熟悉东道国的相关法律法规，比如在法国十分重视就业，其工会力量强大，我国企业在进入法国后就不得随意解雇工人。

进行国际营销首先要选择进入市场，可借鉴以上提到的三大宏观因素，选择本企业更加合适的市场。比如一般企业初次进行国际营销时会选择文化差异较小的国家，因而产品的认可度和容纳度越高。确定销售市场后，要决定企业的进入方式，企业进入方式包括出口、许可经营、建立合资企业和对外直接投资。不同的进入方式面临的风险和获得的收益大小也不同。比如选择自己直接出口的企业，比间接出口面临的成本更小，收益更多，但风险也更大。在确定了进入市场和进入模式后，企业需要考虑产品定价问题，即在复杂的国际环境下，选择合理的贸易术语签订合同以保证自身收益。

知识窗

特许经营

特许经营是许可经营的形式之一。它是某一母公司(特许方)授予另一独立实体(被特许方)以某种规定的方式从事业务活动的权利。这种授权可以是允许销售特许方的产品；授权使用其名称、生产和营销技术；一般的业务手段或上述因素的组合。

其优势在于：①标准化运作的规模经济性：特许人可以降低经营费用，集中精力提高企业管理水平；大规模的广告优势；受许人可以集中进货，降低成本，保证货源。②国际承认的信誉：使用公众所熟悉的特许人的服务商标、产品商标、所有权、专利与外观设计。

也会使企业面临许多挑战：①对特许人而言，不容易控制和管理接受人、公司声誉和形象会受个别经营不好的加盟店的影响；特许经营合同限制了策略和战略调整的灵活性，在特许经营地区内企业扩展受到限制；难以保证受许人产品和服务质量达到统一标准。②对受许人而言：特许人出现决策错误时，受许人会受到牵连；受许人受到了与特许人签订的特许经营合同和协议的限制和监督，缺乏自主权；过分标准化的产品和服务，既呆板欠新意，又不一定适合当地情况。

扫二维码，观看"货物出自贸区流程"视频

表单示例

附件 7-2

中华人民共和国海关出境货物备案清单

预录入编号：　　　海关编号：　　　(××海关)　　　　　　　页码/页数：

境内收货人	进境关别	进境日期	申报日期	备案号
境外发货人	运输方式	运输工具名称及航次号	提运单号	货物存放地点
消费使用单位	监管方式		许可证号	启运港
合同协议号	贸易国(地区)	启运国(地区)	经停港	入境口岸

包装种类	件数	毛重(千克)	净重(千克)	成交方式	运费	保费	杂费

随附单证及编号

标记唛码及备注

项号	商品编号	商品名称及规格型号	数量及单位	单价/总价/币制	原产国(地区)	最终目的国(地区)	境内目的地

报关人员　　报关人员证号　　电话 实申报、依法纳税之法律责任申报单位	兹申明对以上内容承担如 申报单位(签章)	海关批注及签章

附件 7-3

进口集装箱货物提货单

No.: 0997594

船档号: VRAL5

收货人名称	KINTETSU WORLD EXPRESS(CHINA) CO.,LTD. SHANGHAI BRANCH			收货人开户 银行与账号	
船名 JJ TOKYO	航次 1749W	起运港 KOBE	目的港 SHANGHAI	船舶预计到港 时间 2019/11/11	
提单号 KSH7Z086203	交付条款 CY	卸货地点 外高桥	进库厂日期	第一程运输	
标记与集装箱号	货名	集装箱数或件数		重量(KGS)	体积(M³)
U4061916/SJJA690658	INCANDESCENT LAMP	487 PACKAGE 1*40' GP FCL		4378.2 KGS	24.14 CBM

船代公司重要提示:	收货人章	海关章

1. 本提货单中有关船、货内容按照提单的相关显示填制。
2. 请当场核查本提货单内容错误之处,否则本公司不承担由此产生的责任和损失:(Error And Omission Expected)。
3.本提货单仅为向承运人或承运人委托的雇用人或替承运人保管货物订立合同的人提货的凭证,不得买卖转让:(Non-negotiable)。
4. 在本提货单下,承运代理人及雇用人的任何行为,均应故视为代表承运人的行为,均应享受承运人享有的免责、责任限制和其他任何抗辩理由:(Himalaya Clause)。
5. 货主不按时携单造成的损失,责任自负。
6. 本提货单中的中文译文仅供参考。
7. 本提单所列到达日期系预报日期,不作为申报进境计算滞报金、滞箱费起算之日的凭据。
 	
             ×××代理有限公司
              (盖章有效)
        年   月   日
	检验检疫章	

注意事项: 1. 本提货单需要盖有船代放货章和海关放行章后方始有效。凡属法定检验检疫的进口商品,必须向检验检疫机构申报。 2. 提货人到码头公司办理提货手续时,应出示单位证明或经办人身份证明,提货人如非本提货单记名收货人时,还应当出示提货单名单记名收货人开具的证明,以表明其为有授权提货的人。 3. 货物超过港存期,码头公司可以按《上海港口货物疏运管理条例》的有关规定处理,在规定期间无人提取的货物,按《海关法》和国家有关规定处理。		

附件 7-4

进口分拨提货单

No.20180205110

收货人：			货物流向： 洋山一期	
船名：AL NASRIYAH 阿拉伯娜斯瑞亚	航次： 002E	提单号： 3ET17090249	起运港： SOUTHAMPTON	靠港日期： 2019.11.11
箱名： TRLU7447702	唛头：	库位：	进库日期：	出库日期：
货名： 触发器	件数： 14	包装： 纸箱	重量： 6421.00	体积： 27.00

注意事项：

1. 根据中华人民共和国海关法规定，海运进口货物之收货人必须在船舶申报进境之日起十四天内向海关申报，逾期由海关征收滞报金；三个月内未向海关申报的，将由海关提取并作无主货代处理。

2. 本提货单由收货单位加盖公章及经办人签章后作为提货凭证，否则无效。

提货前请客人填妥	
收货单位：上海京杭科技有限公司	姓名：张
发票抬头：	联系电话：138×××××××1
身份证号码：655×××××××××××0025	提货车号：沪 A12345

提货单位章：	海关放行章：	检验检疫章：	提单专用章：

本章回顾

境内企业从自贸区进行采购

境内企业从自贸区进行采购品的操作，看似是国内贸易，由于涉及自贸区，所以步骤与国内贸易略有不同。

境内企业从自贸区进行采购的操作基本是在"国际贸易单一窗口"完成的，"国际贸易单一窗口"是海关与商检局合并后大力推行的业务平台，企业只要一次申报就能完成报检与报关操作。

自贸区企业不仅与境外贸易企业进行贸易，也与境内企业进行贸易往来。以上海自贸区为例，保税区内的自贸区企业实行关税减免和许多其他的税收优惠政策，同时货物可以在保税区和境外自由地出入，免验许可证件，同时免于常规的海关监管手续，方便货物在保税区内的加工、改装以及存储。

境外企业从自贸区进行采购

自贸区的贸易操作中，如果要把货物出口到境外，还有整箱运输和拼箱运输的操作区别。

整箱是指由出口商担任装箱、基数、积载而且加铅封的货运方式。这种做法通常在货主有足够的货源装载一个或数个整箱时采用，除有些货主置备有集装箱外，一般都是向承运人或集装箱租赁公司租用集装箱。

拼箱是指承运人(或代理人)接受货主托运的数量不足整箱的小单货运后，根据货类性质和目的地进行分类整理，把去同一目的地的货，凑满一个集装箱进行运送。

国际营销的顺利进行必须考虑文化因素、经济因素和政治与法律因素这三大宏观因素。